OEUVRES
COMPLÈTES
DE REGNARD.
TOME I.

DE L'IMPRIMERIE DE CRAPELET.

JEAN FRANÇOIS REGNARD.

OEUVRES

COMPLÈTES

DE REGNARD,

AVEC DES AVERTISSEMENTS ET DES REMARQUES SUR
CHAQUE PIÈCE, PAR M. GARNIER.

NOUVELLE ÉDITION.

TOME PREMIER.

A PARIS,

CHEZ HAUT-COEUR, LIBRAIRE,

RUE DES GRANDS-AUGUSTINS, N° 1.

1820.

NOTICE

SUR

LA VIE DE REGNARD.

Jean-François Regnard naquit à Paris, l'an 1656. Fils unique et héritier d'un bien considérable, il reçut une éducation proportionnée à sa fortune. Il étoit grand, bien fait, et de fort bonne mine. Son père étant mort comme il finissoit ses exercices à l'académie, il se trouva en jouissance d'un revenu qui le mit en état de figurer dans le grand monde : cependant le goût de voyager prit le dessus sur les plaisirs que son opulence pouvoit lui procurer dans sa patrie.

De tous les pays qui excitoient la curiosité de Regnard, celui de l'Italie lui parut mériter la préférence. Ce voyage fut des plus heureux ; car s'étant trouvé dans le cas de jouer, et de jouer très-gros jeu, la fortune lui fut si favorable, qu'il rapporta à Paris, tous les frais de son voyage compris, plus de dix mille écus.

Cette somme, jointe à la succession de son père,

qui montoit à quarante mille écus, auroit dû fixer Regnard à Paris ; mais le ressouvenir flatteur des plaisirs qu'il avoit goûtés en Italie, le rappela une seconde fois en ce pays.

Étant à Bologne, il devint amoureux d'une Provençale, qu'il n'a fait connoître que sous le nom d'*Elvire*, et le mari de cette dame que sous celui de *de Prade*. Quoi qu'il en soit, après diverses aventures, cette dame lui proposa de revenir en France ; et Regnard, trop épris des charmes de sa maîtresse pour lui refuser sa demande, saisit la première occasion qui se présenta, et s'embarqua avec la dame provençale et son mari à Civita-Vecchia, sur une frégate angloise, qui faisoit route pour Toulon. Après quelques jours de navigation, cette frégate fut attaquée par deux vaisseaux algériens ; et après un combat de trois heures, dans lequel le capitaine anglois perdit la vie, le reste de l'équipage fut obligé de se rendre au pouvoir des corsaires, qui conduisirent leur prise à Alger. Ce malheur arriva le 4 octobre 1678.

A peine Regnard fut arrivé à Alger, qu'il y fut vendu quinze cents livres ; et la belle Provençale mille livres. Comme il avoit toujours aimé la bonne chère, et qu'il étoit grand faiseur de ragoûts, son habileté en ce genre lui procura l'emploi de cuisinier chez son maître, Achmet-Talem; et bientôt ses manières prévenantes, son enjouement et sa bonne mine le firent aimer de ses femmes favorites. Mais Achmet-Talem, homme cruel et jaloux, ayant découvert ses intrigues, le livra à la justice pour être puni selon la rigueur des lois, qui ordonnent qu'un chrétien, trouvé en flagrant délit avec une mahométane, expie son crime par le feu, ou se fasse mahométan. Le consul de la nation françoise, qui avoit reçu depuis peu de jours une somme considérable pour racheter Regnard, ayant appris le malheur qui lui étoit arrivé, interposa son autorité, et alla trouver Achmet-Talem, qui d'abord ne voulut rien écouter; mais le consul, ne se rebutant pas, lui représenta que rien n'étoit plus trompeur que les apparences; que, quand même la chose seroit vraie, il y auroit peu de gloire à lui de faire périr son esclave; que d'ailleurs, en le perdant, il perdoit une somme considérable qu'il avoit à lui donner pour sa rançon. Cette dernière raison fut plus forte que les autres: Achmet-Talem se laissa gagner. Il retira Regnard des mains du divan, en avouant qu'il l'avoit accusé sur un simple soupçon, et que son crime n'étoit confirmé par aucune preuve; et il le remit en liberté, après avoir reçu le prix dont il étoit convenu avec le consul. (1)

Voilà comment Regnard raconte ses aventures d'Alger, dans son petit roman intitulé *la Provençale*, où il ne fait aucune mention de son voyage de Constantinople. On ignore les raisons qui ont pu l'obliger à garder le silence sur son séjour en cette ville; mais voici la vérité du fait. Au bout de quelque temps de séjour à Alger, son maître, Achmet-Talem, ayant affaire, pour son commerce, avec les ministres de la Porte ottomane, l'emmena avec sa Provençale à Constantinople, où ils essuyèrent, pendant plus de deux ans, une captivité très-rigoureuse. Enfin, Regnard ayant trouvé le moyen de faire savoir sa triste situation à sa famille, on lui envoya douze mille livres, qui servirent à payer sa rançon, celle de sa Provençale, et celle de son valet de chambre; et ils repassèrent tous les trois en France, sur un vaisseau françois qui les mena heureusement à Marseille. Regnard, ayant ainsi recouvré sa liberté, revint aussitôt à Paris, portant avec lui la chaîne dont il avoit été chargé pendant son esclavage, et

---

(1) Voyez *la Provençale*, à la fin de ce volume.

qu'il a toujours conservée avec soin dans son cabinet, pour se rappeler incessamment la mémoire de cette disgrâce. Mais il ne fut pas guéri pour cela de sa passion pour les voyages.

En recouvrant sa liberté et celle de sa belle maîtresse, Regnard reçut la nouvelle de la mort de de Prade, qui étoit resté à Alger; de sorte que rien ne s'opposoit plus à son bonheur, que les scrupules d'Elvire, qui, par bienséance, demanda quelque temps pour marquer le deuil de son époux. Tout amoureux qu'étoit Regnard, il ne put s'opposer à ce que souhaitoit la belle Provençale; et pour mettre ordre à ses affaires, il revint à Paris avec Elvire, pour attendre cet heureux moment, où il devoit être récompensé de toutes les disgrâces qu'il avoit éprouvées pour cette belle personne. Mais le sort en décida autrement : ce mari, qui depuis huit mois étoit au rang des morts, reparut tout à coup, accompagné de deux religieux Mathurins qui l'avoient racheté à Alger, et qui le présentèrent à son épouse. Le retour de de Prade fut célébré par une nouvelle noce. Regnard, pénétré, comme on peut le penser, de cet événement, ne voulut point être présent à cette cruelle cérémonie : il quitta Paris pour la troisième fois, dans le dessein de n'y revenir que lorsqu'il seroit guéri de son amour.

Il partit de nouveau de Paris le 26 avril 1681, et s'en alla en Flandre et en Hollande, puis en Danemarck et en Suède. Étant à la cour de Suède, le roi l'engagea à voir la Laponie, et lui offrit toutes les commodités nécessaires pour y aller. Regnard, à la sollicitation de ce prince, entreprit ce voyage, et partit pour cette grande entreprise. Il s'embarqua à Stockholm, pour passer à Torno, le mercredi 23 juillet de la même année, avec deux gentilshommes françois, MM. *de Fercourt* et *de Corberon*. Il parcourut toute la Laponie. Il arriva à Torno, qui est la dernière ville du monde du côté du nord, située à l'extrémité du golfe de Bothnie. Il remonta le fleuve qui porte le même nom que cette ville, et dont la source n'est pas éloignée du cap Nord. Il pénétra jusqu'à la mer Glaciale, et l'on peut dire qu'il ne s'arrêta qu'où la terre lui manqua. Enfin il arriva, le 22 août suivant, à la montagne de *Metawara*, où il fut obligé de terminer sa course. Et ce fut au haut de cette montagne qu'il grava sur un rocher, en quatre vers latins, pour lui et ses camarades, cette inscription :

Gallia nos genuit, vidit nos Africa, Gangem
Hausimus, Europamque oculis lustravimus omnem;

Casibus et variis acti terrâque marique,
Hic tandem stetimus, nobis ubi defuit orbis.

De Fercourt, de Corberon, Regnard.
Anno 1681, die 22 Augusti.

Voici la traduction qu'en donne le voyageur La Motraye (t. 2, p. 360, édition in-folio. *La Haye*, 1727). Il la vit en 1718, plus de trente-six ans après le passage des trois voyageurs françois.

« La France nous a donné la naissance. Nous
« avons vu l'Afrique et le Gange, parcouru toute
« l'Europe. Nous avons eu différentes aventures
« tant par mer que par terre; et nous nous som-
« mes arrêtés en cet endroit, où le monde nous a
« manqué. »

Après cette expédition, Regnard revint à Stockholm, et rendit compte au roi de tout ce qu'il avoit vu de remarquable en Laponie, des mœurs, de la religion, et des usages singuliers de ses habitants. Il ne demeura que fort peu de temps à Stockholm; il en partit le 3 octobre 1681. Il traversa la mer Baltique, et vint débarquer à Dantzick, d'où il passa en Pologne; de là en Hongrie, et ensuite en Allemagne; et enfin, après deux ans d'absence, il revint en France le 4 décembre 1683, entièrement guéri de son amour, et de sa passion pour le jeu et pour les voyages.

Pour lors il fixa son séjour à Paris, où la fortune lui permit de passer sa vie avec beaucoup d'agréments. Il acheta une charge de trésorier de France au bureau des finances de Paris, qu'il a exercée pendant vingt ans; et il ne songea plus qu'aux plaisirs de la bonne chère, et à bien recevoir chez lui ce qu'il y avoit en France de plus grand, de plus distingué et de plus aimable.

La description qu'il fait, dans son Épître à M***, de la maison qu'il avoit à Paris, au bout de la rue de Richelieu, au bas de Montmartre, et les noms illustres des personnes qui lui ont fait l'honneur de l'y venir voir, ne laissent aucun lieu de douter de cette vérité.

> Au bout de cette rue, où ce grand cardinal,
> Ce prêtre conquérant, ce prélat amiral, etc.

Regnard acheta aussi les charges de lieutenant des eaux et forêts, et des chasses de la forêt de Dourdan. Il acquit, peu de temps après, la terre de Grillon, située près de Dourdan, à onze lieues de Paris, où il passoit le temps de la belle saison, et où il chassoit le cerf et le chevreuil. Quelques années avant sa mort, il se fit recevoir grand-bailli de la province de Hurepoix, au comté de Dourdan; et il est mort revêtu de cette charge. Il n'épargna rien pour embellir son château et sa terre de Grillon, et il profita, avec un art infini, de tous les avantages dont la nature avoit pourvu si libéralement ce beau lieu; de sorte qu'il en fit un séjour enchanté. Pour donner une idée de la vie agréable que Regnard passoit à Grillon avec ses amis, il suffit de lire *le Mariage de la Folie*, divertissement pour la comédie des *Folies amoureuses*, que l'auteur semble avoir composé à cette intention, en s'y désignant sous le nom de Clitandre. (1)

C'est dans cette agréable retraite que Regnard écrivit la relation de ses voyages, et qu'il composa la plupart de ses comédies. Il y mourut le jeudi 5 septembre 1710, âgé de cinquante-quatre ans, sans avoir été marié, fort regretté de tous ses amis, des gens de lettres, et particulièrement des amateurs de la scène françoise.

Regnard mourut sans avoir été malade, et par sa seule imprudence. Il n'avoit point de foi aux médecins : il étoit fort replet et grand mangeur. Un jour qu'il se sentit incommodé de quelque reste d'indigestion, il lui prit envie de se purger de sa

---

(1) *Voyez* l'Avertissement qui précède *les Folies amoureuses*, t. III.

propre ordonnance, mais d'une façon fort extravagante. Il étoit à Grillon, où il avoit passé toute la belle saison à faire une chère très-délicate : il demanda à un de ses paysans quelles étoient les drogues dont il composoit les médecines qu'il donnoit à ses chevaux ; le paysan les lui nomma : Regnard, sur-le-champ, les envoya acheter à Dourdan, s'en fit une médecine, et l'avala le lendemain : mais deux heures après qu'il l'eut prise, il sentit dans l'estomac des douleurs si aiguës, qu'il ne put demeurer au lit. Il fut obligé de se lever et de se promener à grands pas dans sa chambre, pour tâcher de faire descendre sa médecine qui l'étouffoit. Ses valets montèrent à ce bruit, jugeant qu'il se trouvoit mal ; mais à peine furent-ils entrés, que son oppression redoubla. Il tomba dans leurs bras, sans connoissance et sans voix, et il fut suffoqué sans pouvoir recevoir le moindre secours.

Tout le monde ne convient pas de toutes les circonstances de sa mort. Il est bien vrai qu'il mourut d'une médecine prise mal à propos, et à la suite d'une indigestion; mais, dit-on, d'une médecine ordinaire, dont il ne seroit point mort s'il n'avoit point eu l'imprudence d'aller à la chasse le même jour qu'il l'avoit prise, de s'y échauffer extrêmement, et de boire un grand verre d'eau à la glace à son retour; ce qui causa une révolution si subite et si violente dans son corps, qu'il en mourut le lendemain sans qu'on pût le secourir.

La petite terre de Grillon fut vendue par ses héritiers après sa mort. Elle a appartenu depuis à M. de Magny, fils du célèbre M. Foucault, intendant de Caen, et grand antiquaire. La maison n'est pas grande; mais elle est dans un joli vallon, et très-agréablement située : elle est précisément au bord d'un ruisseau, et tout entourée de bois par derrière. C'est la demeure du monde la plus propre pour un poète.

Les comédies qu'il a données au Théâtre François sont : la Sérénade, le Joueur, le Bal, le Distrait, Démocrite, les Folies amoureuses, les Ménechmes, le Retour imprévu, le Légataire et la Critique du Légataire, et Attendez-moi sous l'Orme, que quelques-uns ont attribuée à Dufresni. Celles qui furent jouées au Théâtre Italien sont : le Divorce, la Descente de Mézétin aux Enfers, Arlequin homme à bonnes fortunes, la Critique de cette pièce, les Filles errantes, la Coquette, la Naissance d'Amadis. Il a composé avec Dufresni, les Chinois, la Baguette de Vulcain, la Foire Saint-Germain, et les Momies d'Égypte. Il a de plus donné à l'Opéra, le Carnaval de Venise. On connoît encore de lui trois pièces qui n'ont pas été représentées; savoir : les Vendanges, les Souhaits, et la tragédie de Sapor.

On voit par ce dernier titre, disent les auteurs des *Anecdotes dramatiques*, que Regnard entreprit de chausser le cothurne, et de joindre aux jeux de Thalie les fureurs de Melpomène; mais il sentit que la route de Corneille lui étoit moins familière que celle de Molière. On en juge de même par la lecture de la tragédie de Sapor, qui ne mérite pas même qu'on en relève les défauts. Heureusement pour l'auteur, la pièce n'a jamais paru au théâtre. Celui de l'Opéra étoit plus analogue à son génie; il y fit jouer le Carnaval de Venise. Tous les spectacles que cette ville offre aux étrangers pendant ce temps de divertissements sont ici réunis. Comédie, opéra, concerts, jeux, danses, combats, mascarades; tout cela se trouve lié à une petite intrigue amoureuse, amusante et bien écrite. Regnard peut également compter sur le suffrage de ses lecteurs pour son genre de comique, qui le rend, en quelque sorte, l'émule du prince de notre comédie. Molière et Regnard sont, dans ce genre, ce que sont Corneille et Racine pour le tragique françois; personne n'a porté plus loin que notre poète le genre de l'imitation. Fier de son talent, il eut la noble émulation et l'heureuse hardiesse de prendre pour modèle un homme inimitable, de courir avec lui la même carrière, et de prétendre partager ses lauriers comme il partageoit ses travaux. Quelle que soit la distance qui se trouve entre ces deux poètes, la postérité placera toujours Regnard après Molière; et lui conservera la gloire d'avoir parfaitement imité un homme qui auroit pu servir de modèle à toute l'antiquité. « Qui ne se plaît pas « avec Regnard, dit Voltaire, n'est point digne « d'admirer Molière. » Au reste, je ne prétends point le restreindre au talent médiocre d'une imitation servile; quelque admirable qu'il soit quand il marche sur les pas du premier maître de l'art, il ne l'est pas moins quand il suit les sentiers qu'il ose lui-même se tracer. Combien d'idées, de traits, d'incidents nouveaux embellissent ses poëmes ! il conduit bien une intrigue, expose clairement le sujet; le nœud se forme sans contrainte; l'action prend une marche régulière ; chaque incident lui donne un nouveau degré de chaleur; l'intérêt croît jusqu'à un dénoûment heureux, tiré du fond même de la pièce. Ce n'est point d'après des idées qui ne sont que dans son imagination qu'il forme ses caractères et trace ses portraits; il les cherche parmi les vices, les défauts, et les ridicules les plus accrédités; il avoit sous les yeux les originaux qu'il copioit ; c'étoient leurs mœurs, leur ton, leur langage qu'il peignoit d'après nature. Son esprit gai ne prenoit des hommes que ce qu'ils avoient de plus propre à fournir d'heureuses plaisanteries. Sa comédie du Joueur peut être comparée aux meilleures pièces de Molière, qui n'auroit pas même désavoué le Distrait, Démocrite, les Ménechmes, le Légataire universel, et plusieurs scènes des petites pièces. On pourroit peut-être lui reprocher d'avoir trop grossi les traits, de mettre souvent en récit ce qui vient de se passer sur la scène; d'avoir peu soigné sa versification, qui, à force de vouloir être aisée et naturelle, devient quelquefois négligée, traînante et prosaïque.

CATALOGUE

DES

COMÉDIES DE REGNARD,

Jouées au Théâtre François et au Théâtre Italien, suivant l'ordre chronologique, avec les notes tirées des Anecdotes dramatiques.

Le Divorce, comédie en trois actes et en prose, précédée d'un prologue; jouée pour la première fois, en 1688, au Théâtre Italien.

Cette pièce n'ayant pas réussi entre les mains du célèbre Dominique, elle avoit été rayée du catalogue des pièces que l'on reprenoit de temps en temps. Cependant Gherardi la choisit pour son coup d'essai en 1689, et elle eut tant de bonheur entre ses mains, qu'elle plut généralement, et fut extraordinairement suivie.

La Descente de Mézétin aux enfers, comédie en trois actes et en prose, avec des scènes italiennes; donnée à l'ancien Théâtre Italien en 1689.

La mort de Dominique fit qu'il n'y eut point

de rôle d'Arlequin dans cette pièce ; ce qui étoit une grande gêne pour un auteur de ce théâtre.

L'Homme a bonnes fortunes, comédie en trois actes et en prose, mêlée de scènes italiennes, et la Critique de cette pièce, en un acte; au Théâtre Italien, en 1690.

Regnard fit lui-même la critique de sa pièce, dans une comédie en un acte et en prose, jouée dans la même année.

Les Filles errantes, comédie françoise et italienne, en trois actes et en prose, donnée à l'ancien Théâtre Italien, en 1690.

La Coquette, ou l'Académie des dames, comédie en trois actes et en prose ; donnée à l'ancien Théâtre Italien, en 1691.

On désireroit que les éditeurs des OEuvres de ce poète comique y eussent inséré quelques scènes des pièces que cet auteur a données au Théâtre Italien.

Les Chinois, comédie en quatre actes, précédée d'un prologue, en société avec Dufresni ; donnée à l'ancien Théâtre Italien, en 1692.

On apprend, dans le dénoûment de cette pièce, que les comédiens ne prenoient encore que quinze sous pour entrer au parterre, dans le temps qu'ils la représentoient, et que l'usage de donner la comédie gratis, en réjouissance de quelque événement favorable, étoit déjà établi.

La Baguette de Vulcain, comédie en un acte, en prose et en vers, avec un divertissement, suivi de l'Augmentation de la Baguette, en société avec Dufresni, donnée au Théâtre Italien en 1693.

Le nommé Jacques Aymar, qui faisoit alors du bruit à Paris, par sa baguette, avec laquelle il prétendoit découvrir bien des choses, donna lieu à plusieurs dissertations physiques, et fournit l'idée de cette comédie. Elle eut un succès prodigieux dans sa nouveauté. Les auteurs ajoutèrent, pendant le cours des représentations, trois scènes nouvelles, sous le titre d'*Augmentation à la Baguette de Vulcain*, et Roger ou Arlequin débitoit à cette occasion la fable d'un cabaretier qui, pour perpétuer un muid de vin vieux que ses pratiques avoient trouvé de leur goût, le remplissoit à mesure de vin nouveau.

La Sérénade, comédie en un acte et en prose, avec un divertissement, dont la musique est de Regnard, et retouchée par Gillier; donnée au Théâtre François en 1693.

La Naissance d'Amadis, parodie d'Amadis de Gaule, en un acte; donnée à l'ancien Théâtre Italien en 1694.

Attendez-moi sous l'orme, comédie en un acte et en prose, avec un divertissement; donnée au Théâtre François en 1694.

Cette pièce a toujours été attribuée à Regnard, et se trouve imprimée dans ses OEuvres, quoiqu'elle soit réellement de Dufresni, de qui Regnard l'avoit achetée 300 livres, un jour qu'il avoit grand besoin d'argent. Il est étonnant que Regnard ait souffert que l'on ait fait imprimer sous son nom l'ouvrage d'un autre, et plus étonnant encore qu'il ait lui-même contribué à cette erreur, en s'appropriant cette pièce. (1)

Armand, cet excellent comique, saisissoit avec une présence d'esprit singulière tout ce qui pouvoit plaire au public, dont il étoit fort aimé. Jouant le rôle de Pasquin dans cette pièce, après ces mots : « Que dit-on d'intéressant? Vous avez reçu des nouvelles de Flandre; » il répliqua sur-le-champ :

---

(1) On croit avoir prouvé que cette pièce appartient réellement à Regnard. *Voyez*, à ce sujet, l'Avertissement qui précède *Attendez-moi sous l'orme*.

« Un bruit se répand que le Port-Mahon est pris. »
Le vainqueur de Mahon étoit le parrain d'Armand.

La Foire Saint-Germain, comédie en un acte et en prose, avec un divertissement, en société avec Dufresni; donnée au Théâtre Italien en 1695.

On ajouta depuis à cette pièce la scène des carrosses. Ce qui y donna lieu, fut l'aventure de deux dames qui, chacune dans un carrosse, s'étant rencontrées dans une rue de Paris, trop étroite pour que deux voitures y pussent passer de front, ne voulurent reculer ni l'une ni l'autre, et ne cessèrent de tenir la rue jusqu'à l'arrivée du commissaire, qui, pour les mettre d'accord, les fit reculer en même temps chacune de son côté.

Regnard et Dufresni ayant donné au Théâtre Italien la Foire Saint-Germain, comédie qui eut beaucoup de succès, Dancourt en composa une d'un acte sous le même titre, qui tomba; et les Italiens, pour s'en moquer, ajoutèrent ces deux couplets à la leur :

MÉZÉTIN.
Deux troupes de marchands forains
Vous vendent du comique;
Mais si pour les Italiens
Votre bon goût s'explique,

Bientôt l'un de ces deux voisins
Fermera sa boutique.

ARLEQUIN.

Quoique le pauvre Italien
Ait eu plus d'une crise,
Les jaloux ne lui prennent rien
De votre chalandise :
Le parterre se connoît bien
En bonne marchandise.

Les Momies d'Égypte, comédie en un acte et en prose, avec un divertissement, en société avec Dufresni; donnée au Théâtre Italien en 1696.

Cette pièce étoit en quelque sorte la suite de la comédie de la Foire Saint-Germain, des mêmes auteurs; la scène continuant d'être dans les boutiques de la Foire.

Le Bal, ou le Bourgeois de Falaise, comédie en un acte et en vers, avec un divertissement; donnée au Théâtre François en 1696.

Le Joueur, comédie en cinq actes, en vers; donnée au Théâtre François en 1696.

Dufresni, en société avec Regnard, composa durant plusieurs années pour le Théâtre Italien; cette liaison l'engageoit à faire part de ses idées à son ami. Il lui communiqua plusieurs sujets de comédie presque achevés, entre autres, ceux du

Joueur, et d'Attendez-moi sous l'orme, dans le dessein d'y mettre ensemble la dernière main, et de les faire paroître sur la scène françoise; mais Regnard, qui sentoit la valeur de la première de ces deux pièces, amusa son ami, fit quelques changements à l'ouvrage, et le donna sous son nom aux comédiens. Ce fait étoit connu de tous les amis de Dufresni, auxquels ce dernier l'a raconté plusieurs fois, en se plaignant d'un larcin qui ne convient, disoit-il, qu'à un poète du plus bas étage. Pour n'en avoir pas le démenti, Dufresni donna un autre Joueur (le Chevalier Joueur) en prose. Cette contestation entre Regnard et de Rivière, fit naître l'épigramme suivante :

>Un jour Regnard et de Rivière,
>En cherchant un sujet que l'on n'eût point traité,
>Trouvèrent qu'un joueur seroit un caractère
>   Qui plairoit par sa nouveauté.
>Regnard le fit en vers, et de Rivière en prose :
>   Ainsi, pour dire au vrai la chose,
>   Chacun vola son compagnon.
>Mais quiconque aujourd'hui voit l'un et l'autre ouvrage,
>   Dit que Regnard a l'avantage
>   D'avoir été le bon larron.

Les deux pièces ayant été représentées, celle de Regnard eut un grand succès, l'autre tomba. Le poète Gacon fit encore cette autre épigramme, car il étoit l'auteur de la première :

> Deux célèbres joueurs, l'un riche et l'autre gueux,
> Prétendoient en public donner leur caractère,
> Et prétendoient si fort à plaire,
> Qu'ils tenoient en suspens les esprits curieux ;
> Mais, dès que sur la scène on vit les comédies
> De ces deux écrivains rivaux,
> Chacun trouva que les copies
> Ressembloient aux originaux.

Ce n'est point à tort que Dufresni revendiquoit le fond de cette comédie, qu'il prétendoit que Regnard lui avoit pris. Ce dernier abusa effectivement de la confiance que Dufresni lui témoigna ; et pour accélérer sa pièce, il se servit de Gacon, à qui il en fit faire la plus grande partie. Ce fut à Grillon où Regnard avoit une maison de campagne qu'il aimoit beaucoup. Il enfermoit Gacon dans une chambre, d'où ce dernier n'avoit la liberté de sortir qu'après avoir averti par la fenêtre combien il avoit fait de vers sur la prose dont Regnard lui donnoit le canevas. C'est de Gacon lui-même que l'on tient cette anecdote. (1)

---

(1) *Voyez* l'Avertissement en tête du *Joueur*, où l'on réfute cette assertion, et où l'on prouve que Dufresni a

Le Distrait, comédie en cinq actes et en vers; donnée au Théâtre François en 1697.

Cette comédie, qui n'eut que quatre représentations dans sa nouveauté, ne fut reprise qu'en 1731 ; mais elle le fut avec beaucoup de succès.

Le caractère du Distrait est copié d'après celui qui se trouve dans les Caractères de La Bruyère, qu'on vouloit être le portrait de M. le comte de Brancas.

Le Carnaval de Venise, opéra ou comédie-ballet, en quatre actes, musique de Campra, représenté sur le théâtre de l'Opéra en 1699.

Démocrite, comédie en cinq actes et en vers, donnée au Théâtre François en 1700.

L'unité de lieu n'est pas observée dans cette pièce; la scène changeant au second acte. Ce défaut étoit pardonnable à Alexandre Hardi, mais non à un poète qui est venu après Molière; il auroit été fort aisé de réparer cette faute, en supprimant le premier acte, et ajoutant à l'exposition, qui ne se fait qu'au commencement du suivant, quelques vers qui auroient appris au spectateur

---

eu moins de part qu'on ne se l'imagine au succès de cette comédie.

par quelle aventure Chriséis et Démocrite se trouvent à la cour d'Athènes : mais ce n'étoit pas l'intention de l'auteur ; il auroit fallu qu'il purifiât toutes les plaisanteries qu'il a placées dans ce premier acte, et cet acte lui étoit d'autant plus précieux, qu'il n'auroit su comment y suppléer, attendu que la pièce est assez vide d'action, et ne se soutient que par le secours des scènes épisodiques. (1)

Le Retour imprévu, comédie en un acte et en prose ; donnée au Théâtre François en 1700.

Les Folies amoureuses, comédie en trois actes et en vers, avec un prologue, et un divertissement intitulé *le Mariage de la Folie*; donnée au Théâtre François en 1704.

Les Ménechmes, comédie en cinq actes et en vers, avec un prologue ; donnée au Théâtre François en 1705.

« Ce fut moi, dit M. de Losme de Montchesnai,
« qui raccommodai Regnard, poète comique,
« avec M. Despréaux. Ils étoient près d'écrire l'un
« contre l'autre, et Regnard étoit l'agresseur. Je

---

(1) *Voyez* l'Avertissement de *Démocrite*, où l'éditeur répond à cette critique.

« lui fis entendre qu'il ne lui convenoit pas de se
« jouer à son maître; et depuis sa réconciliation,
« il lui dédia ses Ménechmes. » Despréaux disoit
de Regnard, qu'il n'étoit pas médiocrement plaisant.

Les Ménechmes, comédie de Rotrou, imitée
de Plaute, représentée en 1632, n'a pas été inutile à Regnard pour la composition de ses Ménechmes. (1)

LE LÉGATAIRE UNIVERSEL, comédie en cinq
actes et en vers, donnée au Théâtre François en
1708.

La fourberie de Crispin, qui, dans cette pièce,
contrefait le moribond pour dicter un testament,
est la copie d'un fait véritable, arrivé du temps
de Regnard. On a néanmoins blâmé cet auteur
d'en avoir fait usage dans sa comédie. Mais Regnard a peut-être pensé que les tours d'adresse,
étant les sûretés des fripons, ne pouvoient être
trop divulgués. L'auteur fit lui-même la critique
de son propre ouvrage, dans une comédie en un
acte, en prose, qui fut jouée à la suite du Légataire ; mais elle réussit peu.

---

(1) *Voyez* l'Avertissement qui précède les *Ménechmes*.

VOYAGE

DE FLANDRE

ET DE HOLLANDE,

COMMENCÉ LE VINGT-SIX AVRIL 1681.

VOYAGE
DE FLANDRE
ET DE HOLLANDE,

COMMENCÉ LE VINGT-SIX AVRIL 1681.

Nous partîmes de Paris, le 26 avril 1681, par le carrosse de Bruxelles. Je fus coucher à Senlis, où se devoit rendre M. de Fercourt, qui étoit parti de Paris trois jours auparavant. Nous nous trouvâmes dans le carrosse tous jeunes gens, dont le plus âgé n'avoit pas vingt-huit ans. Il y avoit cinq Hollandois, du nombre desquels étoit M. de Wasenau, capitaine des gardes du prince d'Orange. Il se trouva aussi parmi nous un petit abbé espagnol qui alloit prendre possession d'une chanoinie à Bruxelles. Ce petit prêtre, bossu par-devant et par-derrière, nous servit de divertissement pendant tout le chemin. Nous allâmes le lendemain dîner à Pont, et coucher à Gournai, où étoit la maison de M. le président Amelot. Le château est entouré d'eau, et le jardin est coupé de différents ruisseaux qui en forment l'agrément. Nous en partîmes d'assez grand matin pour aller coucher à Péronne : cette ville est nommée la Pucelle à cause de sa fidélité inébranlable, et que, malgré tous les troubles, elle s'est conservée dans la soumission qu'elle devoit à son roi. Elle est d'une petite étendue, mais extrêmement forte du côté où on y entre, à cause des marais qui rendent son approche difficile, et qui forment quantité de fossés très-larges et fort profonds, qui font mille détours avant que d'arriver à la ville. La rivière de Somme l'arrose, et la défend de ce même côté; ce qui fait qu'elle est presque inaccessible. Ces fossés produisent d'excellentes carpes, qui sont renommées par toute la France; et des canards en quantité, dont les pâtés ne sont pas moins estimés. De Péronne à Cambrai on compte sept lieues. Dans le chemin, nous fûmes pris du mauvais temps avec tant de violence, que nos chevaux, effrayés et aveuglés des éclairs continuels, qui formoient un jour malgré l'obscurité des ténèbres, renversèrent le carrosse dans un fossé fort profond où nous devions tous finir nos jours de cette chute violente; mais le hasard voulut que pas un de nous ne fût blessé : nous en fûmes quittes pour quantité d'eau qui passa dessus nous; et après que l'on nous eut pêchés et retirés de ce carrosse, faits comme des gens qui sortent d'un bourbier où ils ont enfoncé jusqu'aux oreilles, nous fûmes obligés de faire une lieue et demie à pied, qui restoit jusqu'à Cambrai, où nous fîmes une entrée aussi sale et aussi crottée qu'il est aisé de s'imaginer.

Cette ville ne devoit pas faire tout le bruit qu'elle faisoit dans la France; elle n'étoit redoutable que par le mal que ses garnisons faisoient à nos paysans; et je me suis étonné des désordres qu'elle a causés avant que le plus grand des rois l'eût réduite sous son obéissance. En effet, Cambrai de lui-même n'est rien; il n'y a que la citadelle qui soit en état de se défendre, et la ville n'étoit forte que par la sûreté que lui donnoit cette citadelle; mais les travaux qu'on y fait présentement font connoître qu'on ne laveut pas rendre si tôt, et que les Espagnols, qui se faisoient si forts de cette place, et qui disoient que si le roi de France vouloit prendre Cambraï il falloit qu'il en fît faire un; on connoît, dis-je, qu'ils lui ont donné le dernier adieu. Cette citadelle, si renommée par tout le monde, fut commencée par Charles-Quint, et a été augmentée de plusieurs fortifications qui la rendent une pièce très-considérable. Ses murailles sont d'une hauteur surprenante, et cela vient de la grande profondeur que l'on a donnée aux fossés, qui n'a pas apporté d'avantage à ses murailles, qui sont presque toutes déracinées. Nous fûmes conduits partout par un officier qui prit plaisir à nous faire tout voir, et nous montra la brèche par où les Espagnols sont sortis. La ville n'a rien de remarquable que le clocher de la cathédrale, qui est bâti à jour, avec une délicatesse surprenante. Nous logeâmes au Corbeau, et fûmes assez mal, à cause de la quantité de carrosses qui y étoient.

On ne compte pas davantage de Cambrai à Valenciennes, que de Péronne à Cambrai. Cette ville est située sur l'Escaut, et l'on y travaille d'une manière à la rendre une ville imprenable. Nous y remarquâmes avec soin le lieu par où elle avoit été prise, et la porte par où les mousquetaires y étoient entrés. Cette porte est faite comme une porte de cave à barreaux, et faisoit la communication avec une esplanade : elle n'avoit point été ouverte depuis plus de vingt ans, et elle ne le fut que pour porter le corps du major, qui avoit été blessé à une attaque qui se faisoit de ce côté. Les mousquetaires, pour qui elle n'avoit pas été ouverte, poursuivirent les ennemis, et trouvant cette entrée, continuèrent leur pointe ; et, malgré une grêle de balles, ils poussèrent jusqu'à une autre porte, de laquelle on ne put abattre la herse qui n'avoit point servi depuis fort long-temps, et se rendirent maîtres de la ville. Nous passâmes dans la forteresse ; et comme nous avions une espèce de prêtre avec nous, on nous donna deux soldats pour nous conduire. L'on sait qu'il n'y a que le cœur des prêtres qui soit espagnol en ce pays; et afin de leur ôter tout moyen de rien entreprendre, on les veille d'une manière particulière. Nous remarquâmes que toutes les femmes étoient belles en ce pays. De Valenciennes, pour aller à Mons, on va dîner à Quévrain, lieu recommandable tant par le séjour que nos armées y ont fait, que parce que c'est le lieu qui sépare les terres d'Espagne d'avec celles de France. Nous arrivâmes d'assez bonne heure à la ville, et nous eûmes le temps de la considérer.

Mons est la capitale du Hainaut, et la première qui reconnoisse de ce côté la domination espagnole, jusqu'à ce qu'il plaise à la France de lui faire sentir son joug. Elle peut passer pour l'une des plus fortes des Pays-Bas, à cause de sa situation qui se trouve au milieu des marais. Les bourgeois la gardent, et nous leur vîmes monter la garde dans la grande place, qui est très-belle. Le prince d'Aremberg, duc d'Arscot, de la meilleure maison des Pays-Bas, grand d'Espagne, en est gouverneur. Ce qui me plut davantage dans Mons, et ce qui est assez particulier, ce fut le collége royal des chanoinesses, fondé par une....., qui établit cette communauté pour y recevoir des filles de qualité, qui y demeurent jusqu'à ce qu'elles en sortent pour se marier. Ces filles font le service avec une grâce particulière. Elles ont un habit qui leur est propre pour aller à l'église le matin, et un autre le soir pour aller dans la ville et dans toutes les compagnies, où elles sont parfaitement bien reçues, à cause de leur galanterie dont elles font profession. Nous montâmes sur la grande tour, d'où nous aperçûmes toute la ville, et où nous vîmes un très-beau carillon, dont tous les Hollandois et les Flamands sont fort curieux.

De Mons nous fûmes coucher à Notre-Dame de Halle. Ce lieu de dévotion a été, comme tous les autres, fort maltraité des armées qui ont campé aux environs; et l'on n'a eu aucun égard à la dévotion que tous les Flamands ont à cette église dédiée à la Vierge. Nous vîmes, au sortir de Mons, le lieu où s'étoit donnée la bataille fameuse de Saint-Denis, la veille que la paix fut publiée dans l'armée, et le prince d'Orange en ayant sur lui les articles signés. Nous étions avec un officier qui s'y étoit trouvé, et qui nous montra les postes et les lieux qu'occupoient les deux armées. Cette bataille porte aussi le nom de Cassiau, à cause d'un petit village qui est tout contre cette abbaye, qui a imposé le nom à cette journée.

Nous arivâmes enfin à Bruxelles, la seconde ville du Brabant. Elle est très-agréable et très-peuplée, à cause de la demeure ordinaire que les gouverneurs des Pays-Bas y font, et la quantité de gens de qualité qui suivent la cour; c'est pour cela qu'elle est appelée *la Noble*. Le palais du gouverneur est le plus somptueux bâtiment de la ville, tant à cause de sa grandeur que par un grand parc qui sert de promenade à tous les habitants, et réjouit la vue par la quantité de fontaines qu'on y voit. Le prince de Parme en est présentement gouverneur : il a mis la milice sur un très-bon pied, et l'a rétablie par les grandes levées qu'il a faites sur le peuple, qui n'en étoit pas trop content. L'hôtel-de-ville est un bâtiment assez curieux : il fut fait par un Italien, qui se pendit de dépit d'avoir manqué à mettre la tour au milieu, comme son épitaphe le fait connoître ; cet homme fit par avance de lui ce qu'auroit fait un bourreau. Il ne méritoit pas moins qu'une corde, pour avoir manqué à un point où des gens qui n'auroient pas la moindre connoissance de l'architecture, ne manqueroient pas. Les églises de Bruxelles, comme celles des Pays-Bas, sont très-belles et fort bien entretenues. Nous vîmes dans la collégiale, du nom de Sainte-Gudule, les trois hosties miraculeuses, sur lesquelles on dit qu'on voit quelques gouttes de sang. Nous allâmes voir la communauté des béguines, qui est un ordre particulier en ce pays. Elles sont vêtues de blanc dans l'église, et vont par les rues avec un long manteau noir, qui leur descend du sommet de la tête et leur tombe sur les talons. Elles portent aussi sur le front une petite huppe, qui forme un habillement assez galant, et on trouve des filles sous cet habit dévot, que j'aimerois mieux que beaucoup d'autres avec l'or et les diamants qui les environnent : elles étoient pour lors au nombre de huit cents dans le béguinage..... Le Cours à la mode est chez eux ce que le

Cours est chez nous. C'est là que se trouvent toutes les dames et les cavaliers, avec cette différence néanmoins que toutes les dames sont d'un côté et les hommes de l'autre. Nous demeurâmes trois jours à Bruxelles avec bien du plaisir, et après avoir vu tout ce qu'il y avoit à voir dans la ville, nous en partîmes le 16 mai par le canal qui va à Anvers, et qui ne nous conduisit que jusqu'à...., où nous descendîmes du bateau pour prendre des chariots qui nous devoient conduire à Malines, que nous voulions voir avant que d'arriver à Anvers.

Malines est appelée *la Jolie*, et non sans raison; car il semble plutôt que ce soit une ville peinte que réelle, tant les rues en sont propres et bien pavées, et les bâtimens bien proportionnés. C'est en ce parlement, le premier des Pays-Bas, où sont renvoyés tous les procès qui en appellent en ce lieu; ce qui rend cette ville fort recommandable. Cette province est démembrée du reste des Pays-Bas, et c'est un marquisat séparé. Tout le commun peuple travaille, comme par toute la Flandre, à faire des dentelles blanches qu'on appelle de ce nom; et le béguinage, qui est le plus grand et le plus considérable de tous, n'est entretenu que par ce travail, que les béguines exercent, et dans lequel elles excellent. Ces béguines sont des filles ou femmes dévotes, qui se retirent dans ce lieu autant de temps qu'elles veulent. Elles y ont chacune une petite maison séparée, où elles sont visitées de leurs parents. Il y en a même quelques-unes qui prennent des pensionnaires. Le lieu s'appelle *Béguinage*, et les portes s'en ferment tous les soirs de bonne heure. Il y a à Malines une tour qui est fort estimée pour la hauteur, de laquelle on découvre extrêmement loin. De Malines, où nous dînâmes, nous fûmes coucher à Anvers, sur des chariots établis pour partir tous les jours à certaine heure, et par le chemin le plus beau et le plus agréable que j'aie jamais fait.

Anvers, la première et la plus grande ville du Brabant, et à qui on pourroit donner des titres encore plus superbes, surpasse toutes les autres villes que j'ai vues, à l'exception de Naples, Rome, Venise, non-seulement par la magnificence de ses bâtiments, par la pompe de ses églises, et par la largeur de ses rues spacieuses, mais aussi par les manières de ses habitants, dont les plus polis tâchent à se conformer à nos manières françoises, et par les habits, et par la langue qu'ils se font gloire de posséder en perfection. La première chose que nous admirâmes en y entrant, ce fut la beauté de ses superbes remparts, qui, tout couverts de grands arbres, forment une promenade la plus agréable du monde. Ils sont revêtus partout de pierre de taille, et arrosés d'un fossé d'eau vive qui court tout autour de la ville, et qui sert autant à l'embellir qu'à la défendre. La cathédrale est fort bien bâtie, et le clocher, ouvrage des Anglois, est d'une délicatesse surprenante, mais qui pourroit peut-être quelque jour lui être funeste. On y voit des peintures admirables, et entre autres, une Descente de croix, de Rubens, qui peut passer pour une pièce achevée.

L'église des Jésuites ne cède, en magnificence, à pas une de toutes celles que j'ai vues en Italie, et est d'autant plus superbe, que le marbre dont elle est toute bâtie y a été apporté de fort loin et avec une grande dépense. Toute la voûte est ornée de cadres de la main des plus excellents maîtres. Il est aisé de juger de la magnificence de cette église, quand on dira que le seul balustre de marbre qui ferme le maître-autel, coûte plus de quarante mille livres. Je ne crois pas aussi qu'on puisse jamais voir un ouvrage plus achevé. Le marbre est manié si délicatement, qu'il semble qu'il ait quitté sa dureté naturelle pour prendre la forme qu'on lui a voulu donner, et se fléchir comme de la cire, suivant la volonté de l'ouvrier. La citadelle, renommée par toute l'Europe pour sa régularité, est à cinq bastions : elle est plus grande, plus forte, et incomparablement mieux faite que celle de Cambrai. Son esplanade est tout-à-fait spacieuse et d'une grande étendue, mieux entendue en cela que celle de Cambrai, de laquelle on peut approcher d'assez près étant toujours couvert ; ce qui en a beaucoup favorisé la prise. Nous y fûmes conduits par M. de

Verprost, et menés dans tous les endroits par un officier qui ne voulut pas permettre que nous allassions sur les bastions. Nous vîmes l'endroit par où les Hollandois voulurent la surprendre lorsqu'ils firent de nuit une descente dans la rivière, et essayèrent de passer le fossé avec de petits bateaux que chaque homme pouvoit porter sur son épaule; mais la sentinelle, ayant entendu du bruit, donna l'alarme; ce qui fit que les Hollandois, ayant manqué leur coup, se retirèrent et laissèrent tous les bateaux et les instruments, qu'on garde encore dans la citadelle, et qu'on nous fit voir comme des marques et des monuments de la victoire.

Nous nous embarquâmes à Anvers pour Rotterdam. Nous laissâmes la Zélande à gauche, et passâmes à la vue de Berg-op-Zoom, qui appartient à M. le comte d'Auvergne. Nous fûmes trois jours à notre navigation, et passâmes à la Brille. Cette place a fait bien de la division pendant les troubles de Hollande, qui arrivèrent il y a environ cent ans.

Du temps de Philippe II, fils de Charles-Quint, les dix-sept provinces étoient gouvernées par....., sœur de Charles-Quint, et par conséquent tante du roi, qui en étoit maître, et qui voulut lever sur ces peuples certains droits nouveaux, et introduire parmi eux l'inquisition. Les Hollandois s'opposèrent à ces nouvelles déclarations, et le prince d'Orange, soutenu du comte de Horn, et de....., à la tête de la populace, firent des remontrances à la gouvernante, et lui proposèrent deux cents articles, sur lesquels ils vouloient qu'on leur donnât satisfaction. Cette femme, surprise de ce tumulte, se tourna vers un des premiers de son conseil, qui lui dit, comme en se moquant, qu'elle ne devoit point se mettre en peine de ces gens, qui n'étoient que des gueux; ce qui, ayant été rapporté à ce peuple mutiné, il en devint si courroucé, qu'ils formèrent entre eux un parti qui, depuis, a été appelé *le parti des gueux*. La gouvernante cependant, étant retournée en Espagne, et connoissant le naturel remuant des peuples des dix-sept provinces, ne voulut pas s'y faire voir qu'elle ne les contentât sur une partie des articles qu'ils demandoient; ce qui fit que Philippe II envoya le duc d'Albe, qui a fait tant de carnage, et a été cause de l'entière rebellion de ces provinces. On dit qu'il fit mourir par la main du bourreau plus de dix-huit mille personnes. Il ne fut pas plus tôt à Bruxelles, qu'il y convoqua les états. Le comte de Horn, ne voulant point paroître chef de la sédition, y alla; mais le prince d'Orange, craignant les Espagnols dont il se défioit, sortit des états pour ne point s'y trouver; et le comte de Horn, rencontrant le prince d'Orange qui s'absentoit: *Adieu*, lui dit-il, *prince sans terres*; à quoi le prince répondit: *Adieu, comte sans tête*, comme en effet cela se trouva vrai; et ayant été arrêté aux états, on lui fit sauter la tête avec une quantité presque innombrable de gens qu'on croyoit suivre son parti, ou qui étoient suspects, étant un crime de lèse-majesté parmi les Espagnols, d'être seulement suspect à son prince. Le prince d'Orange voyant, par la mort du comte de Horn et de ses adhérents, qu'il avoit très-bien fait de se sauver, voulut encore songer à son salut; et appuyant la faction des mécontents, il se mit à leur tête, et après plusieurs combats où il eut toujours du dessous, il prit enfin la Brille, d'où le duc d'Albe prétendit le chasser; mais n'en ayant pu venir à bout, il donna occasion à ces tableaux que l'on a faits de lui, dans lesquels il est dépeint, par dérision, avec des lunettes sur le nez, parce que Brille, en hollandois, signifie lunettes. La Hollande se divise en sept provinces-unies, qui sont la Gueldre, la Hollande, la Zélande, Utrecht, la Frise, l'Over-Issel, et Groningue.

Nous arrivâmes à minuit à Rotterdam, et nous fûmes obligés de passer par-dessus les murailles pour entrer dans la ville, dont les portes étoient fermées. Cette ville est la seconde de tout le pays; et il est aisé de juger de sa richesse par la quantité de vaisseaux qu'on y voit aborder de tous les pays, et qui emplissent le canal de la ville, qui est extrêmement large. Cette ville est remarquable par l'étendue de son commerce et par la beauté de ses maisons, qui ont toutes la propreté qu'on remarque dans toutes les villes de Hollande. L'on voit, au milieu d'une grande place, la statue d'Erasme, qui étoit natif de cette ville, et qui a assez bien mérité de la république pour avoir une statue en bronze sur le pont qui est au milieu de la grande place. Nous partîmes de Rotterdam sur les deux heures après-midi, par les barques, qui sont d'une commodité admirable par toute la Hollande. Elles partent toutes à différentes heures, et à une demi-heure l'une de l'autre, ce qui fait qu'à toutes les demi-heures du jour et de la nuit il part de ces commodités qui vont en cent endroits différents, et qui sont si ponctuelles, que le cheval est attelé à la barque lorsque l'heure est prête à sonner, et qu'à peine elle a frappé que le cheval marche. Nous passâmes à Delft, petite ville à deux lieues de La Haye, où nous vîmes le frère d'un de nos amis que nous avions laissé esclave en Alger. Nous entrâmes dans le principal temple de la ville, où nous vîmes le tombeau du fameux amiral Tromp. Nous arrivâmes le soir à La Haye, le plus beau et le premier village du monde. C'est le lieu où le prince d'Orange fait sa résidence ordinaire. Il n'y étoit pas pour lors, et il étoit allé à une chasse générale qui se faisoit en Allemagne sur les terres de....., avec le.....

Le prince d'Orange s'appelle Guillaume III de Nassau. Ces dernières guerres ont servi à le rendre recommandable dans la Hollande, et à le faire déclarer stathouder, capitaine-général des armées des provinces-unies des Pays-Bas, et grand amiral. Les états lui accordent pour cela une pension de cent mille francs, et font la dépense de toute sa maison. Quelques remuants lui ont voulu mettre en tête de se faire déclarer souverain dans la Hollande, pendant qu'il étoit maître absolu de toutes les troupes; mais les plus politiques lui ont fait connoître premièrement la difficulté de son dessein, et entendre ensuite que, quand il seroit assez heureux pour le mettre en exécution, il ne pourroit jamais se maintenir dans cette souveraineté, la Hollande étant un pays qui périroit bientôt, si elle étoit gouvernée par un particulier, et si elle cessoit d'être république, à cause des grands frais qu'il faut renouveler continuellement pour la conservation du pays, et des grandes levées qu'un prince seroit obligé de faire sur ses sujets; que des républicains, qui se repaissent du titre fastueux de liberté, donnent avec plaisir, n'ayant tous pour but que la même chose ; ce qui fait qu'il n'y a point de pays plus vexé d'impôts et de subsides que la Hollande; et ces peuples se flattent que, comme ce sont eux qui se les imposent, ils sont libres de se les ôter lorsqu'ils le veulent. Ce conseil, le plus sûr et le plus politique, fut suivi du prince d'Orange, qui s'en trouva bien.

Les états de Hollande se tiennent à La Haye, ce

qui contribue beaucoup à sa magnificence. Les maisons des particuliers sont très-belles, mais le palais du prince n'a rien de remarquable ; au contraire, il est étonnant de voir qu'il soit si mal logé, et qu'il y ait des bourgeois qui habitent des maisons plus superbes. Nous y vîmes les chambres des états, dont il y en a une assez belle, et que M. Del.... disoit qu'il entreprendroit de faire dorer pour deux mille écus, quoique, par la supputation de tout le monde, il y dût entrer pour plus de dix mille écus d'or; mais il dit qu'il entendoit qu'on le lui fournît. M. Davaux y étoit pour lors ambassadeur. Nous le vîmes en deuil à cause de la mort récente de M. le chevalier de Mesmes, son beau-frère, que j'ai vu à Rome, et qui avoit été tué depuis peu d'un coup de pierre.

On voit en sortant du château une porte qui est proche le logis de monsieur...., le lieu où se fit le massacre du pensionnaire de Witt, qui fut tué par la populace au commencement de la guerre; tout cela par les menées du prince d'Orange, à cause qu'il avoit été fait depuis peu un édit par lequel il étoit défendu de reconnoître le prince d'Orange pour souverain, que le peuple vouloit reconnoître comme tel.

Le prince Guillaume de Nassau, qui étoit à la tête des mécontents lorsqu'ils secouèrent le joug espagnol, se comporta si généreusement dans toute cette rebellion, qu'après avoir forcé l'Espagnol par la paix à reconnoître les Hollandois et leur république pour souverains, ils se trouvèrent obligés de récompenser sa vaillance, en lui donnant le titre de protecteur des états. Ce titre est dévolu à ses successeurs. Mais le conseil des provinces, et particulièrement les de Witt, qui faisoient une faction particulière, et qui en entraînèrent d'autres avec eux, firent cet édit perpétuel, par lequel ils déclaroient qu'on ne pourroit jamais proposer le prince d'Orange pour souverain, et le firent même signer au prince d'Orange d'aujourd'hui, encore jeune. La guerre de France est arrivée sur ces entrefaites; et le peuple, appréhendant la domination des François, et croyant que, s'ils avoient le prince d'Orange à la tête de leurs armées, ils feroient des merveilles, le proposèrent : mais étant arrêtés par cet édit perpétuel, ils éclatèrent contre de Witt, le général des troupes, et le firent arrêter, l'accusant du crime de trahison et d'avoir voulu perdre l'état; mais n'ayant point trouvé de sujet pour le faire mourir, on se contenta de le bannir pour satisfaire le peuple et la faction du prince d'Orange. Son frère, le pensionnaire à La Haye pour les affaires de la province de Hollande, demanda la permission de le voir ; mais en voulant entrer dans la prison, le peuple mutiné, souffrant impatiemment la vue d'un homme qui s'opposoit à ses menées, se rua dessus lui, et l'assassina cruellement sur la place : ils le traînèrent un peu plus loin où ils le pendirent. Chacun accourut à ce spectacle, et le peuple étoit si animé, qu'il le coupa en pièces, dont chacun prit des morceaux de chair, qui se vendoient quelques jours après fort cher à ceux qui n'avoient pas eu le plaisir d'assister à cette boucherie. Le peuple, qui est une bête féroce qui se porte toujours dans les extrémités parce qu'il agit sans raison, et qui est timide par excès ou impétueux à l'extrême, n'est pas à se repentir de cette action. Il reconnoît que cet édit étoit fait pour son utilité, et la mort du pensionnaire a été le premier échec qui ait été donné à la république.

Les Provinces-Unies doivent, après le ciel, leur liberté aux princes d'Orange, qui ont tant fait qu'ils ont obligé le roi d'Espagne à la signer, et à les reconnoître pour peuples libres, indépendants de tout autre; ce qui est une circonstance fort remarquable. Guillaume premier cimenta de son sang les fondements de cette république. Maurice et Henri, ses fils, en accrurent la splendeur par le gain de plusieurs batailles. Guillaume II égala les autres, mourut fort jeune, et laissa, pour successeur de ses vertus, Guillaume III du nom, prince d'Orange d'à présent, fils de Guillaume II et de Marie Stuart, fille aînée de Charles Ier, roi d'Angleterre, qui eut la tête coupée. Guillaume II eut, la trente-six ou trente-septième année de son âge, Guillaume III, qui a épousé la fille du duc d'York. Il ne vint au monde qu'après la mort de son père, et il perdit à onze ans la princesse royale sa mère, qui mourut à Londres de la petite-vérole, de même que le feu prince Guillaume son mari.

Tout le monde sait que la Hollande est un état purement républicain; mais il faut dire quelque chose de plus particulier de son gouvernement.

Chaque ville est gouvernée par un magistrat, des bourgmestres et des conseillers, et un bailli dans les causes criminelles, qui exerce sa charge autant de temps qu'il plaît au conseil, et qui juge absolument, dans les affaires criminelles, de la sentence des bourgmestres. Au-dessus d'une certaine somme, on appelle à la cour de la province, où chaque ville envoie un conseiller.

Les députés des villes composent les états de la province, et les députés des provinces font les états généraux, établis pour les alliances, pour les traités, pour les levées des deniers, et pour ce qui regarde le bien de la république. Ces provinces sont aussi fortes l'une que l'autre : il est vrai que la province d'Amsterdam emporte ordinairement la balance, et fait tourner les choses du côté qu'elle veut. Cette ville seule passe pour une province. Il est aisé de conclure que la souveraineté ne réside point dans les états généraux, qui ne sont rien autre chose que les envoyés des villes pour proposer dans le conseil les choses qu'elles veulent représenter.

La Haye est le lieu où la noblesse de Hollande fait sa résidence ; il n'y en a guère de plus agréable dans le monde. Un grand bois de haute futaie, bordé de magnifiques palais d'un côté, et de l'autre de vastes et agréables prairies qui l'entourent, rendent son aspect un des plus riants de l'Europe. On voit dans le château un étang revêtu de pierres de taille ; de hauts arbres qui le bordent, servent à embellir le palais du prince. On va de La Haye à la mer en moins d'un quart d'heure, par un chemin très-agréable. Nous vîmes en y allant un chariot à voiles que le prince d'Orange a fait faire, et nous entrâmes dans un lieu où l'on court à la bague sur des chevaux de bois. Nous allâmes voir une maison du prince d'Orange, à quelques lieues de La Haye, appelée *Osnadin*; c'est là où il passe une partie de l'année, et où il entretient quantité de bêtes extraordinaires. Nous y vîmes des vaches de Calicut très-particulières, avec une bosse sur le dos, et quantité de cerfs.

Nous partîmes de La Haye et fûmes dîner à Leyden, qu'on appelle *Lugdunum Batavorum*, recommandable par son université, par son anatomie, et par la propreté de ses bâtiments, plus agréable à mon goût que pas une ville de Hollande. Nous y vîmes quantité de choses curieuses, entre autres un hippopotame, ou vache de mer, que les Hollandois ont apporté des Indes. On voit, dans le cabinet anatomique plus de choses que n'en peut contenir un gros volume.

De Leyden nous allâmes à Amsterdam, et vîmes en passant Harlem, où nous remarquâmes une grande église : nous arrivâmes le soir à Amsterdam. Cette ville des villes, si renommée dans tout l'univers, peut passer pour un chef-d'œuvre : les maisons y sont magnifiques, les rues spacieuses, les canaux extrêmement larges, bordés de grands arbres qui, venant à mêler leur verdure avec la diversité des couleurs dont les maisons sont peintes, forment l'aspect du monde le plus charmant. Cette ville paroît double : on la voit dans les eaux ; et la réverbération des palais qu'on voit dans les canaux, fait de ces lieux un séjour enchanté. L'hôtel-de-ville est sur le Dam : cet ouvrage pourroit passer pour un des plus beaux de l'Europe, si l'architecte n'avoit manqué dès le commencement, et eût fait quelque distinction des fenêtres avec la porte, laquelle il faut chercher de tous les côtés, et bien souvent demander. Nous montâmes en haut, où nous vîmes quantité d'armes et un très-beau carillon. Nous découvrîmes Utrecht du clocher. Ce fut le lieu où le roi borna ses conquêtes. Le Spineus est une aussi plaisante invention que je sache : c'est là où l'on renferme toutes les filles de mauvaise vie, que l'on condamne pour un certain temps, et où elles travaillent. Il n'y a peut-être point de lieu, après Paris, où le libertinage soit plus grand qu'à Amsterdam : mais ce qu'il y a de particulier, c'est qu'il y a de certains lieux où demeurent les accoupleuses, qui gardent chez elles un certain nombre de filles. On fait entrer le cavalier dans une chambre qui communique à plusieurs autres petites chambres dont vous payez les portes. Au-dessus sont le portrait et le prix de la personne qu'elle renferme; c'est à vous à choisir : on ne fait point sortir l'original que vous n'ayez payé le prix de la taxe : tant pis pour vous si la copie a été flattée.

Le Raspeus est un autre lieu pour les mauvais garnements, et pour les enfants dont les pères ne sauroient venir à bout : on les emploie à scier du brésil. Il y a dans la grande église d'Amsterdam une chaîne d'un prix infini pour la délicatesse de son travail. On permet à Amsterdam, et par toute la Hollande, toutes sortes de religions, excepté la catholique : c'est un point de leur plus fine politique ; et ils savent bien que ce seroit un grand échec à leur liberté si les catholiques y étoient soufferts, qui pourroient ensuite se rendre les maîtres. On y voit des luthériens, des calvinistes, des arminiens, des nestoriens, des anabaptistes, et des Juifs qui y sont plus puissants qu'en aucun autre endroit de la terre. Leur synagogue est incomparablement plus belle que celle de Venise, et ils y sont beaucoup plus puissants. La maison des Indes, qui est hors la ville, marque bien qu'elle appartient aux plus riches négociants de l'Europe. On y bâtissoit un très-beau vaisseau qui devoit, un mois après, faire le voyage des Indes. Nous allâmes voir les vaisseaux de guerre qui n'ont rien de beau, et je n'en vis pas un qui approchât de la beauté de nos vaisseaux. Ils ne veulent point de galerie à la poupe comme nous; ils croient que cela retarde la course du vaisseau : mais bien loin d'y apporter aucun défaut, je trouve que cela est d'une grande utilité pour les officiers, et d'un grand ornement au vaisseau. Nous logeâmes à Amsterdam chez Cellier, à la Place royale, dans le Kalverstraat. Nous connûmes M. de Resvic, des premières familles de Hollande, et qui a fait une très-belle dépense à ces dernières guerres. Il nous fit voir mademoiselle Hornia sa maîtresse, héritière de très-grands biens, catholique comme lui. Nous les vîmes ensemble à l'Opéra, à l'*Enlèvement d'Hélène*. Nous apprîmes à la comédie que tout l'argent de la recette alloit aux pauvres, et que la ville entretenoit les comédiens, à qui elle donne une certaine pension.

Je partis d'Amsterdam le 25 mai 1681, et nous arrivâmes à Enchuyse le soir même, où, sans nous arrêter qu'autant de temps qu'il faut pour manger, nous remarquâmes que cette ville portoit trois harengs pour ses armes, à cause de la pêche considérable qui s'y fait de ce poisson. Nous frétâmes la nuit une barque à Workum, où nous arrivâmes le lendemain matin. Cette province s'appelle Nord-Hollande, et je ne crois pas qu'au reste de la terre il puisse se trouver de plus jolies femmes. Les paysannes ont une beauté qui ne le cède point aux anciennes Romaines, et qui donne de l'amour à la première vue. Nous arrivâmes à Leuvarden, capitale de la Frise, ville très-jolie, qui reconnoît le prince de Nassau pour son gouverneur, n'ayant point voulu donner sa voix élective pour le prince d'Orange. Ce prince peut avoir vingt-cinq ou vingt-six ans : il perdit son père il y a environ dix-huit ans, à la septième année de son âge. Ce prince mourut par un accident funeste ; un pistolet, qui se lâcha malheureusement, ôta en même temps un grand homme à l'Europe, et un généreux gouverneur à la Frise. Il laissa une veuve illustre par sa beauté, par sa naissance et par son mérite, Albertine d'Orange, fille du prince Henri et d'Amélie de Solmes. Ce prince vécut sept ou huit jours après cet accident ; et les Frisons, en reconnoissance des bons services que leur avoit rendus le père, offrirent d'abord le gouvernement au fils qui étoit en très-bas âge, et à qui ils ne donnèrent point d'autre gouverneur que la princesse sa mère.

Nous quittâmes Leuvarden, et ayant marché toute la nuit, nous arrivâmes à la pointe du jour à Groningue, ville fort bien située ; et qui s'est rendue recommandable dans les dernières guerres, par le siége qu'elle soutint contre l'évêque de Munster, qui s'y trouva en personne avec vingt-quatre mille hommes. Mais ses bonnes fortifications et la vigueur de ses habitants obligèrent les assiégeants à lever le piquet après six semaines de siége, pendant lequel ils perdirent beaucoup de monde. De Groningue nous passâmes à Oldembourg, qui appartient présentement au roi de Danemarck. Cette ville a donné le nom à tout le comté. Il y a deux ans qu'elle fut consumée par le feu du ciel. On commence à la rebâtir, et le roi de Danemarck y fait faire quelques fortifications. On y voit une corne d'abondance, qui a donné lieu de faire le conte d'une femme qui, sortant de terre, se présenta au comte d'Oldembourg avec ce cornet à la main, plein d'une liqueur qu'il ne connoissoit pas. Ce prince étoit pour lors à la chasse, éloigné des siens, et extrêmement altéré. Mais ne connoissant point cette liqueur, voyant une femme extraordinaire, il n'en voulut point tâter, et la répandit sur la croupe de son cheval. La force de ce breuvage emporta tout le poil aux endroits où il avoit touché.

Il n'y avoit que deux jours que le roi étoit parti d'Oldembourg pour Copenhague. Le même jour nous nous trouvâmes au soir à Brême, république qui est environnée des terres de Suède et de Danemarck. La ville est fort jolie, mais de si peu d'étendue, qu'à peine les remparts sont de ses terres. De Brême nous ne vîmes rien de remarquable jusqu'à Hambourg, où nous arrivâmes après cinq jours et cinq nuits de marche continuelle avec des chariots de poste. De Hambourg à Amsterdam, on compte soixante milles, qui valent cent trente lieues de France.

Hambourg est une ville anséatique, libre et impériale, qui, par sa bonne milice et ses fortifications régulières, est en état de ne point appréhender quantité de princes qui envient fort ce morceau, et particulièrement le roi de Danemarck, à qui elle siéroit parfaitement bien. Ce prince la bloqua pendant ces dernières guerres avec vingt-cinq mille hommes; ayant vu les troupes auxiliaires qui lui venoient de toutes parts, il ne put rien entreprendre davantage. Il a cédé depuis peu, pendant son vivant, toutes les prétentions qu'il pouvoit avoir sur cette ville, moyennant la somme de deux cent mille écus. Elle est gouvernée par quatre bourgmestres et dix-huit conseillers. Les femmes y sont très-belles; elles se couvrent le visage à l'espagnole. On professe la religion luthérienne dans cette ville, où on voit la cave du pin de cent ans. Les opéra n'y sont pas mal représentés; j'y ai trouvé celui d'*Alceste* très-beau.

Tout le pays est très-bon et très-fertile en pâturages. Les chariots sont d'une commodité admirable;

les chevaux en sont excellents, et courent continuellement.

De Hambourg nous partîmes pour Copenhague, qui en est éloignée d'environ cent vingt lieues. Nous vîmes à Pinnenberg, à trois milles de la ville, la reine, mère du roi de Danemarck, qui alloit aux eaux de Pirmont avec le prince George son fils, et cadet du roi. De Pinnenberg à Issoe, Rensburg, Flensburg, Assens, Niébury, Castor, Rochild. Cette ville étoit autrefois la demeure des rois de Danemarck. On y voit encore leur sépulture. Celle de Christian Ier est belle. Nous y vîmes le modèle de sa statue, et à peine y pus-je atteindre.

La reine-mère est de la maison de Lunebourg. Elle alloit au camp trouver la jeune reine, avec laquelle elle ne s'accommode pas bien; et elle ne reçoit point la visite des ambassadeurs, parce qu'ils visitent la jeune reine devant elle.

Toutes ces villes sont assez jolies : les femmes y portent toutes sortes de paniers d'un osier très-fin sur la tête. A Assens je perdis une valise.

Frédéric III a été le premier roi sous lequel le royaume soit devenu héréditaire. Il fut aidé des bourgeois de Copenhague, qui ne pouvoient souffrir la tyrannie de la noblesse; ils le favorisèrent dans son entreprise, et le récompensèrent de ses services. Les bourgeois et les paysans étoient si maltraités des nobles, qu'ils pouvoient tuer une personne en mettant un écu sur le corps du défunt. Frédéric ne voulut point leur ôter ce privilége; mais il ordonna que quand un bourgeois ou un paysan tueroit un noble, il en mettroit deux.

Le cercueil qui enferme le corps de Frédéric III, dernier roi de Danemarck, et père du régnant, est très-riche, couvert de quantité d'ouvrages d'argent.

Copenhague est située sur la mer Baltique fort avantageusement. Elle est frontière du côté de la province de Schonen, et a soutenu le siége fort vigoureusement pendant deux ans contre le grand Gustave-Adolphe, père de la reine Christine, que nous avons vue à Rome. Les clochers de Sainte-Marie portent les marques de ce siége.

Le Louvre est un bâtiment fort commun, couvert de cuivre, qui fut autrefois la demeure des évêques, quand les rois tenoient leur cour à Rochild. L'écurie est belle et très-longue, fort bien remplie de chevaux; et le manége, qui est auprès, est une pièce assez curieuse. Ce fut où l'on fit le carrousel, quand la reine de Suède sortit de Copenhague.

Il n'y a donc rien de considérable à voir en cette ville pour les bâtiments, si vous en exceptez le palais de la reine-mère, le jardin du roi, et celui du duc de *Guldenleu;* c'est ainsi que s'appellent tous les premiers bâtards des rois de Danemarck: ce mot veut dire *Lion doré;* et quand le roi régnant a un

Guldenleu, celui du défunt prend le titre de *haute excellence*.

Nous fûmes quatre jours et quatre nuits à faire cent vingt lieues, et nous arrivâmes à Copenhague le jeudi à porte ouvrante; nous logeâmes au Krants.

Le roi Frédéric III étoit archevêque de Brême, et fut élu roi par le décès de son aîné. Il eut six enfants, deux garçons et quatre filles; le roi Christian, le prince George. L'aînée des filles, Anne Sophie, a été mariée au duc de Saxe, Georges III; une autre, au duc de Holstein; la troisième, Sophie Amélie, à Guillaume, palatin du Rhin, frère de madame d'Orléans; et la quatrième, la plus jeune, Ulrique Éléonore, au roi de Suède.

Le roi Christian V, à présent régnant, a cinq enfants : trois garçons; le prince Frédéric, âgé de onze ans; le prince Christian, de six; et le prince Charles, d'un : deux filles; la première s'appelle Sophie, et l'autre.....

La tour de l'observatoire, sur laquelle un carrosse peut monter, est une pièce fort curieuse. Elle fut bâtie par Frédéric II. Du haut de la tour on découvre toute la ville, qui ne nous parut pas fort grande, mais presque de tous côtés environnée d'eau. On y voit un globe céleste de cuivre, fait de la main de Tycho-Brahé, mathématicien fameux, originaire du pays.

La Bourse est un fort beau bâtiment qui fait face

au Louvre. Son clocher est construit d'une manière assez particulière; quatre lézards, dont les queues s'élèvent en l'air, en forment la flèche. C'est là où se vendent toutes les curiosités, comme au Palais.

On voit dans le port les vaisseaux du roi au nombre de cinquante ou soixante, dont l'amiral est de cent pièces de canon. Les rois de Danemarck n'ont jamais mis plus de vaisseaux en mer; et la dernière bataille qu'ils remportèrent sur les Suédois leur a acquis un renom éternel.

L'arsenal est garni de quantité de très-belles pièces de canon : il y en a même d'acier fort poli, qui ont été faites en Moscovie. On voit au-dessus une salle pleine d'armes pour soixante mille hommes; un chariot qui va de lui-même, et un autre dans les roues duquel il y a une horloge qui sonne d'heure en heure par le mouvement des roues. Toutes les dépouilles que les Danois remportèrent ces dernières guerres sur les Suédois s'y voient, avec tout l'équipage des dix-sept vaisseaux qu'ils prirent pour une seule fois.

Le cabinet du roi est au-dessus de la bibliothéque. Ce sont plusieurs chambres remplies de curiosités, entre autres, une queue de cheval, qui est la marque d'autorité, et que les bachas mettent devant leurs tentes lorsqu'ils sont à l'armée; le grand-seigneur, trois; et le visir, deux. Nous y vîmes une belle mandragore femelle; les pantoufles d'une fille qui fut *taponata* sans en rien sentir; l'ongle qu'on dit être de Nabuchodonosor ; et un des enfants de cette comtesse de Flandre qui en mit au monde autant que de jours en l'an.

Le roi est un prince assez bien fait, qui se plaît à tous les exercices, comme la chasse et monter à cheval. Il est âgé de trente-quatre ans, et a épousé Charlotte Amélie, fille du landgrave de Hesse.

Il n'y a point de langue plus propre à demander l'aumône que la danoise ; il semble toujours qu'ils pleurent.

Les royaumes de Danemarck et de Norwège appartiennent au même maître. Ils regardent au levant le royaume de Suède, au couchant l'Angleterre; au nord ils ont la mer Glaciale, et au midi l'Allemagne, à laquelle ils sont attachés vers l'isthme par le duché de Holstein, cette partie présentement appelée Jutland, que les anciens connoissoient sous le nom de *Chersonèse Cimbrique*, entre l'Océan et la mer Baltique.

Le Danemarck est un pays très-gras et très-abondant, consistant en quantité d'îles, dont les plus renommées sont Zéland, Falster, Langeland, Laland et Fune, renommée par cette dernière victoire qui sauva le royaume de sa perte totale, lorsque les Danois, secondés des Hollandois, défirent dans cette île Charles Gustave, lequel avoit tenu deux ans Copenhague assiégée. Le roi de Danemarck est encore maître de l'île d'Islande, qu'on croit être l'*ultima Thule* connue des anciens. Cette île, malgré les neiges qui la couvrent, ne laisse pas d'avoir des montagnes brûlantes qui vomissent les feux et les flammes de leur sein, et auxquelles les poètes islandois comparent le sein de leur maîtresse. Il y a des lacs fumants qui convertissent en pierre tout ce qu'on y jette, et plusieurs autres merveilles qui rendent cette île recommandable. La Norwège s'étend tout le long de la côte de la mer, jusqu'au château de Wardhus, qui est par delà le cap Nord, en approchant du côté de la mer Blanche, sur laquelle est Archangel, port de mer de Moscovie. Cette étendue de terre lui a été laissée par le traité de paix fait entre Frédéric III et Charles Gustave, défunts rois de Suède et de Danemarck. Le Groënland lui appartient aussi ; mais cette terre n'est habitable que trois mois de l'année, que l'on choisit pour la pêche de la baleine.

La Suède a été jointe à ces deux royaumes plusieurs fois, par les alliances qui se faisoient des princes ou des princesses de ces nations. Mais la Suède en a été entièrement séparée sous Gustave Ier du nom, chef de la famille de Vasa, qui s'en fit couronner roi l'an 1528, et y introduisit la religion luthérienne, dans le même temps que Christian III lui donnoit entrée dans le Danemarck. Ce royaume a toujours été électif, aussi-bien que la Suède; mais Frédéric III, après avoir soutenu quantité de guerres contre ses voisins, et avoir sauvé l'état par sa valeur et par sa vigilance, fit déclarer le royaume successif et héréditaire.

Frédéric III du nom, fils de Christian IV, qui régna plus de soixante ans, et d'Anne Catherine, sœur de Jean Sigismond, électeur de Brandebourg, est père du roi d'à présent, Christian V. Il fut archevêque de Brême avant qu'il parvînt à la couronne par la mort de son père et celle de son aîné qui le devança d'un an, et épousa, l'an 1643, Sophie Amélie, fille de George, duc de Brunswick et Lunebourg, et d'Anne Éléonore, fille de Louis, landgrave de Hesse, chef de la branche de Darmstad. La dernière réunion de ces royaumes arriva en 1397, par le mariage de Haquin, fils de Magnus V, roi de Suède, et d'Inselburge, héritière de Norwège, avec Marguerite, fille aînée de Waldemar IV, roi de Danemarck.

La dernière séparation arriva, comme j'ai dit, en l'an 1528, au sujet de la tyrannie que Christian II exerçoit contre les Suédois : il obligea ceux de Stockholm de lui donner des otages, et ne les en traitoit pas moins cruellement. Gustave de Vasa, qui étoit un des otages, se sauva en Suède, et se fit chef de ce peuple opprimé, qui l'élut roi, et secoua la domination du roi de Danemarck.

VOYAGE DE FLANDRE

GÉNÉALOGIE
DES ROIS DE SUÈDE,
DEPUIS GUSTAVE Ier.

GUSTAVE Ier DE VASA.

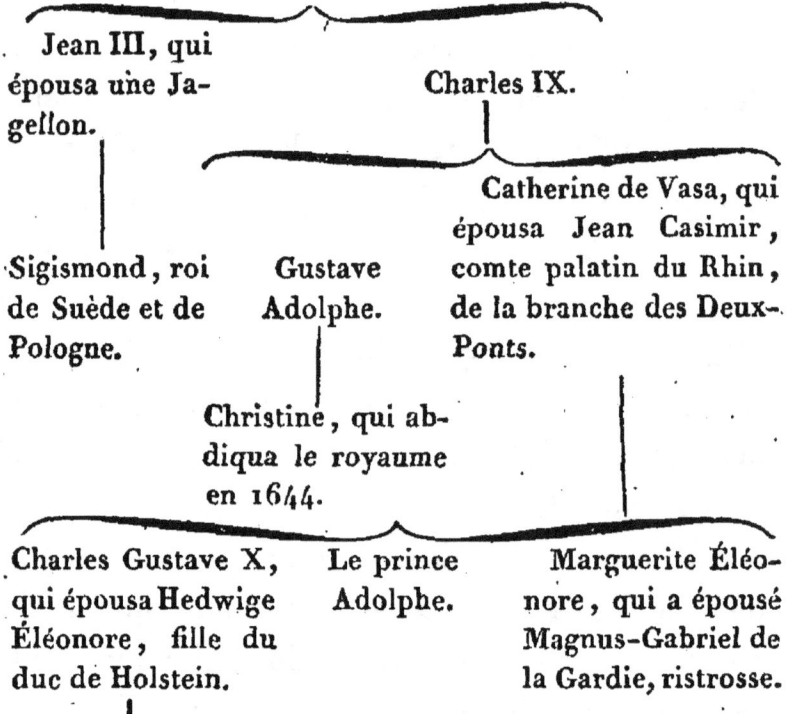

Charles XI, à présent régnant, a épousé Ulrique Éléonore, sœur du roi de Danemarck, de qui il a eu une fille pour premier enfant, en juillet 1681.

Nous apprîmes en Danemarck ce que c'étoit qu'un virschat. M. l'ambassadeur prit lui-même la peine de nous en informer, et de nous dire que ces divertissements se faisoient ordinairement l'hiver, pendant lequel temps le roi, voulant se divertir, ordonne un virschat dans toute sa cour, et se met lui-même de la partie.

Toute la cour paroît en différents métiers, avec des habits conformes à l'art que chacun professe, et que le sort lui a donné. Le roi de Danemarck y parut la dernière fois en charbonnier, et on nous dit que rien n'étoit si plaisant que cette sorte de mascarade. Elle ne se pratique pas seulement en Danemarck, mais aussi en Suède, et par toute l'Allemagne.

Il est à remarquer que la justice est parfaitement bien administrée en Danemarck, et qu'il se tient tous les ans une chambre établie pour juger en dernier ressort tous les procès du royaume, et qui ne finit point qu'elle ne les ait tous terminés.

La garde du roi de Danemarck est de drabans à pied et à cheval, habillés de bleu doublé de jaune, et une grande casaque de même. Le roi a toujours quarante mille hommes, que les provinces lui entretiennent en paix et en guerre; et les plus riches fournissent deux régiments, l'un de cavalerie et l'autre d'infanterie.

DE LA SUÈDE.

Ce que nous appelons présentement Suède, étoit autrefois appelé Scandie ou Scandinavie, qui n'est pour ainsi dire qu'une presqu'île, qui s'étend entre l'Océan, la mer Baltique, et le golfe Bothnique.

Cette province n'est pas des plus fertiles partout. La Laponie est la stérilité même; et ce peuple, que j'ai eu la curiosité d'aller voir au bout du monde, est entièrement abandonné, de la nourriture du corps et de l'âme, n'ayant ni le pain matériel, ni l'évangélique. Mais la Gothie et l'Ostrogothie sont des pays qu'on peut comparer à la France pour leur fertilité; et la terre y est si bonne, qu'elle donne en trois mois ce qu'elle produit en neuf en d'autres endroits. Les autres lieux, où l'on force la nature pour l'obliger à nourrir les habitants, sont la Schonen, la Schanmolande, l'Angermanie, la Finlande; et c'est dans ces lieux où la nature, refusant la fertilité des plaines, accorde l'abondance des forêts, que les habitants brûlent l'hiver pour semer l'été prochain du grain sur les cendres, qui y vient en perfection, et en moins de temps que partout ailleurs.

Les Suédois sont naturellement braves gens; et sans parler des Goths et des Vandales, qui, franchissant les Alpes et les Pyrénées, se rendirent maîtres de l'Italie et de l'Espagne, considérons de nos jours un Gustave Adolphe, l'honneur des conquérants, suivi de très-peu de Suédois, qui traversa victorieux toute l'Allemagne comme un éclair, et qui fit ressentir à tous les princes la valeur de ses armes. Voyons un Charles Gustave, dernier roi de ce pays, qui réduisit les Danois, ses plus fiers ennemis, à se retirer dans leur ville capitale, qui leur restoit seule de tout le royaume, où il les assiégea pendant deux ans; qui, après plusieurs batailles, vint finir ses jours d'une fièvre à Gottenbourg, à l'âge de trente-sept ans, le 12 février 1660.

Ce prince, qui n'a jamais fait que des merveilles, obligea aussi le ciel à le seconder et à le secourir, et à faire des miracles pour lui. Il affermit les eaux du Belt pour lui donner occasion d'entreprendre une action héroïque. Charles X fit passer toutes ses troupes sur une mer glacée de deux lieues de large, avec tout le canon, et y campa plusieurs jours avec une intrépidité de cœur qui surprenoit tous les autres, et qui lui étoit naturelle. Si ce prince étoit grand guerrier, il ne fut pas moins politique; et il le fit bien voir pendant le gouvernement de la reine Christine, qui, s'amusant à consulter quantité de savants, qu'elle faisoit venir de toutes parts, et qui ne lui apprenoient pas l'art de régner, lui donna occasion de captiver l'esprit de tous les sénateurs, rebutés du gouvernement de cette reine, qu'ils obligèrent à abdiquer le royaume entre ses mains.

Le grand Gustave Adolphe n'a-t-il pas montré le chemin à ce digne successeur? Après avoir mené une vie tout héroïque et toute guerrière, il la finit dans le champ de la victoire, et au milieu de ses armées, d'un coup de mousquet, qui ôta à l'Europe son plus grand conquérant.

La reine Christine a été un digne rejeton de ce grand prince : cette princesse avoit l'âme toute royale, et a épuisé toutes les louanges des grands hommes. Elle auroit régné plus long-temps, si elle eût été plus maîtresse d'elle-même; et la jalousie qu'elle excita parmi les sénateurs, qui voyoient impatiemment les dernières faveurs qu'elle accordoit au *ristrosse*, dont elle eut des enfants, lui ôta la couronne de dessus la tête. Elle changea de religion, à la persuasion d'un ambassadeur d'Espagne, qui lui promit qu'elle épouseroit le roi son maître, si elle vouloit se faire catholique. Elle est demeurée à Rome presque tout le temps qu'elle a quitté le sceptre, où elle s'entretenoit de dix mille écus de pension, que le pape lui donnoit tous les ans, jusqu'à ce que le roi de France l'ait fait rentrer dans tous ses biens. Elle s'étoit réservé les îles fertiles d'Aland et de Gotland, qui sont sur la mer Baltique; mais elle les a changées depuis peu contre le territoire de Norcopin en Ostrogothie.

Charles XI, à présent régnant, est fils de Charles Gustave, comte palatin, de la maison de Deux-Ponts, et de Hedwige Éléonore, fille puînée du duc de Holstein. C'est un prince qui ne dément point la générosité de ses ancêtres; son port fier et royal fait assez voir qu'il est du sang des illustres Gustave. Les inclinations de ce prince sont toutes martiales; et n'ayant plus d'ennemis à combattre, sa plus grande occupation est d'aller à la chasse aux ours. Cette chasse se fait mieux en hiver qu'en été, et lorsque quelque paysan a découvert leurs passages, par les traces qui sont imprimées dans la neige, il en donne avis au grand-veneur, qui y conduit le roi. L'ours est un animal intrépide; il ne fuit point à l'aspect de l'homme, mais il passe son chemin sans se détourner. Quand on l'aperçoit assez proche, il faut descendre de cheval, et l'attendre jusqu'à ce qu'il soit fort près de vous, et vous le faites lever sur ses patés de derrière, par un coup de sifflet que vous donnez : c'est le temps qu'il faut prendre pour le tirer, et il est fort dangereux de ne le pas blesser mortellement; car il vient de furie se jeter sur le chasseur, et l'embrassant des pates de devant, il l'étouffe ordinairement; c'est pourquoi il faut avoir encore un pistolet pour le lui lâcher à bout portant, et un épieu pour la dernière extrémité. Nous en vîmes un à Stockholm, que le roi avoit tué lui-même, en secourant son favori Vaqmester, qui en étoit presque étouffé. Cet animal est couché trois ou quatre mois de l'année, et ne prend pour lors aucune nourriture qu'en suçant sa pate. Le roi a toujours autour de lui trois ou quatre petits ours, à qui on coupe les dents et les ongles tous les mois.

J'ai connu à Copenhague M. de Martangis, ambassadeur, qui me fit mille amitiés. Je jouai plusieurs fois avec lui. Il me mena chez madame la comtesse de Rantzau, dont le mari a été ambassadeur en France; j'y soupai avec les belles dames de Revinsleau et Grabe, deux sœurs, dont la dernière peut passer pour un chef-d'œuvre de beauté. J'y vis aussi madame de Ratelan, et M. du Boineau, rochelois, capitaine de vaisseau de roi, qui avoit quitté le service à cause de la religion.

Je partis de Copenhague pour Stockholm le premier juillet. Nous vîmes Frédériksbourg, le lieu de plaisance du roi, qu'on peut appeler *le Versailles du Danemarck*. La chapelle en est magnifique ; la chaire et le tabernacle, et quantité d'autres figures, sont d'argent massif ; mais ce qui me parut de plus curieux, fut un orgue d'ivoire qu'on dit avoir coûté quatre-vingt mille écus de sculpture. L'oratoire du roi, qui est derrière la chapelle, et d'où il entend le service, est un lieu où l'on n'a rien épargné pour le rendre magnifique. On nous mena par tous les appartements du château, et nous n'y remarquâmes rien de beau que la grande salle qui est au haut, dont on peut admirer le lambris : la variété des couleurs forme un aspect magnifique, et contente admirablement la vue.

De Frédériksbourg nous vînmes coucher à Elseneur, où est le détroit du Sund; c'est là que tous les vaisseaux payent au roi de Danemarck. Les vaisseaux suédois sont exempts de payer aucun tribut; ce qui fait que la plupart des vaisseaux prennent bannière suédoise, qui est de bleu avec une croix jaune. Ce passage est gardé d'un bon château; mais je ne crois pas qu'il soit bien difficile d'y passer sans rien payer. Nous couchâmes là chez l'agent du roi de France, qui est Irlandois. Nous passâmes le lendemain à Helsimbourg avec un vent contraire. Cette ville a soutenu dans ces dernières guerres assez long-temps les efforts des Danois : il y périt plus de six mille hommes en huit jours de temps. Ils la prirent enfin; mais ils l'ont rendue, comme toutes les autres places qu'ils avoient prises à la couronne de Suède.

Nous vîmes en passant Ryga, Engelholm, la Holm, Halmstad, ville fortifiée et recommandable par la dernière bataille que le roi de Suède y donna. Ce fut là le premier combat qu'il soutint, et la première victoire qu'il remporta, aidé de M. de Feuquières, lieutenant-général des armées du roi, et ambassadeur auprès du roi de Suède. Ce fut dans cette même bataille que ce jeune roi se laissant emporter à son courage, et se croyant suivi de son régiment de drabans, qui sont ses gardes, avec lesquels il se croit invincible, s'avança seul au milieu de l'armée ennemie, cherchant partout le roi de Danemarck, et l'appelant à haute voix; et ne le trouvant point, il se mit à la tête d'un régiment ennemi qu'il trouva sans capitaine, faisant le commandement en allemand, comme toutes les nations du Nord, et le conduisit au milieu de son armée, où il fut haché en pièces.

De Halmstad nous allâmes à Jénycopin, dont la situation sur le bord du Veser, lac qui a huit lieues d'étendue, est admirable. On va ensuite à Grenna, Narcopin, Lincopin, Nycopin, Vellit; et nous arrivâmes à Stockholm le lundi à onze heures du soir, ayant été six jours à marcher continuellement, et le jour et la nuit, par des rochers et des bois de pin et d'espiéras, qui forment la plus belle vue du monde. Nous fîmes ce chemin dans un chariot que nous achetâmes quatre écus à Drasé; et nous remarquâmes les maisons des paysans, qui sont faites à la moscovite, avec des arbres entrelacés. Ces gens ont quelque chose de sauvage; l'air et la situation du pays leur inspirent cette manière.

Le mille de Suède a 6600 toises, et celui de France 2600.

Stockholm est une ville que sa situation particulière rend admirable. Elle se trouve située presque au milieu de la mer Baltique, au commencement du golfe Bothnique : son abord est assez difficile, à cause de la quantité de rochers qui l'environnent; mais du moment que les vaisseaux sont une fois dans le port, ils sont plus en sûreté qu'en aucun endroit du monde : ils y demeurent sans ancre, et s'approchent jusqu'aux murs des maisons. Stockholm est la ville de la mer Baltique du plus grand commerce; et comme cette mer n'est navigable que six mois de l'année, rien n'est plus superbe que la quantité de vaisseaux qui se voient dans son port, depuis le mois d'avril jusqu'au mois d'octobre.

Sitôt que nous fûmes arrivés à Stockholm, nous allâmes saluer M. de Feuquières, lieutenant-général des armées du roi, qui y étoit ambassadeur depuis dix ans. Il nous reçut avec tout l'accueil possible, et nous mena le lendemain baiser la main du roi. Ce prince, âgé de vingt-cinq ans, est fils de Charles, prince palatin, entre les mains duquel la reine Christine, fille d'Adolphe, dernier roi de la maison de Vasa, laissa la couronne de Suède, lorsqu'elle voulut se défaire du gouvernement, et changer de religion.

Son humeur est toute martiale; les exercices de la guerre et de la chasse lui sont familiers, et il n'a pas de plus grand plaisir que celui qu'il prend dans ces travaux. Nous eûmes l'honneur de l'entretenir pendant près d'une heure, et le plaisir de le contempler tout à notre aise : il est d'une taille bien proportionnée ; son port est fier, et tout en est royal. Il épousa, il y a environ un an..... fille de Frédéric III, et sœur du roi de Danemarck à présent régnant. Ces deux personnes royales ont toujours eu entre elles un rapport et une sympathie extraordinaire, qu'il étoit aisé de voir : la nature les avoit de tout temps formées l'une pour l'autre.

Le prince ne rencontroit jamais personne qui pût lui donner des nouvelles de la princesse, qu'il n'en demandât d'assez particulières pour faire connoître qu'il y avoit toujours dans ses demandes plus d'amour que de curiosité ; et la princesse s'inquiétoit toujours si exactement du prince, qu'on remarquoit aisément qu'elle aimoit moins des nouvelles du prince que le prince même.

L'on fit, pendant notre séjour à Stockholm, de grandes réjouissances pour la naissance d'une princesse : nous fûmes présents à la cérémonie de son baptême. Il y eut table ouverte ; et le roi, pour marquer sa joie, entreprit de soûler toute la cour, et se fit lui-même plus gaillard qu'à l'ordinaire. Il les excitoit lui-même, en leur disant qu'*un cavalier n'étoit pas brave lorsqu'il ne suivoit pas son roi.* Il parloit le peu de françois qu'il savoit à tout le monde, et je remarquai que c'étoit le seul de sa cour qui le parloit le moins. Tous les cavaliers suédois se font une gloire particulière de bien parler notre langue. Le comte de Stembok, grand maréchal du royaume, le *ristrosse* ou vice-roi, comte de La Gardie, le grand trésorier Steint-Bleike, le comte Cunismar, tous ces gens-là parlent aussi bien françois que des François mêmes. L'envoyé d'Angleterre fit des merveilles dans cette débauche, c'est-à-dire qu'il se soûla le premier : l'envoyé de Danemarck, qui avoit tenu la princesse au nom du roi son maître, le suivit de bien près, et ne raisonna guère : après lui toute la compagnie n'en fit pas moins. Les dames furent aussi de la partie ; les deux belles filles du *ristrosse* tenoient les bouts du poêle qui couvroit l'enfant. Elles s'y firent distinguer par-dessus toutes les autres dames, par leur beauté et leur bonne grâce. Nous allâmes quelques jours après chez le comte de La Gardie à Carsbery, palais assez régulier, et que sa situation au milieu des rochers et sur le bord du lac rend un des plus beaux de la Suède. Le roi de Suède l'a voulu acheter pour en faire présent à la reine : le maître de cette maison, qui est assurément un des grands seigneurs du royaume, a été, depuis quatre mois, fort maltraité de la réduction, comme quantité d'autres. Il a perdu plus de quatre-vingt mille écus par cette réunion de biens au domaine.

Les bâtiments de Stockholm sont assez somptueux : l'on peut remarquer entre autres la maison de la noblesse, le palais du *ristrosse*, celui du grand trésorier, et quantité d'autres. Je devrois avoir parlé du Louvre avant tous les autres édifices; mais s'il est vrai qu'il est le premier de la ville, à cause de la personne qui l'habite, on peut dire que ce n'est que par là, et par la quantité de son logement, qu'il est recommandable. Il y a quelques salles qui sont meublées assez magnifiquement; mais elles ne sont point disposées pour faire un palais, et on ne sait de quelle figure elles sont.

Nous vîmes pendant notre séjour une exécution de deux valets, qui s'étoient trouvés à l'assassinat d'un gentilhomme que leurs maîtres avoient fait. Ils n'étoient pas les plus coupables, mais ils furent les plus malheureux. Nous admirâmes la constance et l'intrépidité de ces gens allant au supplice. Ils ne sembloient point émus, et parloient indifféremment avec toutes les personnes qu'ils rencontroient. L'un d'eux étoit marié; sa femme le soutenoit d'une main, et le ministre de l'autre.

Nous connûmes à Stockholm M. de Feuquières, ambassadeur; M. de La Piquetière, homme savant et fort curieux; M. Le Vasseur, secrétaire de l'ambassade, fils d'un avocat, rue Quinquampoix; M. de La Chenêts, et le P. Archange, carme et aumônier de M..... Là nous vîmes M. Bart, corsaire, qui demeuroit à Stockholm, pour le recouvrement des deniers d'une vente qu'il avoit faite au roi, de quelques prises sur les Danois et les Lubéquois, déclarées bonnes.

A l'auberge, chez Virchal, normand, MM. de Saint-Leu, La Neuville, Grand-Maison, écuyer de M. le comte Charles Ocstiern, Coiffard, chirurgien, et.....

La mine de Coperbéryt est ce qu'il y a de plus curieux en Suède, et qui fait toute la richesse du pays. Quoiqu'il s'y trouve beaucoup de mines, celle-là a toujours été la plus estimée, et on ne se souvient point du temps qu'elle a été ouverte : elle est à quatre journées de Stockholm. On découvre cette mine long-temps avant que d'y être, par la fumée qui en sort de toutes parts, et qui la fait plutôt paroître la boutique de Vulcain que la demeure des hommes. On ne voit de tous côtés que fourneaux, que feux, que charbon, que soufre et que cyclopes, qui achèvent de perfectionner ce tableau infernal. Mais descendons dans cet abîme pour en mieux concevoir l'horreur. On nous conduisit d'abord dans une chambre où nous changeâmes d'habits, et prîmes chacun un bâton ferré pour nous soutenir dans les endroits les plus dangereux. De là nous entrâmes dans la mine par une bouche d'une longueur et d'une profondeur épouvantables, qui empêchoient de voir les gens qui travailloient dans le fond, dont les uns élevoient des pierres, d'autres faisoient sauter des terres; quelques-uns détachoient le roc du roc par des feux apprêtés pour cela ; enfin tous avoient leur emploi différent. Nous descendîmes dans ce fond par quantité de degrés qui y conduisoient, et nous commençâmes alors à connoître que nous n'avions encore rien fait, et que ce n'étoit là qu'une préparation à de plus grands travaux. En effet, nos guides allumèrent alors des flambeaux de bois de sapin, qui perçoient à peine les épaisses ténèbres qui régnoient dans ces lieux souterrains, et ne donnoient de jour qu'autant qu'il en falloit pour distinguer tous les objets affreux qui se présentoient à la vue. L'odeur du soufre vous étouffe ; la fumée vous aveugle, le chaud vous tue : joignez à cela le bruit des marteaux qui retentissent dans ces cavernes, la vue de ces spectres nus comme la main, et noirs comme des démons ; et vous avouerez avec moi qu'il n'y a rien qui donne une plus forte idée de l'enfer, que ce tableau vivant, peint des plus sombres et des plus noires couleurs qu'on se puisse imaginer.

Nous descendîmes plus de deux lieues dans terre par des chemins épouvantables, tantôt sur des échelles tremblantes, tantôt sur des planches légères, et toujours dans de continuelles appréhensions. Nous aperçûmes dans notre chemin quantité de pompes, et des machines assez curieuses pour élever les eaux, mais nous ne pûmes les examiner, à cause de l'extrême fatigue dans laquelle nous nous trouvions : nous aperçûmes seulement quantité de ces malheureux qui travailloient à ces pompes. Nous allâmes jusqu'au fond avec beaucoup de peine; mais quand il fallut remonter, *superasque evadere ad auras*, ce fut avec des peines incomparables que nous regagnâmes la première hauteur, où il fallut nous jeter contre terre pour reprendre un peu haleine, que le soufre nous avoit coupée. Nous arrivâmes, par le secours de quelques gens qui nous prirent par-dessous les bras, à la bouche de la mine. Ce fut là que nous commençâmes à respirer avec autant de plaisir que feroit une âme qui sortiroit du purgatoire; et nous commencions à reprendre un peu de vigueur, quand un objet pitoyable se présenta devant nous. On reportoit en haut un pauvre malheureux qui venoit d'être écrasé d'une pierre qui étoit tombée sur lui. Cela arrive tous les jours; et les pierres les plus petites venant à tomber d'une hauteur extraordinaire, font le même effet que les plus grosses. Il y a toujours sept à huit cents hommes qui travaillent dans cet abîme : ils gagnent seize sous par jour; et il y a presque autant de piqueurs, qui ont une hache à la main pour marque de commandement. Je ne sais si l'on doit avoir plus de compassion du sort de ces malheureux que de l'aveuglement des hommes qui, pour entretenir leur luxe et assouvir leur avarice, déchirent les entrailles de la terre, confondent les éléments et renversent toute la nature. Boëce avoit bien raison de dire, en se plaignant des mœurs de son temps:

> Heu! primus quis fuit ille
> Auri qui pondera tecti,
> Gemmasque latere volentes,
> Pretiosa pericula fodit?

En effet, y a-t-il rien de plus inhumain que d'exposer tant de gens dans de si précieux périls? Pline dit que les Romains, qui avoient plus besoin d'hommes que d'or, ne vouloient point permettre qu'on ouvrît des mines qu'on avoit découvertes en Italie, pour ne pas exposer la vie de leurs peuples; et les malheureux qui ont mérité la mort ne peuvent être plus rigoureusement punis qu'en les laissant vivre pour être obligés de creuser tous les jours leurs tombeaux. On trouve dans cette mine du soufre vif, du vitriol bleu et vert, et des octaèdres; ce sont des pierres tachées, naturellement en forme pyramidale de l'un et de l'autre côté.

De Coperbéryt nous vînmes à une mine d'argent qu'on voit à Salbéryt, petite ville qu'on voit à deux journées de Stockholm, dont l'aspect est un des plus riants qui soit en ce lieu. Nous allâmes le lendemain à la mine, qui en est distante d'un quart de mille. Cette mine a trois larges bouches, dans lesquelles on ne voit point de fond. La moitié d'un tonneau, soutenu d'un câble, sert d'escalier pour descendre dans cet abîme : il monte et descend par une même machine assez curieuse, que l'eau fait tourner de l'un et de l'autre côté. La grandeur du péril où l'on est se conçoit aisément, quand on se voit ainsi descendre, n'ayant qu'un pied dans cette machine, la vie dépendant de la force ou de la foiblesse d'un câble. Un satellite noir comme un démon, tenant à la main une torche de poix et de résine, descend avec vous, et chante pitoyablement un air dont le chant lugubre semble être fait exprès pour cette descente infernale. Quand nous fûmes vers le milieu, nous fûmes saisis d'un grand froid qui, joint aux torrents qui tomboient sur nous de toutes parts, nous fit sortir du profond assoupissement dans lequel nous semblions être en descendant dans ces lieux souterrains. Nous arrivâmes enfin, après une demi-heure de marche, au fond de ce premier gouffre : là nos craintes commencèrent à se dissiper : nous ne vîmes plus rien d'affreux ; au contraire, tout brilloit dans ces régions profondes. Nous descendîmes encore fort avant sous terre, sur des échelles extrêmement hautes, pour arriver dans un salon qui est dans l'enceinte de cette caverne, soutenu de plusieurs colonnes du précieux métal dont tout étoit revêtu. Quatre galeries spacieuses y viennent aboutir ; et la lueur des feux qui brilloient de toutes parts, et qui venoient frapper sur l'argent des voûtes, et sur un clair ruisseau qui couloit à côté, ne servoit pas tant à éclairer les travaillants, qu'à rendre ce séjour plus magnifique que le palais de Pluton, qu'on nous met au centre de la terre, où le dieu des richesses a déployé tous ses trésors. On voit sans cesse dans ces galeries des gens de toutes les nations, qui recherchent avec tant de peine ce qui fait le plaisir des autres hommes. Les uns tirent des chariots, les autres roulent des pierres, et d'autres arrachent le roc du roc. C'est une ville sous une autre ville : là il y a des maisons, des cabarets, des écuries et des chevaux; et, ce qu'il y a de plus admirable, c'est un moulin qui tourne continuellement dans le fond de ce gouffre, et qui sert à élever les eaux qui sont dans la mine. On remonte dans la même machine pour aller voir les différentes opérations pour faire l'argent.

On appelle *stuf* les premières pierres qu'on tire de la mine; lesquelles on fait sécher dans un fourneau qui brûle lentement, et qui sépare l'antimoine, l'arsenic et le soufre d'avec la pierre, le plomb et l'argent qui restent ensemble. Cette première opération est suivie d'une autre, et ces pierres séchées sont jetées dans des trous pour y être pilées et réduites en limon, par le moyen de quantité de gros marteaux que l'eau fait agir : cette boue est délayée dans une eau qui coule incessamment sur une grosse toile mise en glacis, qui, emportant tout ce qu'il y a de terrestre et de grossier, retient le plomb et l'argent dans le fond, d'où on le tire pour le jeter pour la troisième fois dans des fourneaux qui séparent l'argent d'avec le plomb qui sort en écume.

Les Espagnols de Potosi ne s'arrêtent plus à toutes les différentes fontes pour purifier l'argent et le rendre malléable, depuis qu'ils ont trouvé la manière de l'affiner avec le vif-argent, qui est l'ennemi mortel de tous les autres métaux, qu'il détruit, excepté l'or et l'argent, qu'il sépare de tout ce qu'ils ont de terrestre pour s'unir entièrement à eux. On trouve du mercure dans cette mine; et ce métal, quoique quelques-uns ne lui donnent pas ce nom, parce qu'il n'est pas malléable, est peut-être un des plus rares effets de la nature; car étant liquide et coulant de lui-même, il est la chose du monde la plus pesante, et se convertit en la plus légère, et se résout en fumée, qui, venant à rencontrer un corps dur ou une région froide, s'épaissit aussitôt, et reprend sa première forme sans pouvoir jamais être détruit.

Celui qui nous conduisit dans la mine, et qui en étoit intendant, nous fit voir ensuite chez lui quantité de pierres curieuses qu'il avoit ramassées de toutes parts. Il nous fit voir un gros morceau de cette pierre ductile qui blanchit dans le feu loin de se consumer, et dont les Romains se servoient pour brûler les corps de leurs défunts. Il nous assura qu'il l'avoit trouvée dans cette même mine, et nous fit présent à chacun d'un petit morceau, que, par grâce spéciale, il en détacha.

Nous partîmes le même jour de cette petite ville pour aller à Upsal, où nous arrivâmes le lendemain d'assez bonne heure. Cette ville est la plus considérable de toute la Suède, pour son académie et pour sa situation; c'est là où tous ceux qui veulent embrasser l'état ecclésiastique vont étudier; et la politique de ce royaume défend aux nobles d'entrer dans cet état, afin de maintenir toujours le nombre des gentilshommes qui peuvent servir plus utilement ailleurs.

Nous vîmes la bibliothéque, qui n'a rien de considérable que le *Codex Argenteus* manuscrit, en lettres gothiques d'argent, par un évêque des Goths nommé *Ulphila*, qui demeuroit dans la Mœsie. Ce livre fut trouvé dans le sac de Prague, et enlevé par le comte de Conismarck, qui en fit présent à la reine Christine.

La suite d'Upsal se peut voir dans la relation qui est à la fin de mon voyage de Laponie, parce qu'en revenant je fis ce chemin.

Nous vîmes aussi à Stockholm un envoyé du kan des petits Tartares, autrement Tartares de Crimée ou Précopites, qui habitent l'ancienne Chersonèse Taurique, et le pays qui s'étend entre le Borysthène et le Tanaïs. Ce prince donne des récompenses qui ne lui coûtent guère ; et des lettres d'envoyé aux princes chrétiens sont ses grâces spéciales. J'étois présent quand l'envoyé eut audience. Le roi étoit dans un fauteuil au milieu de sa cour. L'envoyé fit sa harangue mal, sans même regarder le roi : il lui présenta cinq ou six lettres pliées en long, et enveloppées dans du taffetas. L'une étoit du kan, l'autre de la femme d'un de ses frères, et une du grand ministre. Il offrit quelques chevaux tartares assez mal faits, mais d'une vigueur inconcevable. Le roi fit réponse qu'il les acceptoit s'ils venoient de leur seigneur ; ce qu'ils assurèrent, baisèrent la main du roi en la mettant sur leur tête : cinq ou six gueux étoient à sa suite, et jamais on ne vit rien de plus misérable.

Nota. Les villes de Brême, de Hambourg et de Lubeck, qui sont villes impériales, avec les ducs de Meckelbourg, de Holstein-de-Sel, de Lunebourg, Hanover, et généralement toute la maison de Brunswick, forment la Basse-Saxe, qui sont le cercle que l'on appelle le cercle de la Basse-Saxe, et ont voix dans toutes les diètes de l'Empire.

Luther est enterré à Wittemberg. Il se pêche quantité de sardines depuis cette île jusqu'à Brême, et un capitaine de vaisseau chargea, pour servir à cette pêche, quantité d'œufs de cabillauds, dont le poisson est fort friand.

Un tonneau, en fait de marine, signifie deux milliers pesant.

Le *Grand-Louis* tire six brasses d'eau.

Un canon de trente-six livres de balle pèse six milliers, et le millier de fonte coûte mille livres.

Il faut remarquer à la chasse de l'ours, qu'elle se fait aussi en Pologne de plusieurs manières. Comme il n'y a rien de si délicat que les pates d'ours qu'on sert à la table des rois, il n'y a point aussi de chasse à laquelle les gentilshommes prennent plus de plaisir. Il est dangereux de manquer son coup, car l'ours frappé retourne, comme il a été dit plus haut, sur le chasseur, et l'étouffe des pates de devant. Il nous fut dit, par un gouverneur d'une province de la Prusse, qu'un de ses parents avoit eu depuis peu le bras rompu à la chasse d'un ours, et le cou tordu, dont il mourut. Les paysans les chassent autrement : ils savent l'endroit, et ils y vont les attaquer avec un couteau à la main. Lorsque l'ours vient à eux, ils lui mettent dans la gueule la main gauche entortillée de beaucoup de linges, et de l'autre les éventrent. Une autre façon n'est pas si périlleuse. L'ours est extrêmement friand du miel que les abeilles font dans les troncs d'arbres; il monte, attiré par l'odeur de la proie, au sommet des arbres les plus élevés. Les paysans mettent de l'eau-de-vie parmi ce miel, et l'ours, qui trouve cette nourriture agréable, en prend tant que la force du brandevin l'enivre et le fait tomber ; le paysan alors le trouve étendu sans force, et n'a pas grand'peine à s'en rendre le maître.

L'électeur de Brandebourg s'appelle......... Il a un fils âgé de quinze ans, qu'on appelle Kurtprince. Il est de la religion calviniste. L'ambre se trouve sur ses terres dans la Prusse ducale; car la royale appartient au roi de Pologne. Elle lui rapporte plus de vingt-cinq mille écus par mois. Il afferme la pêche de l'ambre de soixante à quatre-vingt mille écus. Il y a des gardes à cheval qui gardent la côte. Lorsque le vent est grand, c'est alors qu'on le trouve en plus grande abondance. Il est mou avant qu'il soit sorti de la mer, et l'on peut y imprimer un cachet. Il y en a plusieurs morceaux dans lesquels on trouve des mouches. Cette pêche s'étend depuis Dantzick jusqu'à Memel.

L'élan est un animal plus haut qu'un cheval, et d'un poil tirant sur le blanc. Il porte un bois comme un daim, et a le pied de même, fort long. Il a la lèvre de dessous pendante, et a une bosse sur le cou comme un chameau. Il se bat contre les chiens qui le poursuivent, des pieds de devant, dans lesquels il a une grande force.

Le fils de l'électeur de Brandebourg a épousé depuis un an la fille du prince Bogeslas de Ratzevil, duc de Stuck et de Kopil de Bitze, et de Dubniki, de l'illustre famille des Ratzevils, descendus des anciens princes de Lithuanie, et depuis plus de trois siècles princes de l'Empire. Il étoit fils du prince Janallius, de la branche noire, que son mauvais destin porta à se rendre chef de parti contre son roi, mais qui rentra bientôt en grâce; et d'Élisabeth-Sophie, fille de Jean-George, électeur de Brandebourg, mariée depuis à Jules-Henri, duc de Saxe-Lawembourg: il étoit gouverneur de la Prusse ducale.

Cette jeune princesse a toujours été élevée à la cour de Brandebourg: le............ lui a fait la cour, et a dépensé beaucoup d'argent auprès d'elle; mais l'électeur n'a pas voulu laisser sortir plus de huit cent mille livres de rente hors de ses états. Les Polonois en murmurent tous les jours, parce qu'il y avoit un traité que cette princesse n'épouseroit qu'un Polonois. Celui qui lui faisoit la cour a perdu l'esprit, de dépit.

Le père du grand-duc de Moscovie s'appeloit Frédéric-Alexandre, et celui d'à présent Alexandre-Michaël, ou Michaël-Fédérowits, Michel, fils de Pierre.

Le prince de Transylvanie s'appelle Apaty, paye quatre-vingt mille écus de tribut au Turc, n'aime qu'à boire. Requili gouverne l'état, Téléchi est général des rebelles. La capitale de Transylvanie est Cujuar ou Albejule.

M. Acakias a été résident auprès de ce prince, pour entretenir la faction des rebelles.

Les armes de l'Église sont deux clefs couronnées d'une tiare ; celles de l'empereur, un aigle à deux têtes; celles de France, trois fleurs de lis; celles d'Espagne, deux châteaux et deux lions écartelés ; de Portugal, cinq écussons chargés de besans, qui représentent les deniers dont Notre Seigneur fut vendu. L'Angleterre a trois léopards ; la Suède, trois couronnes, le Danemarck, trois lions; la Pologne, un aigle ses ailes ouvertes ; la Moscovie, un cavalier armé, tenant la lance en arrêt, et un dragon à ses pieds ; et celles du grand turc, un croissant.

Le pape se dit Innocent XI, par la grâce de Dieu, évêque, serviteur des serviteurs de Dieu : l'empereur, Ignace-Léopold III, par la grâce de Dieu, empereur des Romains, roi de Hongrie, de Bohême, de Croatie, de Dalmatie et d'Esclavonie; archiduc d'Autriche ; duc de Bourgogne, de Stirie, de Carinthie et de Carniole ; comte de Tyrol : le roi de France, Louis XIV, par la grâce de Dieu, roi de France et de Navarre : le roi d'Espagne, Charles II, par la grâce de Dieu, roi des Espagnes et des Indes, de Castille, de Léon, d'Aragon, de Grenade, de Séville, de Tolède, de Cordoue, de Murcie, de Jaen, de Majorque et Minorque, de Sardaigne et de Corse, d'Algezire, de Gibraltar, des îles Canaries, des îles de Terre-Ferme, de la mer océane ; archiduc d'Autriche, duc de Bourgogne, de Lothier, de Brabant, de Milan, de Limbourg, de Luxembourg et de Gueldre, et comte de Hapsbourg, de Flandre, d'Artois, de Bourgogne, du Tyrol, de Barcelone, de Hainault, de Hollande, de Zélande, de Namur, de Burgau; marquis du Saint-Empire; seigneur de Frise, de Salins, du Milanès, des cités, villes et pays d'Utrecht, d'Over-Issel, de Groningue; seigneur de Biscaie, de Molins; duc d'Athènes et de Neopatrie, marquis d'Oristant et de Gasiano. Le roi d'Angleterre, Charles II, par la grâce de Dieu, roi de la Grande-Bretagne et d'Irlande. Le roi de Danemarck, roi de Norwège, des Goths et des Vandales. Le roi de Suède, Charles II, par la grâce de Dieu, roi de Suède, de Danemarck, de Norwège, des Goths et des Vandales. Le duc de Moscovie, par la grâce de Dieu, grand-seigneur, czar et duc, conservateur de toutes les Russies; prince d'Uladimir, Moscou, Novogorod; czar de Casan; czar d'Astracan, czar de Sibérie; seigneur de Plescou; grand-duc de Tuerschi, Jugreschi, Périnschi, Varschi, Palgarchi; seigneur et grand-duc de Novogorod aux pays bas; commandeur de Roosanchi, Rostoschi, Gerelapschi, Beloserchi, Udoschi, Obdorschi, Condinel, et par tout le Nord; seigneur d'Iverie; czar de Karlalinsely et Igrusenchi; prince des pays de Kabardinschi, Cyrcaschi et Jorchi; seigneur et dominateur de plusieurs autres seigneuries. Le roi de Pologne, Jean III, par la grâce de Dieu, roi de Pologne; grand-duc de Lithuanie, de Russie, de Prusse et Mazovie, Samogitie, Livonie, Smolensko, et de Cernicovie.

Le grand-seigneur, Mahomet IV, se dit légitime distributeur des couronnes de l'univers; maître incommutable de mille autres peuples, nations et générations qui reposent à l'ombre et sous le sacré bois de notre lance; destiné libérateur de ceux qui gémissent et sont encore sous le joug de l'oppression infidèle, et qui n'attendent avec impatience que l'heure et le bonheur de notre domination; propriétaire des célestes cités de la Mecque et de Médine; gardien perpétuel de Jérusalem la sainte et de son sépulcre; empereur de Constantinople et de Trébizonde; roi de Hongrie en Europe, de Memphis en Afrique, et de Bagdad en Asie; ensemble de soixante-dix autres royaumes effectifs; roi de la mer Méditerranée, des mers Blanche, Noire et Rouge, Hellespontique, Méotique et Archipélagique; grand-amiral de l'Océan, et possesseur des plus célèbres promontoires, caps, côtes, golfes, fleuves et rivières du monde; prince en Géorgie, absolu en Barbarie, Tartarie, Cosatie, et en mille autres régions; commandant à la Porte-de-Fer, villes adjacentes et lieux circonvoisins; fidèle refuge et parfait asile des autres empereurs, rois, princes, républiques et seigneuries; redouté ou chéri partout; souverain du cœur de la terre; unique favori du ciel, et son divin porte-enseigne en terre, etc.

L'empereur a épousé une des filles de Philippe IV, roi d'Espagne ; le roi de France, la fille aînée d'une autre femme du même Philippe ; le roi d'Espagne, la fille de M. le duc d'Orléans ; le roi de Portugal, la fille du duc de Nemours ; le roi de Suède, la fille du roi de Danemarck. Le roi de Danemarck a épousé Charlotte-Amélie, fille du landgrave de Hesse ; le grand-duc de Moscovie, la fille d'un marchand de son état. Le grand-seigneur n'épouse point ; mais la première qui met au monde un enfant mâle, est la sultane.

RÉFLEXIONS.

IL est ordinaire aux voyageurs qui passent les mers de faire naître des orages ; et tout ce qui n'est point calme est pour eux une tempête continuelle, qui brise leurs vaisseaux contre le firmament, et tantôt les jette jusque dans les enfers ; ce sont les manières de parler de quelques-uns. Pour moi, sans amplifier les choses, je vous dirai que la mer Baltique est célèbre en naufrages, et qu'il est rare d'y passer pendant l'automne, sans être pris du mauvais temps ; car elle n'est point navigable l'hiver. Nous avons été obligés de relâcher en cinq ou six endroits ; et ce passage, qu'on fait ordinairement en trois ou quatre jours, nous a retenus plus long-temps.

Ces disgrâces ont servi à quelque chose, et le temps que nous sommes demeurés à l'ancre, n'a pas été le plus mal employé de ma vie. J'allois tous les jours passer quelques heures sur des rochers escarpés, où la hauteur des précipices et la vue de la mer n'entretenoient pas mal mes rêveries. Ce fut dans ces conversations intérieures que je m'ouvris tout entier à moi-même, et que j'allois chercher dans les replis de mon cœur les sentiments les plus cachés et les déguisements les plus secrets, pour me mettre la vérité devant les yeux, sans fard, telle qu'elle étoit en effet. Je jetai d'abord la vue sur les agitations de ma vie passée, les desseins sans exécution, les résolutions sans suite, et les entreprises sans succès. Je considérai l'état de ma vie présente; les voyages vagabonds, les changements de lieux, la diversité des objets, et les mouvements continuels dont j'étois agité. Je me reconnus tout entier dans l'un et dans l'autre de ces états, où l'inconstance avoit plus de part que toute autre chose, sans que l'amour-propre vînt flatter le moindre trait qui empêchât de me reconnoître dans cette peinture. Je jugeai sainement de toutes choses. Je conçus que tout cela étoit directement opposé à la société de la vie, qui consiste uniquement dans le repos, et que cette tranquillité d'âme si heureuse se trouve dans une douce profession, qui nous arrête comme l'ancre fait un vaisseau au milieu de la tempête. Tous ces desseins vagues, ces vues qui s'étendent sur l'avenir; les chimères, les imaginations de fortune, sont des fantômes qui nous abusent, que nous prenons plaisir de nous former, et avec lesquels notre esprit nous joue. Tous les obstacles que l'ambition fait naître, loin de nous arrêter, doivent nous faire défier de nous-mêmes, et nous faire appréhender davantage.

Vous savez comme moi, monsieur, que le choix d'un état est ce qu'il y a de plus difficile dans la vie; c'est ce qui fait qu'il y a tant de gens qui n'en embrassent aucun, et qui, demeurant dans une indolence continuelle, ne vivent pas comme ils voudroient; mais comme ils ont commencé, soit par la crainte des fâcheux événements, soit par l'amour de la mollesse et la fuite du travail, ou pour quelques autres raisons.

Il y en a d'autres qu'un échec ne fixe pas entièrement; et se laissant toujours emporter à cette légèreté qui leur est naturelle, pour être dans le port, ils n'en sont pas plus en repos: ce sont de nouveaux desseins qui les agitent, et de nouvelles idées de fortune qui les tourmentent. Ces gens ne changent que pour le plaisir de changer, et par une inconstance naturelle; ce qu'ils ont quitté leur plaît toujours infiniment davantage que ce qu'ils ont pris.

Toute la vie de ces personnes est une continuelle agitation; et si on les voit quelquefois se fixer, sur la fin de leurs jours, ce n'est pas la haine du changement qui les retire, mais la lenteur de la vieillesse, incapable de mouvement, qui les empêche de rien entreprendre : semblables à ces gens inquiets qui ne peuvent dormir, et qui, à force de se tourner, trouvent enfin le repos que la lassitude leur procure.

Je ne sais lequel de ces deux états est le plus à plaindre, mais je sais qu'ils sont tous deux extrêmement fâcheux. De là viennent ces déréglements de l'âme, ces passions immodérées qui font qu'on souhaite plus qu'on ne peut ou qu'on n'ose entreprendre; qu'on craint tout, qu'on espère tout, et qu'on cherche ailleurs un bonheur qu'on ne peut trouver que chez soi. De là viennent ces ennuis, ces dégoûts de soi-même; ces impatiences de son oisiveté, ces plaintes qu'on fait de ce qu'on n'a rien à faire. Tout déplaît, la compagnie est à charge, la solitude est affreuse ; la lumière fait peine, les ténèbres affligent, l'agitation lasse, le repos endort, le monde est odieux, et l'on devient enfin insupportable à soi-même. Il n'y a rien que ces sortes de personnes ne veuillent, et la prévention qu'ils ont d'eux-mêmes, les pousse à tout entreprendre. L'ambition leur fait trouver tout possible, mais le courage leur manque, et leur irrésolution les arrête. L'élévation des autres, qu'ils ont continuellement devant les yeux, sert tantôt à entretenir leurs vagues desseins, et à fomenter leur ambition, et tantôt à les exposer en proie à la jalousie. Ils souffrent impatiemment la fortune des autres ; ils souhaitent leur abaissement, parce qu'ils n'ont pu s'élever ; et la destruction de leur fortune, parce qu'ils désespèrent d'en faire une pareille.

Ces gens accusent continuellement la cruauté de leur mauvaise fortune, se plaignant toujours de la dureté du siècle et de la dépravation du genre humain : ils entreprennent des voyages de long cours; ils s'arrachent de leur patrie, et cherchent des climats qu'un autre soleil échauffe. Tantôt ils se commettent à l'inclémence de la mer, et tantôt rebutés, ou de son calme ou de ses orages, ils se remettent sur la terre. Aujourd'hui la mollesse de l'Italie leur plaît, et ils n'y sont pas plus tôt, qu'ils regrettent la France avec tous ses plaisirs. Sortons de la ville, dira l'un, la vertu y est opprimée, le vice et le luxe y règnent, et je ne saurois plus y supporter le bruit. Retournons à la ville, dira-t-il bientôt après ; je languis dans la solitude : l'homme n'est pas né pour vivre avec les bêtes, et il y a trop long-temps que je n'entends plus ce doux fracas qui se trouve dans la confusion de la ville. Un voyage n'est pas plus tôt fini qu'il en entreprend un autre. Ainsi, se fuyant toujours lui-même, il ne peut s'éviter; il porte toujours avec lui son inconstance, et la source de son mal est dans lui-même sans qu'il la connoisse.

VOYAGE DE LAPONIE.

Les voyages ont leurs travaux comme leurs plaisirs; mais les fatigues qui se trouvent dans cet exercice, loin de nous rebuter, accroissent ordinairement l'envie de voyager. Cette passion, irritée par les peines, nous engage insensiblement à aller plus loin que nous ne voudrions; et l'on sort souvent de chez soi pour n'aller qu'en Hollande, qu'on se trouve, je ne sais comment, jusqu'au bout du monde. La même chose m'est arrivée, monsieur. J'appris à Amsterdam que la cour de Danemarck étoit à Oldembourg, qui n'en est qu'à trois journées : j'eusse témoigné beaucoup de mépris pour cette cour, et bien peu de curiosité, si je n'eusse été la voir.

Je partis donc pour Oldembourg; mais le hasard, qui me vouloit conduire plus loin, en avoit fait partir le roi deux jours avant que j'y arrivasse. On me dit que je le trouverois encore à Altena, qui est à une portée de mousquet de Hambourg. Je crus être obligé d'honneur à poursuivre mon dessein, et à faire encore deux ou trois jours de marche pour voir ce que je souhaitois. De plus, Hambourg est une ville anséatique fameuse pour le commerce qu'elle entretient avec toute la terre, et recommandable par ses fortifications et son gouvernement. J'y devois rencontrer la cour de Danemarck ; je n'y vis cependant qu'une partie de ce que je voulois voir. Je n'y trouvai que la reine-mère et le prince George son fils, qui alloient aux eaux de Pyrmont. Je vis Hambourg, dont je fus fort content ; mais après avoir tant fait de chemin pour voir le roi, je crus devoir l'aller chercher dans la ville capitale, où je devois infailliblement le trouver. J'entrepris le voyage de Copenhague. M. l'ambassadeur me présenta au roi ; j'eus l'honneur de lui baiser la main, et de l'entretenir quelque temps. Le séjour que je fis à Copenhague me fut infiniment agréable, et j'y trouvai les dames si spirituelles et si bien faites, que j'aurois eu bien de la peine à les quitter, si on ne m'eût assuré que j'en trouverois en Suède d'aussi aimables. L'extrême envie que j'avois de voir aussi le roi de Suède m'engagea à partir pour aller à Stockholm. Nous eûmes l'honneur de saluer le roi, et de l'entretenir pendant une heure entière. Ayant connu que nous voyagions pour notre curiosité, il nous dit que la Laponie méritoit d'être vue par les curieux, tant par sa situation que pour les habitants, qui y vivent d'une manière tout-à-fait inconnue au reste des Européens ; il commanda même au comte

Steinbielk, grand trésorier, de nous donner toutes les recommandations nécessaires, si nous voulions faire ce voyage. Le moyen, monsieur, de résister au conseil d'un roi, et d'un grand roi comme celui de Suède ? Ne peut-on pas avec son aveu entreprendre toutes choses ? et peut-on être malheureux dans une entreprise qu'il a lui même conseillée, et dont il a souhaité le succès ? Les avis des rois sont des commandements : cela fut cause qu'après avoir mis ordre à toutes choses, nous mîmes à la voile pour *Torno* le mercredi 23 juillet 1681, sur le midi, après avoir salué M. Steinbielk, grand trésorier, qui, suivant l'ordre qu'il avoit reçu du roi son maître, nous donna des recommandations pour les gouverneurs des provinces par où nous devions passer.

Nous fûmes portés d'un sud-ouest jusqu'à Vacsol, où l'on visite les vaisseaux. Nous admirâmes, en y allant, la bizarre situation de Stockholm. Il est presque incroyable qu'on ait choisi un lieu comme celui où l'on voit cette ville, pour en faire la capitale d'un royaume aussi grand que celui de Suède. On dit que les fondateurs de cette ville, cherchant un lieu pour la faire, jetèrent un bâton dans la mer, dans le dessein de la bâtir au lieu où il s'arrêteroit : ce bâton s'arrêta où l'on voit présentement cette ville, qui n'a rien d'affreux que sa situation ; car les bâtiments en sont superbes, et les habitants fort civils.

Nous vîmes la petite île d'Aland, à quarante

milles de Stockholm : cette île est très-fertile, et sert de retraite aux élans qui y passent de Livonie et de Carélie, lorsque l'hiver leur fait un passage sur les glaces. Cet animal est de la hauteur d'un cheval, et d'un poil tirant sur le blanc ; il porte un bois comme un daim, et a le pied de même fort long ; mais il le surpasse en légèreté et en force, dont il se sert contre les loups, avec lesquels il se bat souvent. La peau de cet animal appartient au roi ; et les paysans sont obligés, sous peine de la vie, de la porter au gouverneur.

En quittant cette île, nous perdîmes la terre de vue, et ne la revîmes que le vendredi matin, à la hauteur d'Hernen ou Hernesante, éloignée de Stockholm de cent milles, qui valent trois cents lieues de France ; et le vent demeurant toujours extrêmement violent, nous ne fûmes pas long-temps à découvrir les îles de Ulsen, Schagen et Goben ; en sorte que le samedi matin, nous trouvâmes que nous avions laissé l'Angermanie, et que nous étions à la hauteur de *Urna,* première ville de Laponie, qui prend son nom du fleuve qui l'arrose. Cette ville donne son nom à toute la province qu'on appelle *Urna Lapmark.* Elle se trouve au trente-huitième degré de longitude, et au soixante-cinquième onze minutes de latitude, éloignée de Stockholm de cent cinquante milles, faisant environ quatre cent cinquante lieues françoises.

Nous découvrîmes le samedi les îles de *Quercken;* et le vent continuant toujours sud-ouest, nous fit voir sur le midi la petite île de *Ratan;* et sur les quatre heures du même jour, nous nous trouvâmes à la hauteur du cap *Burockluben.*

Quand nous eûmes passé ce petit cap, nous perdîmes la terre de vue; et le dimanche matin, le vent s'étant tenu au sud toute la nuit, nous nous trouvâmes à la hauteur de *Malhurn*, petite île à huit milles de *Torno.* Il en sortit des pêcheurs dans une petite barque aussi mince que j'en aie vu de ma vie, dont les planches étoient cousues ensemble à la mode des Russes. Ils nous apportèrent du *strumelin*, et nous leur donnâmes du biscuit et de l'eau-de-vie, avec quoi ils s'en retournèrent fort contents.

Le vent demeurant toujours extrêmement favorable, nous arrivâmes à une lieue de *Torno*, où nous mouillâmes l'ancre.

Il est assez difficile de croire qu'on ait pu faire un aussi long chemin que celui que nous fîmes en quatre jours de temps. On compte de Stockholm à *Torno* deux cents milles de Suède par mer, qui valent six cents lieues de France, et nous fîmes tout ce chemin avec un vent de sud et sud-sud-ouest si favorable et si violent, qu'étant partis le mercredi à midi de Stockholm, nous arrivâmes à la même heure, le dimanche suivant, sans avoir été obligés de changer les voiles pendant tout le voyage.

DE LAPONIE.

Torno est situé à l'extrémité du golfe Bothnique, au quarante-deuxième degré vingt-sept minutes de longitude, et au soixante-sept de latitude. C'est la dernière ville du monde du côté du nord ; le reste jusqu'au Cap n'étant habité que par des Lapons, gens sauvages qui n'ont aucune demeure fixe.

C'est en ce lieu où se tiennent les foires de ces nations septentrionales pendant l'hiver, lorsque la mer est assez glacée pour y venir en traîneau. C'est pendant ce temps qu'on y voit de toutes sortes de nations du Nord, des Russes, des Moscovites, des Finlandois, et des Lapons de tous les trois royaumes, qui y viennent ensemble sur des neiges et sur des glaces, dont la commodité est si grande, qu'on peut facilement, par le moyen des traîneaux, aller en un jour de Finlande en Laponie, et traverser sur les glaces le sein Bothnique, quoiqu'il ait dans les moindres endroits trente ou quarante milles de Suède. Le trafic de cette ville est en poissons qu'ils envoient fort loin ; et la rivière de *Torno* est si fertile en saumons et en brochets, qu'elle peut en fournir à tous les habitants de la mer Baltique. Ils salent les uns pour les transporter, et fument les autres dans des *basses-touches* qui sont faites comme des bains. Quoique cette ville ne soit proprement qu'un amas de cabanes de bois, elle ne laisse pas de payer tous les ans deux mille *dalles* de cuivre, qui font environ mille livres de notre monnoie.

Nous logeâmes chez le patron de la barque qui nous avoit amenés de Stockholm. Nous ne trouvâmes pas sa femme chez lui ; elle étoit allée à une foire qui se tenoit à dix ou douze lieues de là, pour troquer du sel et de la farine contre des peaux de *rennes*, de petits-gris et autres ; car tout le commerce de ce pays se fait ordinairement en troc ; et les Russes et les Lapons ne font guère de marchés autrement.

Nous allâmes le jour suivant, lundi, pour voir *Joannes Tornæus*, homme docte, qui a tourné en lapon tous les psaumes de David, et qui a écrit leur histoire. C'étoit un prêtre de la campagne : il étoit mort depuis trois jours, et nous le trouvâmes étendu dans son cercueil avec des habits conformes à sa profession, et qu'on lui avoit fait faire exprès : il étoit fort regretté dans le pays, et avoit voyagé dans une bonne partie de l'Europe.

Sa femme étoit d'un autre côté, couchée sur son lit, qui témoignoit, par ses soupirs et par ses pleurs, le regret qu'elle avoit d'avoir perdu un tel mari. Quantité d'autres femmes ses amies environnoient le lit, et répondoient par leurs gémissements à la douleur de la veuve.

Mais ce qui consoloit un peu dans une si grande affliction et une tristesse si générale, c'étoit quantité de grands pots d'argent faits à l'antique, pleins, les uns de vins de France, d'autres de vins d'Espagne, et d'autres d'eau-de-vie, qu'on avoit soin de ne pas laisser long-temps vides. Nous tâtâmes de tout, et la veuve interrompoit souvent ses soupirs pour nous presser de boire; elle nous fit même apporter du tabac, dont nous ne voulûmes pas prendre. On nous conduisit ensuite au temple dont le défunt étoit pasteur, où nous ne vîmes rien de remarquable; et prenant congé de la veuve, il fallut encore boire à la mémoire du défunt, et faire, monsieur, ce qui s'appelle *libare manibus*.

Nous allâmes ensuite chez une personne qui étoit en notre compagnie : la mère nous reçut avec toute l'affection possible; et ces gens, qui n'avoient jamais vu de François, ne savoient comment nous témoigner la joie qu'ils avoient de nous voir en leur pays.

Le mardi on nous apporta quantité de fourrures à acheter, de grandes couvertures fourrées de peaux de lièvre blanc, qu'on vouloit donner pour un écu. On nous montra aussi des habits de Lapons, faits des peaux de jeunes rennes, avec tout l'équipage, les bottes, les gants, les souliers, la ceinture et le bonnet. Nous allâmes le même jour à la chasse autour de la maison : nous trouvâmes quantité de bécasses sauvages et autres animaux inconnus en nos pays, et nous nous étonnâmes que les habitants, que nous rencontrions dans le chemin, ne nous fuyoient pas moins que le gibier.

Le mercredi, nous reçûmes visite des bourgmestres de la ville, et du bailli, qui nous firent offre de service en tout ce qui seroit en leur pouvoir. Ils nous vinrent prendre après le dîné dans leurs barques, et nous menèrent chez le prêtre de la ville, gendre du défunt *Tornæus*.

Ce fut là où nous vîmes pour la première fois un traîneau lapon, dont nous admirâmes la structure. Cette machine, qu'ils appellent *pulea*, est faite comme un petit canot, élevée sur le devant pour fendre la neige avec plus de facilité. La proue n'est faite que d'une seule planche, et le corps est composé de plusieurs morceaux de bois qui sont cousus ensemble avec de gros fil de renne, sans qu'il y entre un seul clou, et qui se réunissent sur le devant à un morceau de bois assez fort, qui règne tout du long par dessus, et qui, excédant le reste de l'ouvrage, fait le même effet que la quille d'un vaisseau. C'est sur ce morceau de bois que le traîneau glisse; et comme il n'est large que de quatre bons doigts, cette machine roule continuellement de côté et d'autre : on se met dedans jusqu'à la moitié du corps comme dans un cercueil; l'on vous y lie, en sorte que vous êtes entièrement immobile, et l'on vous laisse seulement l'usage des mains, afin que d'une vous puissiez conduire la renne, et de l'autre vous soutenir lorsque vous êtes en danger de tomber. Il faut tenir son corps dans l'équilibre; ce qui fait qu'à moins d'être accoutumé à cette manière de courir, on est souvent en danger de la vie, et principalement lorsque le traîneau descend des rochers les plus escarpés, sur lesquels vous courez d'une si horrible vitesse, qu'il est impossible de se figurer la promptitude de ce mouvement, à moins de l'avoir expérimenté. Nous soupâmes ce même soir en public avec le bourgmestre; tous les habitants y coururent en foule pour nous voir manger. Nous arrêtâmes ce même soir notre départ pour le lendemain, et prîmes un truchement.

Le jeudi, dernier juillet, nous partîmes de *Torno* dans un petit bateau finlandois, fait exprès pour aller dans ce pays : sa longueur peut être de douze pieds, et sa largeur de trois. Il ne se peut rien voir de si bien travaillé ni de si léger, de sorte que deux ou trois hommes peuvent porter facilement ce bâtiment, lorsqu'ils sont obligés de passer les cataractes du fleuve, qui sont si impétueuses, qu'elles roulent des pierres d'une grosseur extraordinaire. Nous fûmes obligés d'aller à pied presque tout le reste de la journée, à cause des torrents qui tomboient des montagnes, et d'un vent impétueux qui faisoit entrer l'eau dans le bateau avec une telle abondance, que si l'on n'eût été extrêmement prompt à le vider, il eût été bientôt rempli. Nous allâmes le long de la rivière toujours chassant; nous tuâmes quelques pièces de gibier, et nous admirâmes la quantité de canards, d'oies, de courlis., et de plusieurs autres oiseaux que nous rencontrions à chaque pas. Nous ne fîmes pas ce jour-là tout le chemin que nous avions déterminé de faire, à cause d'une pluie violente qui nous surprit et nous obligea de passer la nuit dans une maison de paysan, à une lieue et demie de *Torno*.

Nous marchâmes tout le vendredi sans nous reposer, et nous fûmes depuis quatre heures du matin jusqu'à la nuit à faire trois milles ; si l'on peut appeler la nuit un temps où l'on voit toujours le soleil, sans que l'on puisse faire aucune distinction du jour au lendemain.

Nous fîmes plus de la moitié du chemin à pied, à cause des torrents effroyables qu'il fallut surmonter. Nous fûmes même obligés de porter notre bateau pendant quelque espace de chemin, et nous eûmes le plaisir de voir en même temps descendre deux petites barques au milieu de ces cataractes. L'oiseau le plus vite et le plus léger ne peut aller de cette impétuosité, et la vue ne peut suivre la course de ces bâtiments qui se dérobent aux yeux, et s'enfoncent tantôt dans les vagues, où ils semblent ensevelis, et tantôt se relèvent d'une hauteur surprenante. Pendant cette course rapide, le pilote est debout, et emploie toute son industrie à éviter des pierres d'une grosseur extraordinaire, et à passer au milieu des rochers, qui ne laissent justement que la largeur du bateau, et qui briseroient ces petites chaloupes en mille pièces si elles y touchoient le moins du monde.

Nous tuâmes ce jour-là dans les bois deux faisandeaux, trois canards et deux sarcelles, sans nous éloigner de notre chemin, pendant lequel nous fûmes extrêmement incommodés des moucherons, qui sont la peste de ce pays, et qui nous firent désespérer. Les Lapons n'ont point d'autre remède contre ces maudits animaux, que d'emplir de fumée le lieu où ils demeurent, et nous remarquâmes sur le chemin, que pour garantir leur bétail de ces bêtes importunes, ils allument un grand feu dans les endroits où paissent leurs vaches (que nous trouvâmes toutes blanches), à la fumée duquel elles se mettent, et chassent ainsi les moucherons qui n'y sauroient durer.

Nous fîmes la même chose, et nous nous enfumâmes lorsque nous fûmes arrivés chez un Allemand qui est depuis trente ans dans le pays, et qui reçoit le tribut des Lapons pour le roi de Suède. Il nous dit que ce peuple étoit obligé de se trouver en un certain lieu qu'on lui assigne l'année précédente, pour apporter ce qu'il doit, et qu'on prenoit ordinairement le temps de l'hiver, à cause de la commodité qu'il donne aux Lapons de venir sur les glaces par le moyen de leurs rennes. Le tribut qu'ils paient est peu de chose; et c'est une politique du roi de Suède, qui, pour tenir toujours ces peuples tributaires à sa couronne, ne les charge que d'un médiocre impôt, de peur que les Lapons, qui n'ont point de demeure fixe, et à qui toute l'étendue de la Laponie sert de maison, n'aillent sur les terres d'un autre pour éviter les vexations du prince de qui ils seroient trop surchargés. Il y a pourtant de ces peuples qui paient plusieurs tributs à différents états, et quelquefois un Lapon sera tributaire du roi de Suède, de celui de Danemarck, et du grand duc de Moscovie. Ils paieront au premier, parce qu'ils demeurent sur ses états; à l'autre, parce qu'il leur permet de pêcher du côté de la Norwège qui lui appartient; et au troisième, à cause qu'ils peuvent aller chasser sur ses terres.

Il ne nous arriva rien d'extraordinaire pendant tout le chemin que nous fîmes le samedi; mais sitôt que nous fûmes arrivés chez un paysan, nous nous étonnâmes de trouver tout le monde dans les bains. Ces lieux, qu'ils appellent *basses-touches* ou bains, sont faits de bois, comme toutes leurs maisons. On voit au milieu de ce bain un gros amas de pierres; sans qu'ils aient observé aucun ordre en le faisant, que d'y laisser un trou au milieu, dans lequel ils allument du feu. Ces pierres étant une fois échauffées, communiquent la chaleur à tout le lieu; mais ce chaud s'augmente extrêmement lorsque l'on vient à jeter de l'eau dessus les cailloux, qui, renvoyant une fumée étouffante, font que l'air qu'on respire dans ces bains est tout de feu. Ce qui nous surprit beaucoup, fut qu'étant entrés dans ce bain, nous y trouvâmes ensemble filles et garçons, mères et fils, frères et sœurs, sans que ces femmes nues eussent peine à supporter la vue des personnes qu'elles ne connoissoient point. Mais nous nous étonnâmes davantage de voir de jeunes filles frapper d'une branche des hommes et des garçons nus. Je crus d'abord que la nature affoiblie par de grandes sueurs, avoit besoin de cet artifice pour faire voir qu'il lui restoit encore quelque signe de vie; mais on me détrompa bientôt, et je sus que cela se faisoit afin que ces coups réitérés ouvrant les pores, aidassent à faire faire de grandes évacuations. J'eus de la peine ensuite à concevoir comment ces gens sortant nus de ces bains tout de feu, alloient se jeter dans une rivière extrêmement froide, qui étoit à quelques pas de la maison, et je conçus qu'il falloit que ces gens fussent d'un fort tempérament pour pouvoir résister aux effets que ce prompt changement du chaud au froid pouvoit causer.

Vous n'auriez jamais cru, monsieur, que les Bothniens, gens extrêmement sauvages, eussent imité les Romains dans leur luxe et dans leurs plaisirs; mais vous vous étonnerez encore davantage quand je vous aurai dit que ces mêmes gens, qui ont des bains chez eux comme les empereurs, n'ont pas de pain à manger. Ils vivent d'un peu de lait, et se nourrissent de la plus tendre écorce qui se trouve au sommet des pins. Ils la prennent lorsque l'arbre jette sa séve; et, après l'avoir exposée quelque temps au soleil, ils la mettent dans de grands paniers sous terre, sur laquelle ils allument du feu, qui lui donne une couleur et un goût assez agréable. Voilà, monsieur, quelle est, pendant toute l'année, la nourriture de ces gens, qui cherchent avec soin les délices du bain, et qui peuvent se passer de pain.

Nous fûmes assez heureux à la chasse le dimanche : nous rapportâmes quantité de gibier; mais nous ne vîmes rien qui mérite d'être écrit, qu'une paire de ces longues planches de bois de sapin, avec lesquelles les Lapons courent d'une si extraordinaire vitesse, qu'il n'est point d'animal, si prompt qu'il puisse être, qu'ils n'attrapent facilement, lorsque la neige est assez dure pour les soutenir.

Ces planches, extrêmement épaisses, sont de la longueur de deux aunes, et larges d'un demi-pied; elles sont relevées en pointe sur le devant, et percées au milieu dans l'épaisseur, qui est assez considérable en cet endroit pour pouvoir y passer un cuir qui tient les pieds fermes et immobiles. Le Lapon qui est dessus tient un long bâton à la main, où d'un côté est attaché un rond de bois, afin qu'il n'entre pas dans la neige, et de l'autre un fer pointu. Il se sert de ce bâton pour se donner le premier mouvement, pour se soutenir en courant, pour se conduire dans sa course, et pour s'arrêter quand il veut; c'est aussi avec cette arme qu'il perce les bêtes qu'il poursuit, lorsqu'il en est assez près.

Il est assez difficile de se figurer la vitesse de ces gens, qui peuvent, avec ces instruments, surpasser la course des bêtes les plus vites; mais il est impossible de concevoir comment ils peuvent se soutenir en descendant les fonds les plus précipités, et comment ils peuvent monter les montagnes les plus escarpées. C'est pourtant, monsieur, ce qu'ils font avec une adresse qui surpasse l'imagination, et qui est si naturelle aux gens de ce pays, que les femmes ne sont pas moins adroites que les hommes à se servir de ces planches. Elles vont visiter leurs parents, entreprenant de cette manière les voyages les plus difficiles et les plus longs.

Le lundi ne fut remarquable que par la quantité de gibier que nous vîmes et que nous tuâmes; nous avions ce jour-là plus de vingt pièces dans notre dépense : il est vrai que nous achetâmes cinq ou six canards de quelques paysans qui venoient de les prendre. Ces gens n'ont point d'autres armes pour aller à la chasse que l'arc ou l'arbalète : ils se servent de l'arc contre les plus grandes bêtes, comme les ours, les loups et les rennes sauvages; et lorsqu'ils veulent prendre des animaux moins considérables, ils emploient l'arbalète, qui ne diffère des nôtres que par la grandeur. Les habitants de ce pays sont si adroits à se servir de ces armes, qu'ils sont sûrs de frapper le but d'aussi loin qu'ils le peuvent voir. L'oiseau le plus petit ne leur échappe pas; il s'en trouve même quelques-uns qui donneront dans la tête d'une aiguille. Les flèches dont ils se servent sont différentes : les unes sont armées de fer ou d'os de poisson, et les autres sont rondes, de la figure d'une boule coupée par la moitié. Ils se servent des premières pour l'arc, lorsqu'ils vont aux grandes chasses; et des autres pour l'arbalète, quand ils rencontrent des animaux qu'ils peuvent tuer sans leur faire une plaie si dangereuse. Ils emploient ces mêmes flèches rondes contre les petits-gris, les martres et les hermines, afin de conserver les peaux entières; et, parce qu'il est difficile qu'il n'y reste la marque que le coup a laissée, les plus habiles ne manquent jamais de les toucher où ils veulent, et les frappent ordinairement à la tête, qui est l'endroit de la peau le moins estimé.

Nous arivâmes le mardi à *Kones*, et nous y restâmes le mercredi pour nous reposer, et voir travailler aux forges de fer et de cuivre qui sont en ce lieu. Nous admirâmes les manières de fondre ces métaux, et de préparer le cuivre avant qu'on en puisse faire des pelottes, qui sont la monnoie du pays, lorsqu'elle est marquée du coin du prince. Ce qui nous étonna le plus, ce fut de voir un de ces forgerons approcher de la fournaise, et prendre avec sa main du cuivre que la violence du feu avoit fondu comme de l'eau, et le tenir ainsi quelque temps. Rien n'est plus affreux que ces demeures; les torrents qui tombent des montagnes, les rochers et les bois qui les environnent, la noirceur et l'air sauvage de ces forgerons, tout contribue à former l'horreur de ce lieu. Ces solitudes affreuses ne laissent pas d'avoir leur agrément, et de plaire quelquefois autant que les lieux les plus magnifiques; et ce fut au milieu de ces roches que je laissai couler ces vers, d'une veine qui avoit été long-temps stérile :

> Tranquilles et sombres forêts,
> Où le soleil ne luit jamais
> Qu'au travers de mille feuillages,
> Que vous avez pour moi d'attraits !
> Et qu'il est doux, sous vos ombrages,
> De pouvoir respirer en paix !
>
> Que j'aime à voir vos chênes verts,
> Presque aussi vieux que l'univers,
> Qui, malgré la nature émue,
> Et ses plus cruels aquilons,
> Sont aussi sûrs près de la nue,
> Que les épis dans les sillons !
>
> Et vous, impétueux torrents,
> Qui, sur les rochers murmurants,

Roulez vos eaux avec contrainte,
Que le bruit que vous excitez
Cause de respect et de crainte
A tous ceux que vous arrêtez !

Quelquefois vos rapides eaux,
Venant arroser les roseaux,
Forment des étangs pacifiques,
Où les plongeons et les canards,
Et tous les oiseaux aquatiques,
Viennent fondre de toutes parts.

D'un côté l'on voit des poissons,
Qui, sans craindre les hameçons,
Quittent leurs demeures profondes ;
Et pour prendre un plaisir nouveau,
Las de folâtrer dans les ondes,
S'élancent et sautent sur l'eau.

Tous ces édifices détruits,
Et ces respectables débris
Qu'on voit sur cette roche obscure,
Sont plus beaux que les bâtiments
Où l'or, l'azur et la peinture
Forment les moindres ornements.

Le temps y laisse quelques trous
Pour la demeure des hiboux ;
Et les bêtes d'un cri funeste,
Les oiseaux sacrés à la nuit,
Dans l'horreur de cette retraite,
Trouvent toujours un sûr réduit.

Nous partîmes le jeudi de ces forges, pour aller à d'autres qui en sont éloignées de dix-huit milles de Suède, qui valent environ cinquante lieues de France. Nous nous servîmes toujours de la même voie; n'y en ayant point d'autre dans le pays, et continuâmes notre chemin au nord sur la rivière. Nous apprîmes qu'elle changeoit de nom, et que les habitants l'appeloient *Wilnama Suanda*. Nous passâmes toute la nuit sur l'eau, et nous arrivâmes le lendemain vendredi à une pauvre cabane de paysan, dans laquelle nous ne trouvâmes personne. Toute la famille, qui consistoit en cinq ou six personnes, étoit dehors; une partie étoit dans les bois, et l'autre étoit allée à la pêche du brochet. Ce poisson, qu'ils sèchent, leur sert de nourriture toute l'année: ils ne le prennent point avec des rets, comme on fait les autres; mais en allumant du feu sur la proue de leur petite barque, ils attirent le poisson à la lueur de cette flamme, et le harponnent avec un long bâton armé de fer, de la manière qu'on nous représente un trident. Ils en prennent en quantité, et d'une grosseur extraordinaire; et la nature, comme une bonne mère, leur refusant la fertilité de la terre, leur accorde l'abondance des eaux.

Plus l'on avance dans le pays, et plus la misère est extrême. On ne connoît pas l'usage du blé: les os de poisson, broyés avec l'écorce des arbres, leur servent de pain; et malgré cette méchante nourriture, ces pauvres gens vivent dans une santé parfaite. Ne connoissant point de médecins, il ne faut pas s'étonner s'ils ignorent aussi les maladies, et s'ils vont jusqu'à une vieillesse si avancée, qu'ils passent ordinairement cent ans, et quelques-uns cent cinquante.

Nous ne fîmes le samedi que fort peu de chemin, étant restés tout le jour dans une petite maison, qui est la dernière qui se rencontre dans le pays. Nous eûmes différents plaisirs pendant le temps que nous séjournâmes dans cette cabane. Le premier fut de nous occuper tous à différents exercices aussitôt que nous fûmes arrivés. L'un coupoit un arbre sec dans le bois prochain, et le traînoit avec peine au lieu destiné; l'autre, après avoir tiré le feu d'un caillou, souffloit de tous ses poumons pour l'allumer; quelques-uns étoient occupés à accommoder un agneau qu'ils venoient de tuer; et d'autres, plus prévoyants, laissant ces petits soins pour en prendre de plus importants, alloient chercher sur un étang voisin, tout couvert de poisson, quelque chose pour le lendemain. Ce plaisir fut suivi d'un autre; car sitôt qu'on se fut levé de table, on fut d'avis, à cause des nécessités pressantes, d'ordonner une chasse générale. Tout le monde se prépara pour cela; et ayant pris deux petites barques et deux paysans avec nous, nous nous abandonnâmes sur la rivière à notre bonne fortune. Nous fîmes la chasse la plus plaisante du monde; et la plus particulière. Il est inouï qu'on se soit jamais servi en

France de bâtons pour chasser; mais il n'en est pas de même dans ce pays : le gibier y est si abondant, qu'on se sert de fouet, et même de bâton, pour le tuer. Les oiseaux que nous prîmes davantage, ce fut des plongeons; et nous admirions l'adresse de nos gens à les attraper. Ils les suivoient partout où ils les voyoient; et lorsqu'ils les apercevoient nageant entre deux eaux, ils lançoient leur bâton, et leur écrasoient la tête dans le fond de l'eau avec tant d'adresse, qu'il est difficile de se figurer la promptitude avec laquelle ils font cette action. Pour nous, qui n'étions point faits à ces sortes de chasses, et de qui les yeux n'étoient point assez fins pour percer jusque dans le fond de la rivière, nous frappions au hasard dans les endroits où nous voyions qu'ils frappoient, et sans autres armes que des bâtons; et nous fîmes tant, qu'en moins de deux heures nous nous vîmes plus de vingt ou vingt-cinq pièces de gibier. Nous retournâmes à notre petite habitation, fort contents d'avoir vu cette chasse, et encore plus de rapporter avec nous de quoi vivre pendant quelque temps. Une bonne fortune, comme une mauvaise, vient rarement seule. Quelques paysans ayant appris la nouvelle de notre arrivée, qui s'étoit répandue bien loin dans le pays, en partie par curiosité de nous voir, et en partie pour avoir de notre argent, nous apportèrent un mouton que nous achetâmes cinq ou six sous, et qui accrut nos provisions de telle sorte, que nous nous crûmes assez munis pour entreprendre trois jours de marche, pendant lesquels nous ne devions trouver aucune maison. Nous partîmes donc le dimanche, du matin, c'est-à-dire à dix heures; car le soin que nous avions de nous reposer, faisoit que nous ne nous mettions guère en chemin avant ce temps.

Nous nous étonnâmes que, quoique nous fussions si avant dans le Nord, nous ne laissions pas de rencontrer quantité d'hirondelles; et ayant demandé aux gens du pays qui nous conduisoient, ce qu'elles devenoient l'hiver, et si elles passoient dans les pays chauds, ils nous assurèrent qu'elles se mettoient en pelotons, et s'enfonçoient dans la bourbe qui est au fond des lacs; qu'elles attendoient là que le soleil, reprenant sa vigueur, allât dans le fond de ces marais leur rendre la vie que le froid leur avoit ôtée. La même chose m'avoit été dite à Copenhague, par M. l'ambassadeur, et à Stockholm par quelques personnes; mais j'avois toujours eu beaucoup de peine à croire que ces animaux pussent vivre plus de six mois ensevelis dans la terre, sans aucune nourriture. C'est pourtant la vérité; et cela m'a été confirmé par tant de gens, que je ne saurois plus en douter. Nous logeâmes ce jour-là à *Coctuanda*, où commence la Laponie; et le lendemain lundi, après avoir fait quatre milles, nous vînmes camper sur le bord de la rivière, où il fallut coucher *sub dio*, et où nous fîmes des feux épouvantables, pour nous garantir de l'importunité des moucherons. Nous fîmes un grand retranchement rond, de quantité de gros arbres secs, et de plus petits pour les allumer : nous nous mîmes au milieu, et fîmes le plus beau feu que j'aie vu de ma vie. On auroit pu assurément charger un de ces grands bateaux qui viennent à Paris, du bois que nous consumâmes, et il s'en fallut peu que nous ne missions le feu à toute la forêt. Nous demeurâmes au milieu de ces feux toute la nuit, et nous nous mîmes en chemin le lendemain matin mardi, pour aller aux mines de cuivre, qui n'étoient plus éloignées que de deux lieues. Nous prîmes notre chemin à l'ouest, sur une petite rivière nommée *Longasiochi*, qui formoit de temps en temps des paysages les plus agréables que j'aie jamais vus; et après avoir été souvent obligés de porter notre bateau, faute d'eau, nous arrivâmes à *Swapavara* ou *Suppawahara*, où sont les mines de cuivre. Ce lieu est éloigné d'une lieue de la rivière, et il fallut faire tout ce chemin à pied.

Nous fûmes extrêmement réjouis à notre arrivée, d'apprendre qu'il y avoit un François dans ce lieu. Vous voyez, monsieur, qu'il n'y a point d'endroit, si reculé qu'il puisse être, où les François ne se fassent jour. Il y avoit près de trente ans qu'il travailloit aux mines; il est vrai qu'il avoit plus l'air d'un sauvage que d'un homme : il ne laissa pas de nous servir beaucoup, quoiqu'il eût presque oublié sa langue, et il nous assura que depuis qu'il étoit en ce lieu, bien loin d'y avoir vu des François, il n'y étoit venu aucun étranger plus voisin qu'un Italien qui passa il y a environ quatorze ans, et dont on n'a plus entendu parler depuis. Nous fîmes en sorte, tout doucement, que cet homme reprît un peu sa langue naturelle, et nous apprîmes de lui bien des choses que nous eussions eu de la peine à savoir d'un autre que d'un François.

Ces mines de *Swapavara* sont à trente milles de *Torno*, et à quinze milles de *Konges* (il faut toujours prendre trois lieues de France pour un mille de Suède). Elles furent ouvertes il y a environ vingt-sept ans, par un Lapon nommé.... à qui l'on a fait une petite rente de quatre écus, et de deux tonneaux de farine; il est aussi exempt de toute contribution. Ces mines ont été autrefois mieux entretenues qu'elles ne sont; il y avoit toujours cent hommes qui y travailloient; mais présentement à peine en voit-on dix ou douze. Le cuivre qui s'y trouve est pourtant le meilleur qui soit en toute la Suède; mais le pays est si désert et si épouvantable, qu'il y a peu de personnes qui y puissent rester. Il n'y a que les Lapons qui demeurent pendant l'hiver autour de ces mines, et l'été ils sont obligés d'abandonner le pays, à cause du chaud et des moucherons que les Suédois appellent *alcaneras*, qui sont pires mille fois que toutes les plaies d'Égypte. Ils se retirent dans les montagnes proche de la mer Occidentale, pour avoir la commodité de pêcher, et pour trouver plus facilement de la nourriture à leur rennes, qui ne vivent que d'une petite mousse blanche et tendre, qui se trouve l'été sur les monts *Sellices*, qui séparent la Norwège de la Laponie, dans les pays les plus septentrionaux.

Nous allâmes le lendemain mercredi voir les mines, qui étoient éloignées d'une bonne demi-lieue de notre cabane. Nous admirâmes les travaux et les abîmes ouverts qui pénétroient jusqu'au centre de la terre, pour aller chercher, près des enfers, de la matière au luxe et à la vanité. La plupart de ces trous étoient pleins de glaçons; et il y en avoit qui étoient revêtus, depuis le bas jusqu'en haut, d'un mur de glace si épais, que les pierres les plus grosses, que nous prenions plaisir à jeter contre, loin d'y faire quelque brèche, ne laissoient pas même la marque où elles avoient touché; et lorsqu'elles tomboient dans le fond, on les voyoit rebondir et rouler sans faire la moindre ouverture à la glace. Nous étions pourtant alors dans les plus fortes chaleurs de la canicule; mais ce qu'on appelle ici un été violent, peut passer en France pour un très-rude hiver.

Toute la roche ne fournit pas partout le métal; il faut chercher les veines, et lorsqu'on en a trouvé quelqu'une, on la suit avec autant de soin qu'on a eu de peine à la découvrir. On se sert pour cela, ou du feu pour amollir le rocher, ou de la poudre pour le faire sauter. Cette dernière manière est beaucoup plus pénible ; mais elle fait incomparablement plus d'effet. Nous prîmes des pierres de toutes les couleurs, de jaunes, de bleues, de vertes, de violettes ; et ces dernières nous parurent les plus pleines de métal, et les meilleures.

Nous fîmes l'épreuve de quantité de pierres d'aimant que nous trouvâmes sur la roche ; mais elles avoient perdu presque toute leur force par le feu qu'on avoit fait au-dessus et au-dessous ; ce qui fit que nous ne voulûmes point nous en charger, et que nous différâmes d'en prendre à la mine de fer à notre retour. Après avoir considéré toutes les machines et les pompes qui servent à élever l'eau, nous contemplions à loisir toutes les montagnes couvertes de neiges qui nous environnoient. C'est sur ces roches que les Lapons habitent l'hiver ; ils les possèdent en propre depuis la division de la Laponie, qui fut faite du temps de Gustave-Adolphe, père de la reine Christine. Ces terres et ces montagnes leur appartiennent sans que d'autres puissent s'y établir ; et pour marque de leur propriété, ils ont leurs noms écrits sur quelques pierres ou sur quelques endroits de la montagne qu'ils ont eue en propriété, ou qu'ils ont habitée; tels sont les rochers de *Lupawara*, *Kerquerol*, *Kilavara*, *Lung*, *Dondere*, ou *roche du Tonnerre*, qui ont donné le nom aux familles des Lapons qui y habitent, et qu'on ne connoît dans le pays que par les surnoms qu'ils ont pris de ces roches. Ces montagnes ont quelquefois sept ou huit lieues d'étendue; et quoiqu'ils demeurent toujours sur la même roche, ils ne laissent pas de changer fort souvent de place, lorsque la nécessité le demande, et que les rennes ont consommé toute la mousse qui étoit autour de leur habitation. Quoique certains Lapons aient pendant l'hiver certaines terres fixes, il y en a beaucoup davantage qui courent toujours, et desquels on ne sauroit trouver l'habitation; ils sont tantôt dans les bois, et tantôt proche des lacs, selon qu'ils ont besoin de pêcher ou de chasser, et on ne les voit que lorsqu'ils viennent l'hiver aux foires, pour troquer leurs peaux contre autre chose dont ils ont besoin, et pour apporter le tribut qu'ils paient au roi de Suède, dont ils pourroient facilement s'exempter, s'ils ne vouloient pas se trouver à ces foires. Mais la nécessité qu'ils ont de fer, d'acier, de corde, de couteaux, et autres, les oblige à venir en ces endroits, où ils trouvent ce dont ils ont besoin. Le tribut qu'ils paient est d'ailleurs fort peu de chose. Les plus riches d'entre eux, quand ils auroient mille ou douze cents rennes, comme il s'en rencontre quelques-uns, ne paient ordinairement que deux ou trois écus tout au plus.

Après que nous nous fûmes amplement informés de toutes choses, nous reprîmes le chemin de notre cabane, et nous vîmes en passant les forges où l'on donne la première fonte au cuivre. C'est là qu'on sépare ce qu'il y a de plus grossier, lorsqu'il a été assez long-temps dans le creuset pour pousser dehors toutes ses impuretés : avant que de trouver le cuivre qui est au fond, on lève plusieurs feuilles qu'ils appellent *rosettes*, dans lesquelles il n'y a que la moitié de cuivre, et qu'on remet ensuite au fourneau pour en ôter tout ce qu'il y a de terrestre : c'est la première façon qu'on lui donne là ; mais il faut qu'il passe à *Konges* encore trois fois au feu pour le purifier tout-à-fait, et le rendre en état de prendre sous le marteau la forme qu'on veut lui donner.

Le jeudi, le prêtre des Lapons arriva avec quatre de sa nation, pour se trouver le lendemain à un des jours de prières établies par toute la Suède, pour remercier Dieu des victoires que les Suédois ont remportées ces jours-là.

Ce furent les premiers Lapons que nous vîmes, et dont la vue nous réjouit tout-à-fait. Ils venoient troquer du poisson pour du tabac. Nous les considérâmes depuis la tête jusqu'aux pieds. Ces hommes sont faits tout autrement que les autres : la hauteur des plus grands n'excède pas trois coudées, et je ne vois pas de figure plus propre à faire rire. Ils ont la tête grosse, le visage large et plat, le nez écrasé, les yeux petits, la bouche large, une barbe épaisse qui leur pend sur l'estomac. Tous leurs membres sont proportionnés à la petitesse du corps : les jambes sont déliées, les bras longs, et toute cette petite machine semble remuer par ressorts. Leur habit d'hiver est d'une peau de renne, faite comme un sac, descendant sur les genoux, et retroussée sur les hanches, d'une ceinture de cuir, ornée de petites plaques d'argent : les souliers, les bottes et les gants de même ; ce qui a donné lieu à plusieurs historiens de dire qu'il y avoit des hommes vers le nord, velus comme des bêtes, et qui ne se servoient point d'autres habits que ceux que la nature leur avoit donnés. Ils ont toujours une bourse des parties de renne qui leur pend sur l'estomac, dans laquelle ils mettent une cuiller : ils changent cet habillement l'été, et en prennent un plus léger, qui est ordinairement de la peau des oiseaux qu'ils écorchent, pour se garantir des moucherons. Ils ne laissent pas d'avoir par-dessus un sac de grosse toile, ou d'un drap gris-blanc, qu'ils mettent sur leur chair ; car l'usage du linge leur est tout-à-fait inconnu.

Ils couvrent leur tête d'un bonnet qui est ordinairement fait de la peau d'un oiseau gros comme un canard, qu'ils appellent *loom*, qui veut dire en leur langue *boiteux*, à cause que cet oiseau ne sauroit marcher : ils le tournent de manière que la tête de l'oiseau excède un peu le front, et que les ailes leur tombent sur les oreilles.

Voilà, monsieur, la description de ce petit *animal* qu'on appelle *Lapon*; et l'on peut dire qu'il n'y en a point, après le singe, qui approche plus de l'homme. Nous les interrogeâmes sur plusieurs choses dont nous voulions nous informer, et nous leur demandâmes particulièrement l'endroit où nous pourrions trouver de leurs camarades. Ces gens nous instruisirent sur tout, et nous dirent que les Lapons commençoient à descendre des montagnes qui sont vers la mer Glaciale, d'où le chaud et les mouches les avoient chassés, et se répandoient vers le lac *Tornotracs*, d'où le fleuve *Torno* prend sa source; pour y pêcher quelque temps, jusqu'à ce qu'ils pussent, vers la Saint-Barthelemi, se rapprocher tout-à-fait des montagnes de *Swapavara Kilavan*, et autres où le froid commençoit à se faire sentir, pour y passer le reste de l'hiver. Ils nous assurèrent que nous ne manquerions pas d'en trouver là des plus riches; et que pendant sept ou huit jours que nous serions à y aller, les Lapons employeroient ce temps pour y venir. Ils ajoutèrent que pour eux, ils étoient demeurés pendant tout l'été aux environs de la mine et des lacs qui sont autour, ayant trouvé assez de nourriture pour quinze ou vingt rennes qu'ils avoient chacun, et étant trop pauvres pour entreprendre un voyage de quinze jours, pour lequel il falloit prendre des provisions qu'ils n'étoient pas en état de faire, à cause qu'ils ne pouvoient vivre éloignés des étangs qui leur fournissoient chaque jour leur nourriture.

Le vendredi 15 août il fit un grand froid, et il neigea sur les montagnes voisines. Nous eûmes une longue conversation avec le prêtre, lorsqu'il eut fini les deux sermons qu'il fit ce jour-là, l'un en finlandois et l'autre en lapon. Il parloit, heureusement pour nous, assez bon latin, et nous l'interrogeâmes sur toutes les choses qu'il pouvoit le mieux connoître, comme sur le baptême, le mariage et les enterrements. Il nous dit, au sujet du premier, que tous les Lapons étoient chrétiens et baptisés; mais que la plupart ne l'étoient que pour la forme seulement, et qu'ils retenoient tant de choses de leurs anciennes superstitions, qu'on pouvoit dire qu'ils n'avoient que le nom de chrétiens, et que leur cœur étoit encore païen.

Les Lapons portent leurs enfants au prêtre pour les baptiser, quelque temps après qu'ils sont nés : si c'est en hiver, ils les portent avec eux dans leurs traîneaux; et si c'est en été, ils les mettent sur des rennes, dans leurs berceaux pleins de mousse, qui sont faits d'écorce de bouleau, et d'une manière toute particulière. Ils font ordinairement présent au prêtre d'une paire de gants, bordés en de certains endroits de plumes de *loom*, qui sont violettes, marquetées de blanc, et d'une très-belle couleur. Sitôt que l'enfant est baptisé, le père lui fait présent d'une renne femelle ; et tout ce qui provient de cette renne, qu'ils appellent *pannikcis*, soit en lait, soit en fromage et autres denrées, appartient en propre à la fille ; et c'est ce qui fait sa richesse lorsqu'elle se marie. Il y en a qui font encore présent à leurs enfants d'une renne, lorsqu'ils aperçoivent sa première dent ; et toutes les rennes qui viennent de celle-là sont marquées d'une marque particulière, afin qu'elles puissent être distinguées des autres. Ils changent le nom de baptême aux enfants lorsqu'ils sont malheureux ; et le premier jour de leurs noces, comme tous les autres, ils couchent dans la même cabane, et caressent leurs femmes devant tout le monde.

Il nous dit, touchant le mariage, que les Lapons marioient leurs filles assez tard, quoiqu'elles ne manquassent pas de partis, lorsqu'elles étoient connues dans le pays pour avoir quantité de rennes provenues de celles que leur père leur a données à leur naissance et à leur première dent ; car c'est là tout ce qu'elles emportent avec elles ; et le gendre, bien loin de recevoir quelque chose de son beau-père, est obligé d'acheter la fille par des présents. Ils commencent ordinairement au mois d'avril à faire l'amour, comme les oiseaux.

Lorsque l'amant a jeté les yeux sur quelque fille qu'il veut avoir en mariage, il faut qu'il fasse état d'apporter quantité d'eau-de-vie, lorsqu'il vient faire la demande à son père ou à son plus proche parent. On ne fait point l'amour autrement en ce pays, et on ne conclut jamais de mariage qu'après avoir vidé plusieurs bouteilles d'eau-de-vie, et fumé quantité de tabac. Plus un homme est amoureux, et plus il apporte d'eau-de-vie; et il ne peut par d'autres marques témoigner plus fortement sa passion. Ils donnent un nom particulier à cette eau-de-vie que l'amant apporte aux accords, et ils l'appellent la bonne arrivée du vin, ou *soubbouvin*, *le vin des amants*. C'est une coutume chez les Lapons d'accorder leurs filles long-temps avant de les marier : ils font cela afin que l'amoureux fasse durer ses présents; et s'il veut venir à bout de son entreprise, il faut qu'il ne cesse point d'arroser son amour de ce breuvage si chéri. Enfin, lorsqu'il a fait les choses honnêtement pendant un an ou deux, quelquefois on conclut le mariage.

Les Lapons avoient autrefois une manière de marier toute particulière, lorsqu'ils étoient encore tout-à-fait ensevelis dans les ténèbres du paganisme, et qui ne laisse pas encore d'être observée de quelques-uns. On ne menoit point les partis devant le prêtre, mais les parents les marioient chez eux, sans autre cérémonie que par l'excussion du feu qu'ils tiroient d'un caillou. Ils croient qu'il n'y a point de figure plus mystérieuse et plus propre pour nous représenter le mariage ; car, comme la pierre renferme en elle-même une source de feu qui ne paroît que lorsqu'on l'approche du fer, de même, disent-ils, il se trouve un principe de vie caché dans l'un et l'autre sexe, qui ne se fait voir que lorsqu'ils sont unis.

Je crois, monsieur, que vous ne trouverez pas que ce soit fort mal raisonné pour des Lapons ; et il y a bien des gens, des plus subtilisés, qui auroient de la peine à donner une comparaison plus juste. Mais je ne sais si vous jugerez que le raisonnement suivant soit de la même force.

J'ai déjà dit que lorsqu'une fille est connue dans le pays pour avoir quantité de rennes, elle ne manque point de partis ; mais je ne vous avois pas dit, monsieur, que cette quantité de bien étoit tout ce qu'ils demandoient dans une fille, sans se mettre en peine si elle étoit avantagée de la nature ou non; si elle avoit de l'esprit, ou si elle n'en avoit point, et même si elle étoit encore pucelle, ou si quelque autre avant lui avoit reçu des témoignages de sa tendresse. Mais ce que vous admirerez davantage, et qui m'a surpris le premier, c'est que ces gens, bien loin de se faire un monstre de cette virginité, croient que c'est un sujet parmi eux de rechercher de ces filles avec tant d'empressement, que, toutes pauvres qu'elles sont bien souvent, ils les préfèrent à des riches qui seroient encore pucelles, ou qui passeroient au moins pour telles parmi eux. On doit pourtant faire cette distinction, monsieur, qu'il faut que ces filles dont nous parlons aient accordé cette faveur à des étrangers qui vont l'hiver pour commercer, et non pas à des Lapons; c'est de là qu'ils infèrent que, puisqu'un homme qu'ils croient plus riche, et de meilleur goût qu'eux, a bien voulu donner des marques de son amour à une fille de leur nation, il faut qu'elle ait un mérite secret qu'ils ne connoissent pas, et dont ils doivent se bien trouver dans la suite. Ils sont si friands de ces sortes de morceaux, que lorsqu'ils viennent quelquefois pendant l'hiver à la ville de *Torno*, et qu'ils trouvent une fille grosse, non-seulement ils oublient leurs intérêts, en voulant la prendre sans bien, mais même, lorsqu'elle fait ses couches, ils l'achètent des parents autant que leurs facultés le leur peuvent permettre.

Je connois bien des personnes, monsieur, qui seroient assez charitables pour faire ainsi la fortune de quantité de pauvres filles, et qui ne demanderoient pas mieux que de leur procurer, sans qu'il leur en coûtât beaucoup de peine, des partis avantageux. Si cette mode pouvoit venir en France, on ne verroit pas tant de filles demeurer si long-temps dans le célibat. Les pères de qui les bourses sont nouées d'un triple nœud, n'en seroient pas si embarrassés, et elles auroient toujours un moyen tout prêt de sortir de la captivité où elles sont. Mais je ne crois pas, monsieur, quoi que puissent faire les papas, qu'elle s'y introduise si tôt : on est trop infatué de ce mot d'*honneur*, on s'en est fait un fantôme qu'il est présentement trop malaisé de détruire.

Comme les Lapons ignorent naturellement presque toutes les maladies, ils n'ont point voulu s'en faire d'eux-mêmes, comme nous. La jalousie et la crainte du cocuage ne les troublent point. Ces maux, qui possèdent tant de personnes parmi nous, sont inconnus chez eux; et je ne crois pas qu'il y ait un mot dans leur langue pour exprimer celui de *cocu*; et l'on peut dire plaisamment avec cet Espagnol, en parlant des siècles passés, et de celui dans lequel nous vivons :

> Passò lo de oro
> Passò lo de plata,
> Passo lo de bierro.
> Vive lo de cuerno.

Et tandis que ces gens-là font revivre le siècle d'or, nous nous en faisons un de *cornes*. En effet, monsieur, vous allez voir parmi eux ce que je crois qu'on voyoit du temps de Saturne, c'est-à-dire une communauté de biens qui vous surprendra. Vous avez vu les Lapons être ce que nous appelons *cocus* avant le sacrement, et vous allez voir qu'ils ne le sont pas moins après.

Quand le mariage est consommé, le mari n'emmène pas sa femme, mais il demeure un an avec son beau-père, au bout duquel temps il va établir sa famille où bon lui semble, et emporte avec lui tout ce qui appartient à sa femme. Les présents même qu'il a faits à son beau-père, au temps des accords, lui sont rendus, et les parents reconnoissent ceux qui leur ont été faits, par quelques rennes, suivant leur pouvoir.

Je vous ai marqué, monsieur, que les étrangers ont en ce pays un grand privilége, qui est d'honorer les filles de leur approche. Ils en ont un autre qui n'est pas moins considérable, qui est de partager avec les Lapons leurs lits et leurs femmes. Quand un étranger vient dans leurs cabanes, ils le reçoivent le mieux qu'ils peuvent, et pensent le régaler parfaitement, s'ils ont un verre d'eau-de-vie à lui donner ; mais après le repas, quand la personne qu'ils reçoivent est de considération, et qu'ils veulent lui faire chère entière, ils font venir leurs femmes et leurs filles, et tiennent à grand honneur que vous agissiez avec elles comme ils feroient eux-mêmes : pour les femmes et les filles, elles ne font aucune difficulté de vous accorder tout ce que vous pouvez souhaiter, et croient que vous leur faites autant d'honneur qu'à leurs maris ou à leurs pères.

Comme cette manière d'agir me surprit étrangement, n'ayant pu jusqu'à présent l'éprouver moi-même, je m'en suis informé le plus exactement qu'il m'a été possible, et par quantité d'histoires de cette nature. Je vous en dirai donc ce qu'on m'a assuré être véritable.

Ce François, que nous trouvâmes aux mines de *Swapavara*, homme simple, et que je ne crois pas capable de controuver une histoire, nous assura que pour faire plaisir à quantité de Lapons, il les avoit soulagés du devoir conjugal; et pour nous faire voir combien ces gens lui avoient fait d'instances pour le faire condescendre à prendre cette peine, il nous dit qu'un jour, après avoir bu quelques verres d'eau-de-vie avec un Lapon, il fut sollicité par cet homme de coucher avec sa femme, qui étoit là présente avec toute sa famille; et que, sur le refus qu'il en fit, s'excusant du mieux qu'il pouvoit, le Lapon ne trouvant pas ses excuses valables, prit sa femme et le François, et les ayant jetés tous deux sur le lit, sortit de la chambre et ferma la porte à la clef, conjurant le François, par tout ce qu'il put alléguer de plus fort, qu'il lui plût faire à sa place comme il faisoit lui-même.

L'histoire qui arriva à *Joannes Tornæus*, prêtre des Lapons, dont j'ai déjà parlé, n'est pas moins remarquable. Elle nous fut dite par ce même prêtre qui avoit été long-temps son vicaire dans la Laponie, et qui avoit vécu sous lui près de quinze ans : il la tenoit de lui-même. Un Lapon, nous dit-il, des plus riches et des plus considérés qui fussent dans la Laponie de *Torno*, eut envie que son lit fût honoré de son pasteur ; il ne crut point de meilleur moyen pour multiplier ses troupeaux et pour attirer la bénédiction du ciel sur toute sa famille : il le pria plusieurs fois de lui vouloir faire cet honneur ; mais le pasteur, par conscience ou autrement, n'en voulut rien faire, et lui représentoit toujours que ce n'étoit pas le plus sûr moyen pour s'attirer un Dieu propice. Le Lapon n'entroit point dans tout ce que le pasteur lui pouvoit dire ; et un jour qu'il le rencontra seul, il le conjura à genoux, et par tout ce qu'il y a de saint parmi les dieux qu'il adoroit, de ne pas lui refuser la grâce qu'il lui demandoit ; et ajoutant les promesses aux prières, il lui présenta six écus, et s'offrit de les lui donner, s'il vouloit s'abaisser jusqu'à coucher avec sa femme. Le bon pasteur songea quelque temps s'il pouvoit le faire en conscience ; et ne voulant pas refuser ce pauvre homme, il trouva qu'il valoit encore mieux le faire cocu et gagner son argent, que de le désespérer.

Si cette aventure ne nous avoit pas été racontée par le même prêtre qui étoit alors son disciple, et qui étoit présent, je ne pourrois jamais la croire ; mais il nous l'assura d'une manière si forte, que je ne puis en douter, connoissant d'ailleurs le naturel du pays.

Cette bonne volonté que les Lapons ont pour leurs femmes, ne s'étend pas seulement à l'égard de leurs pasteurs, mais sur tous les étrangers, suivant ce qu'on en a dit, et comme nous voulons le prouver.

Je ne vous dis rien, monsieur, d'une fille à qui le bailli de Laponie, qui est celui qui reçoit le tribut pour le roi, avoit fait un enfant. Un Lapon l'acheta pour en faire sa femme, de celui qui l'avoit déshonorée, sans autre raison que parce qu'elle avoit su captiver les inclinations d'un étranger. Toutes ces choses sont si fréquentes en ce pays, que pour peu qu'on vive parmi les Lapons, on ne manque pas d'en être bientôt convaincu par sa propre expérience.

Ils lavent leurs enfants dans un chaudron, tous les jours trois fois, jusqu'à ce qu'ils aient un an ; et après, trois fois par semaine. Ils ont peu d'enfants, et il ne s'en trouve presque jamais six dans une famille. Lorsqu'ils viennent au monde, ils les lavent dans la neige jusqu'à ce qu'ils ne puissent plus respirer, et pour lors ils les jettent dans un bain d'eau chaude ; je crois qu'ils font cela pour les endurcir au froid. Sitôt que la mère est délivrée, elle boit un grand coup d'huile de baleine, et croit que cela lui est d'un secours considérable. Il est aisé de connoître dans le berceau de quel sexe est l'enfant. Si c'est un garçon, ils suspendent au-dessus de sa tête un arc, des flèches, ou une lance, pour leur apprendre, même dans le berceau, ce qu'ils doivent faire le reste de leur vie, et leur faire connoître qu'ils doivent se rendre adroits dans leur exercice. Sur le berceau des filles on voit des ailes de *lagopos*, qu'ils appellent *rippa*, avec les pieds et le bec, pour leur insinuer dès l'enfance la propreté et l'agilité. Quand les femmes sont grosses, on frappe le tambour pour savoir ce qu'elles auront. Elles aiment mieux des filles, parce qu'elles reçoivent des présents en les mariant, et qu'on est obligé d'acheter les femmes.

Les maladies, comme j'ai déjà marqué, sont presque toutes inconnues aux Lapons, et s'il leur en arrive quelqu'une, la nature est assez forte pour les guérir d'elle-même, et sans l'aide des médecins ils recouvrent bientôt la santé. Ils usent pourtant de quelques remèdes, comme de la *racine de mousse*, qu'ils nomment *jeest,* ou ce qu'on appelle *angélique pierreuse*. La résine qui coule des sapins leur fait des emplâtres, et le fromage de renne est leur onguent divin. Ils s'en servent diversement : ils ont du fiel de loup qu'ils délaient dans de l'eau-de-vie avec de la poudre à canon. Lorsque le froid leur a gelé quelques parties du corps, ils étendent le fromage coupé par tranches sur la partie malade; ils en reçoivent du soulagement. La seconde manière d'employer le fromage pour les maux extérieurs ou intérieurs, est de faire entrer un fer rouge dans le fromage, qui distille par cette ardeur une espèce d'huile, de laquelle ils se frottent à l'endroit où ils souffrent, et le remède est toujours suivi d'un succès et d'un effet merveilleux. Il conforte la poitrine, emporte la toux, et est bon pour toutes les contusions; mais la manière la plus ordinaire pour les plaies plus dangereuses, c'est le feu. Ils appliquent un charbon tout rouge sur la blessure, et le laissent le plus long-temps qu'ils peuvent, afin qu'il puisse consumer tout ce qu'il y a d'impur dans le mal. Cette coutume est celle des Turcs; ils ne trouvent point de remède plus souverain.

Ceux qui sont assez heureux en France et en d'autres lieux, pour arriver à une extrême vieillesse, sont obligés de souffrir quantité d'incommodités qu'elle traîne avec elle; mais les Lapons en sont entièrement exempts, et ils ne ressentent, pour toute infirmité dans cet état, qu'un peu de diminution de leur vigueur ordinaire. On ne sauroit même distinguer les vieillards d'avec les jeunes, et on voit rarement des têtes blanches en ce pays : ils retiennent toujours leur même poil, qui est ordinairement roux. Mais ce qui est plus remarquable, c'est qu'on rencontre peu de vieillards qui ne soient aveugles. Leur vue, déjà affoiblie par le défaut de la nature, ne peut plus supporter ni l'éclat de la neige, dont la terre est presque toujours couverte, ni la fumée continuelle causée par le feu qui est toujours allumé au milieu de leur cabane, et qui les aveugle sur la fin de leurs jours.

Lorsqu'ils sont malades, ils ont coutume de jouer du tambour dont je parlerai ci-après, pour connoître si la maladie doit les conduire à la mort; et lorsqu'ils croient être persuadés du succès fâcheux, et que le malade commence à tirer à sa fin, ils se mettent autour de son lit; et pour faciliter à son âme le passage à l'autre monde, ils font avaler à l'agonisant ce qu'ils peuvent d'eau-de-vie, en boivent autant qu'ils en ont, pour se consoler de la perte qu'ils font de leur ami, et pour s'exciter à pleurer. Il n'est pas plus tôt mort, qu'ils abandonnent la maison et la détruisent même, de crainte que ce qui reste de l'âme du défunt, que les anciens appeloient mânes, ne leur fasse du mal. Leur cercueil est fait d'un arbre creusé, ou bien de leur traîneau, dans lequel ils mettent ce que le défunt avoit de plus cher, comme son arc, ses flèches, sa lance, afin que si un jour il retourne à la vie, il puisse exercer sa même profession. Il y en a même de ceux qui ne sont que cavalièrement chrétiens, qui confondent le christianisme avec leurs anciennes superstitions, et qui entendant dire à leurs pasteurs que nous devons un jour ressusciter, mettent dans le cercueil du défunt une hache, un caillou, et un fer pour faire du feu (les Lapons ne voyagent point sans cet équipage), afin que lorsque le défunt ressuscitera, il puisse abattre les arbres, aplanir les rochers, et brûler tous les obstacles qui pourroient se rencontrer sur le chemin du ciel. Vous voyez, monsieur, que, malgré leurs erreurs, ces gens y tendent de tout leur pouvoir; ils y veulent arriver de gré ou de force, et l'on peut dire, *his per ferrum et ignes ad cœlos grassari constitutum*, et qu'ils prétendent par le fer et par le feu emporter le royaume des cieux.

Ils n'enterrent pas toujours les défunts dans les cimetières, mais bien souvent dans les forêts ou dans les cavernes. On arrose le lieu d'eau-de-vie ; tous les assistants en boivent, et trois jours après l'enterrement on tue la renne qui a conduit le mort au lieu de sa sépulture, et on en fait un festin à tous ceux qui ont été présents. On ne jette point les os, mais on les garde avec soin pour les enterrer à côté du défunt. C'est dans ce repas qu'on boit le *paligavin*, c'est-à-dire, *l'eau-de-vie bienheureuse*, parce qu'on la boit en l'honneur d'une personne qu'ils croient bienheureuse.

Les successions se font à peu près comme en Suède : la veuve prend la moitié ; et si le défunt a laissé un garçon et une fille, le garçon prend les deux tiers du bien, et laisse l'autre à sa sœur.

Nous étions au plus fort de cette conversation, quand on nous vint avertir qu'on apercevoit sur le haut de la montagne, des Lapons qui venoient avec des rennes. Nous allâmes au-devant d'eux pour avoir le plaisir de contempler leur équipage et leur marche ; mais nous ne rencontrâmes que trois ou quatre personnes, qui apportoient sur des rennes des poissons secs pour les vendre à *Swapavara*. Il y a long-temps, monsieur, que je vous parle de *rennes*, sans vous avoir fait la description de cet animal, dont on nous a tant parlé autrefois. Il est juste que je satisfasse présentement votre curiosité, comme je contentai pour lors la mienne.

Rheen est un mot suédois dont on a appelé cet animal, soit à cause de sa propreté, soit à cause de sa légèreté. Car *rhen* signifie *net*, et *renna* veut dire *courir* en cette langue. Les Romains n'avoient aucune connoissance de cet animal, et les Latins récents l'appellent *rangifer*. Je ne puis vous en dire d'autre raison, sinon que je crois que les Suédois ont pu avoir autrefois appelé cette bête *rangi*, auquel mot on auroit ajouté *fera*, comme qui diroit *bête nommée rangi*. Comme je ne voudrois pas dire que le bois de ces animaux, qui s'étend en forme de grands rameaux, ait donné lieu de les appeler ainsi, puisqu'on auroit aussitôt dit *ramifer* que *rangifer*. Quoi qu'il en soit, il est constant, monsieur, que bien que cette bête soit presque semblable à un cerf, elle ne laisse pas d'en différer en quelque chose. La renne est plus grande, mais le bois est tout différent; il est élevé fort haut, et se courbe vers le milieu, faisant une forme de cercle sur la tête, qui est velue depuis le bas jusqu'en haut, de la couleur de la peau, et est plein de sang partout; en sorte qu'en le pressant fort avec la main, on s'aperçoit, par l'action de l'animal, qu'il sent de la douleur dans cette partie. Mais ce qu'il y a de particulier, et qu'on ne voit en aucun autre animal, c'est la quantité de bois dont la nature l'a pourvu pour se défendre contre les bêtes sauvages. Les cerfs n'ont que deux bois, d'où sortent quantité de dagues; mais les rennes en ont une autre sur le milieu du front, qui fait le même effet que celle qu'on peint sur la tête des licornes, et deux autres qui, s'étendant sur ses yeux, tombent sur sa bouche. Toutes ces branches néanmoins sortent de la même racine, mais elles prennent des routes et des figures différentes; ce qui leur embarrasse tellement la tête, qu'elles ont de la peine à paître, et qu'elles aiment mieux arracher les boutons des arbres, qu'elles peuvent prendre avec moins de difficulté.

La couleur de leur poil est plus noire que celle du cerf, particulièrement quand elles sont jeunes; et pour lors elles sont presque noires comme les rennes sauvages, qui sont toujours plus fortes, plus grandes et plus noires que les domestiques.

Quoiqu'elles n'aient pas les jambes si menues que le cerf, elles ne laissent pas de le surpasser en légèreté. Leur pied est extrêmement fendu et presque rond; mais ce qui est remarquable dans cet animal, c'est que tous ses os, et particulièrement les articles des pieds, craquent comme si on remuoit des noix, et font un cliquetis si fort, qu'on entend cet animal presque d'aussi loin qu'on le voit. L'on remarque aussi dans les rennes, que, quoiqu'elles aient le pied fendu, elles ne ruminent point, et qu'elles n'ont point de fiel, mais une petite marque noire dans le foie, sans aucune amertume.

Au reste, quoique ces bêtes soient d'une nature sauvage, les Lapons ont si bien trouvé le moyen de les apprivoiser, et de les rendre domestiques, qu'il n'y a personne dans le pays qui n'en ait des troupeaux comme des moutons. On ne laisse pas d'en trouver dans les bois grande quantité de sauvages, et c'est à celles-là que les Lapons font une chasse cruelle, tant pour avoir leur peau, qui est beaucoup plus estimée que celle des rennes domestiques, que pour la chair qui est beaucoup plus délicate. Il y a même de ces animaux qui sont à demi sauvages et domestiques, et les Lapons laissent aller dans les bois leurs rennes femelles, dans le temps que ces animaux sont en chaleur ; et celles qui proviennent de cette conjonction ont un nom particulier ; ils les appellent *kattaigiar*, et elles deviennent beaucoup plus grandes et plus fortes que les autres, et plus propres pour le traîneau.

La Laponie ne nourrit point d'autres animaux domestiques que les rennes ; mais on trouve dans ces bêtes seules autant de commodités qu'on en rencontre dans toutes celles que nous nourrissons. Ils ne jettent rien de cet animal ; ils emploient le poil, la peau, la chair, les os, la moëlle, le sang et les nerfs, et ils mettent tout en usage.

La peau leur sert pour se garantir des injures de l'air. En hiver ils s'en servent avec le poil, et en été ils ont des peaux dont ils l'ont fait tomber. La chair de cet animal est pleine de suc, grasse et extrêmement nourrissante, et les Lapons ne mangent point d'autre viande que celle de renne. Les os leur sont d'une utilité merveilleuse pour faire des arbalètes et des arcs, pour armer leurs flèches, pour faire des cuillers, et pour orner tous les ouvrages qu'ils veulent faire. La langue et la moëlle des os est ce qu'ils ont de plus délicat parmi eux, et les amants portent de ces mets à leurs maîtresses, comme les plus exquis, qu'ils accompagnent ordinairement de chair d'ours et de castor. Ils en boivent souvent le sang, mais il se conserve plus ordinairement dans la vessie de cet animal, qu'ils exposent au froid, et le laissent condenser et prendre un corps en cet état ; et lorsqu'ils veulent faire du potage, ils en coupent ce qu'ils ont de besoin, et le font bouillir avec du poisson. Ils n'ont point d'autres fils que ceux qu'ils tirent des nerfs, qu'ils filent, sur la joue de ces animaux. Ils se servent des plus fins pour faire leurs habits, et ils emploient les plus gros pour coudre ensemble les planches de leurs barques. Ces animaux ne fournissent pas seulement aux Lapons de quoi se vêtir et de quoi manger, ils leur donnent aussi de quoi boire. Le lait de renne est le seul breuvage qu'ils aient ; et parce qu'il est extrêmement gras et tout-à-fait épais, ils sont obligés d'y mêler presque la moitié d'eau. Ils ne tirent de ce lait que demi-setier par jour des meilleures rennes, qui ne donnent même du lait que lorsqu'elles ont un veau. Ils en font des fromages très-nourrissants, et les pauvres gens qui n'ont pas le moyen de tuer leurs rennes pour manger, ne se servent point d'autre nourriture. Ces fromages sont gras et d'une odeur assez forte, mais ils sont fades, comme étant faits et mangés sans sel.

La plus grande commodité qu'on retire des rennes, c'est pour faire voyage et pour porter les fardeaux. Nous avions tant de fois entendu parler avec étonnement de la manière dont les Lapons se servent de ces animaux pour marcher, que nous voulûmes dans le moment satisfaire notre curiosité, et voir ce que c'est qu'une renne attelée à un traîneau. Nous fîmes dans le moment venir une de ces machines, que les Lapons appellent *pulaha*, et que nous nommons traîneau, dont j'ai fait la description ci-devant. Nous fîmes attacher la renne sur le devant, de la distance que sont ordinairement les chevaux, à ce morceau de bois dont j'ai parlé, qu'ils appellent *jocolaps*. Elle n'a pour collier qu'un morceau de peau où le poil est resté, d'où descend vers le poitrail un trait qui lui passe sous le ventre entre les jambes, et va s'attacher à un trou qui est sur le devant du traîneau. Le Lapon n'a pour guide qu'une seule corde attachée à la racine du bois de l'animal, qu'il jette diversement sur le dos de la bête, tantôt d'un côté et tantôt d'un autre, et lui fait connoître le chemin en la tirant du côté qu'elle doit tourner.

Nous allâmes ce jour-là, pour la première fois, dans ces traîneaux avec un plaisir incroyable; et c'est dans cette voiture que l'on fait en peu de temps un chemin considérable. On avance avec plus ou moins de diligence, suivant que la renne est plus ou moins vive et vigoureuse. Les Lapons en nourrissent exprès de bâtardes, qui sont produites d'un mâle sauvage et d'une femelle domestique, comme je vous ai déjà dit, et celles-là sont beaucoup plus vites que les autres, et plus propres pour le voyage. Zieglerus dit qu'une renne peut en un jour changer trois fois d'horizon, c'est-à-dire, joindre trois fois le signe qu'on aura découvert le plus éloigné. Cet espace de chemin, quoique très-considérable et fort bien exprimé, ne donne pas bien à connoître la diligence que peut faire une renne. Les Lapons la désignent mieux, en disant qu'on peut faire vingt milles de Suède, ou cinquante lieues, en ne comptant que deux lieues et demie de France pour un mille de Suède. Les milles de Suède sont de 6600 toises, et les lieues de France de 2600 toises ; cependant ordinairement le mille de Suède passe pour trois lieues de France. Cette supputation satisfait plus que l'autre. Mais comme on étend le jour autant qu'on veut, et que les Lapons ne distinguent point si c'est le jour naturel de vingt-quatre heures, ou la journée que fait un voyageur, il est plus à propos, pour donner à comprendre ce qu'une renne peut faire par heure, au moins autant que je l'ai remarqué par la supputation qui précède, et par ma propre expérience, de dire qu'un bon renne entier, comme sont ceux qui se rencontrent dans la Laponie *Kimi lapmarch*, qui sont renommés pour les plus vites et les plus vigoureux, peut faire par heure, étant poussé, six lieues de France, encore faut-il pour cela que la neige soit fort unie et fort gelée ; il est vrai qu'il ne peut pas résister long-temps à ce travail, et il faut qu'il se repose après sept ou huit heures de fatigue. Ceux qu'on veut ménager davantage, ne feront pas tant de chemin, mais dureront aussi plus long-temps. Ils résisteront au travail pendant douze ou treize heures, au bout desquelles il est nécessaire qu'ils se reposent un jour ou deux, si l'on ne veut pas qu'ils crèvent au traîneau.

Ce chemin, comme vous voyez, monsieur, est très-considérable; et s'il y avoit des postes de rennes établies en France, il ne seroit pas bien difficile d'aller de Paris à Lyon en moins de vingt-six heures. La diligence seroit belle ; mais quoiqu'il semble que cette manière de voyager soit fort commode, on en seroit beaucoup plus fatigué. Les sauts qu'il faut faire, les fossés qu'il faut franchir, les pierres sur lesquelles il faut passer, et le travail continuel nécessaire pour s'empêcher de verser, et pour se relever quand on est tombé, feroit qu'on aimeroit beaucoup mieux aller plus doucement, et essuyer moins de risques.

Quoique ces animaux se laissent assez facilement conduire, il s'en trouve néanmoins beaucoup de rétifs, et qui sont presque indomptables; en sorte que, lorsque vous les poussez trop vite, ou que vous voulez leur faire faire plus de chemin qu'ils ne veulent, ils ne manquent pas de se retourner, et se dressant sur leurs pieds de derrière, ils viennent fondre avec une telle furie sur celui qui est dans le traîneau, qui ne peut ni se défendre ni sortir, à cause des liens qui l'embarrassent, qu'ils lui cassent souvent la tête, et le tuent quelquefois avec leurs pieds de devant, desquels ils sont si forts, qu'ils n'ont point d'autres armes pour se défendre contre les loups. Les Lapons, pour se parer des insultes de ces animaux, n'ont point d'autre remède que de se tourner contre terre, et de se couvrir de leur traîneau, jusqu'à ce que leur colère soit un peu apaisée.

Ils ont encore une autre sorte de traîneau, beaucoup plus grand, et fait d'une autre manière, qu'ils appellent *racdakerie*. Ils s'en servent pour aller chercher leur bois, et pour transporter leurs biens, lorsqu'ils changent d'habitation.

Voilà, monsieur, la manière dont les Lapons voyagent l'hiver, lorsque la neige couvre entièrement toute la terre, et que le froid a fait une croûte glissante par-dessus. L'été, il faut qu'ils aillent à pied, car les rennes ne sont pas assez fortes pour les porter; et ils ne les attèlent point à des chariots, dont l'usage leur est tout-à-fait inconnu, à cause de l'âpreté des chemins : elles ne laissent pas de porter des fardeaux, et les Lapons prennent une forte écorce de bouleau, qu'ils courbent en forme d'arc, et mettent sur la largeur ce qu'ils ont à porter, qui n'excède pas de chaque côté le poids de quarante livres. C'est de cette manière qu'ils portent pendant l'été leurs enfants baptiser, et qu'ils suivent derrière.

La nourriture la plus ordinaire des rennes est une petite mousse blanche, extrêmement fine, qui croît en abondance par toute la Laponie; et lorsque la terre est toute couverte de neige, la nature donne à ces animaux un instinct pour connoître sous la neige l'endroit où elle peut être, et aussitôt ils la découvrent en faisant un grand trou dans la neige avec les pieds de devant, et ils font cela d'une vitesse incroyable : mais quand le froid a si fort endurci la neige, qu'elle est aussi dure que la glace même, les rennes mangent pour lors une certaine mousse faite comme une toile d'araignée qui pend des pins, et que les Lapons appellent *ulat*.

Je pense avoir déjà dit que les rennes n'ont de lait que lorsqu'elles ont un veau, qui tette pendant trois mois; et sitôt que le veau est mort, elles n'ont plus de lait. Ils leur mettent des cocons de pin, lorsqu'ils veulent qu'ils mangent; et quand ils tettent et qu'ils piquent leur mère, elle leur donne des coups de cornes.

L'on dit de ces animaux qu'on leur parle à l'oreille, si l'on veut qu'ils aillent d'un côté ou d'un autre; cela est entièrement faux : ils vont presque toujours avec un conducteur qui en conduit six après lui; et s'il arrive que quelqu'un veuille faire voyage en quelque endroit, s'il peut trouver une renne de renvoi qui soit du pays où il veut aller, il n'aura besoin d'aucun guide, et la renne le menera à l'endroit où il veut aller, quoiqu'il n'y ait aucun chemin tracé, et que la distance soit de plus de quarante lieues.

Le samedi nous nous mîmes en chemin pour aller à pied au logis du prêtre, qui étoit éloigné de cinq milles, pour prendre ensuite notre chemin au nord-ouest, et aller à *Tornotresch*, où nous devions trouver les Lapons que nous cherchions. Nous ne fûmes pas plus tôt hors de *Swaparava*, que nous trouvâmes de quoi souper : nous tuâmes trois ou quatre oiseaux qu'on appelle en ce pays *fiœlripa* ou *oiseau de montagne*, et que les Grecs appeloient *lagopos* ou *pied-velu*. Il est de la grosseur d'une poule, et, pendant l'été, a le plumage du faisan, mais tirant plus sur le brun, et est distingué en certains endroits de marques blanchâtres. L'hiver il est tout blanc. Le mâle imite, en volant, le bruit d'un homme qui riroit de toute sa force. Il se repose rarement sur les arbres. Au reste, je ne sais point de gibier dont le goût soit si agréable. Il a ensemble, et la délicatesse du faisan, et la finesse de la perdrix : on en trouve en quantité sur les montagnes de ce pays.

A deux milles de *Swaparavá* nous rencontrâmes la barque des Lapons à qui nous avions parlé le jour précédent, et qui devoient nous conduire à *Tornotresch*. Ils avoient pêché toute la nuit, et nous apportèrent des truites saumonées fort excellentes, qu'ils appellent en ce pays *œrlax*. De là, continuant notre chemin par eau, nous vînmes camper sur une petite hauteur. Nous passâmes la nuit au milieu des bois, dont nous nous trouvâmes bien; car le froid fut extrêmement violent, et nous fûmes obligés de faire un si beau feu pour nous garantir des bêtes, et particulièrement des ours, que ce jour-là nous mîmes le feu à la forêt : on oublia de l'éteindre en partant, et il prit avec tant de violence, excité par une horrible tempête qui s'éleva, que revenant quinze jours après, nous le trouvâmes encore allumé en certains endroits de la forêt, où il avoit brûlé avec bien du succès ; mais cela ne faisoit mal à personne, et les incendiaires ne sont point punis dans ce pays.

Nous ne fîmes qu'un demi-mille le dimanche, à cause des torrents et d'un vent impétueux qui nous terrassoit à tous moments, et pendant le temps que nous fûmes à faire ce chemin à pied, nous n'avancions pas quatre pas sans voir ou sans entendre tomber des pins d'un grosseur extrême, qui causoient, en tombant, un bruit épouvantable qui retentissoit par toute la forêt. Cette tempête, qui dura tout le jour et toute la nuit, nous obligea de rester, et de passer cette nuit, comme nous avions fait la précédente, avec d'aussi grands feux, mais plus de précaution, pour ne pas porter l'incendie partout où nous passions; ce qui faisoit dire à nos bateliers qu'il ne faudroit que quatre François pour brûler en huit jours tout le pays.

Le lendemain lundi, las d'être exposés à la bise sans avancer, nous ne laissâmes pas, malgré la tempête qui duroit encore, de nous mettre en chemin sur un lac qui paroissoit une mer agitée, tant les vagues étoient hautes; et après quatre ou cinq heures de travail pour faire trois quarts de mille, nous arrivâmes à l'église des Lapons où demeuroit le prêtre.

Cette église s'appelle *Chucasdes*, et c'est le lieu où se tient la foire des Lapons pendant l'hiver, où ils viennent troquer les peaux de rennes, d'hermines, de martres et de petit-gris, contre de l'eau-de-vie, du tabac, du *valdmar*, qui est une espèce de gros drap dont ils se couvrent, et duquel ils entourent leurs cabanes. Les marchands de *Torno* et du pays voisin ne manquent pas de s'y trouver pendant ce temps, qui dure depuis la Conversion de saint Paul, en janvier, jusqu'au 2 de février. Le bailli des Lapons et le juge s'y rendent en personne, l'un pour recevoir les tributs qu'ils donnent au roi de Suède, et l'autre pour terminer les différends qui pourroient être parmi eux, et punir les coupables et les fripons, quoiqu'il s'en rencontre rarement; car ils vivent entre eux dans une grande confiance, sans qu'on ait entendu jamais parler de voleurs, qui auroient pourtant de quoi faire facilement leurs affaires, les cabanes pleines de plusieurs choses restant tout ouvertes, lorsqu'ils vont l'été en Norwège, où ils demeurent trois ou quatre mois. Ils laissent au milieu des bois, sur le sommet d'un arbre qu'ils ont coupé, toutes les munitions nécessaires; et on entend rarement parler qu'ils aient été volés. Le pasteur, comme vous pouvez croire, monsieur, ne s'éloigne pas dans ce temps, et c'est pour lors qu'il reçoit les dîmes de peaux de rennes, de fromage, de gants, de souliers, et autres choses, suivant le pouvoir de ceux qui lui font des présents.

Les Lapons les plus chrétiens ne se contentent pas de donner à leurs pasteurs, ils font aussi des offrandes à l'église. Nous avons vu quantité de peaux de petit-gris qui pendoient devant l'autel; et quand ils veulent détourner quelque maladie qui afflige leurs troupeaux, ou demander à Dieu leur prospérité, ils portent des peaux de rennes à l'église, et les étendent sur le chemin qui conduit à l'autel, par où il faut nécessairement que le prêtre passe; et ils croient ainsi s'attirer la bénédiction du ciel. Les prêtres ont beaucoup d'affaires pendant ce temps; car, comme la plupart ne viennent que cette fois à l'église pendant toute l'année, il faut faire pendant huit ou quinze jours tout ce qu'on feroit ailleurs en une année. C'est dans ce temps que la plus grande partie font baptiser les enfants, et qu'ils enterrent les corps de ceux qui sont morts pendant l'été; car lorsqu'il meurt quelqu'un dans le temps qu'ils sont vers la mer Occidentale, ou dans quelque autre endroit de la Laponie, comme ils ne sauroient apporter les corps, à cause de la difficulté des chemins, et qu'ils n'ont point de commodité pour les transporter, ils les enterrent sur le lieu où ils sont morts, dans quelque caverne ou sous quelques pierres, pour les déterrer l'hiver, lorsque la neige leur donne la commodité de les porter à l'église. D'autres, pour éviter que les corps ne se corrompent, les mettent dans le fond de l'eau, dans leur cercueil, qui est, comme j'ai déjà dit, d'un arbre creux ou de leur traîneau, et ne les tirent que pour les porter au cimetière. Ils font aussi leurs mariages pendant la foire : comme tous leurs amis sont présents à cette action, ils la diffèrent ordinairement jusqu'à ce temps, pour la rendre plus solennelle, et se divertir davantage.

Les marchandises que les Lapons apportent à ces foires, sont des rennes et des peaux de ces animaux; ils y débitent aussi des peaux de renards, noires, rouges et blanches; de loutres, *gulonum*, de martres, de castors, d'hermines, de loups, petit-gris et d'ours, des habits de Lapons, des bottes, des gants et des souliers, de toutes sortes de poissons secs, et des fromages de renne.

Ils échangent cela contre de l'eau-de-vie, de gros draps, de l'argent, du cuivre, du fer, du soufre, des aiguilles, des couteaux et des peaux de bœufs, qui leur sont apportés par les Moscovites. Leurs marchandises ont toujours le même prix; une renne ordinaire se donne pour la valeur de deux écus; quatre peaux vont pour une renne; un *limber* de petit-gris, composé de quarante peaux, est estimé la valeur d'un écu; une peau de martre autant, celle d'ours se donne pour autant, et trois peaux blanches de renard ne coûtent pas davantage. Le prix des marchandises est limité de même : une demi-aune de drap est estimée un écu; une pinte d'eau-de-vie autant; une livre de tabac vaut le même prix; et quand on veut acheter des choses qui coûtent moins, le marché se fait avec une, deux ou trois peaux de petit-gris, suivant que la chose est estimée.

Tous ces marchés ne se font plus avec la même franchise qu'ils se faisoient autrefois; et comme les Lapons, qui agissoient avec fidélité, se sont vus trompés, la crainte qu'ils ont de l'être encore les met sur leurs gardes à tel point, qu'ils trompent plutôt eux-mêmes qu'ils ne sont trompés.

Il n'y a rien qui fasse mieux voir le peu de christianisme qu'ont la plupart des Lapons, que la répugnance qu'ils ont d'aller à l'église pour entendre le prêtre et pour assister à l'office : il faut que le bailli ait soin de les y faire aller par force, en envoyant des gens dans leurs cabanes pour voir s'ils y sont. Il y en a qui, pour s'exempter d'y aller, lui donnent de l'argent ; quelques-uns croient pouvoir se dispenser d'assister à la prédication, en disant qu'ils y étoient l'année passée ; et d'autres s'imaginent avoir une excuse légitime de s'absenter, en disant qu'ils sont d'une autre église à laquelle ils ont été. Cela fait voir clairement qu'ils ne sont chrétiens que par force, et qu'ils n'en donnent des marques que lorsqu'on les contraint de le faire.

Nous fûmes occupés le reste de ce jour, et toute la matinée du mardi, à graver sur une pierre des monuments éternels, qui devoient faire connoître à la postérité que trois François n'avoient cessé de voyager qu'où la terre leur avoit manqué, et que, malgré les malheurs qu'ils avoient essuyés, et qui auroient rebuté beaucoup d'autres qu'eux, ils étoient venus planter leur colonne au bout du monde, et que la matière avoit plutôt manqué à leurs travaux que le courage à les souffrir. L'inscription étoit telle :

Gallia nos genuit, vidit nos Africa, Gangem
Hausimus, Europamque oculis lustravimus omnem ;

Casibus et variis acti terrâque marique,
Hic tandem stetimus, nobis ubi defuit orbis.

DE FERCOURT, DE CORBERON, REGNARD.

18 augusti 1681.

Nous gravâmes ces vers sur la pierre et sur le bois; et quoique le lieu où nous étions ne fût pas le véritable endroit pour les mettre, nous y laissâmes pourtant ceux que nous avions gravés sur le bois, qui furent mis dans l'église au-dessus de l'autel. Nous portâmes les autres avec nous pour les mettre au bout du lac de *Tornotresch*, d'où l'on voit la mer Glaciale, et où finit l'univers.

Lorsque les Lapons qui devoient nous conduire et nous montrer le chemin furent arrivés de chez eux, où ils étoient allés pour prendre quelques petites provisions, consistant en sept ou huit fromages de rennes et quelques poissons secs, nous partîmes de chez les prêtres sur les cinq heures du soir, et vînmes nous reposer à un torrent impétueux qu'ils appellent *Vaccho*, où nous arrivâmes à une heure après minuit. Nous eûmes le plaisir, tout le long du chemin, de voir le coucher et l'aurore du soleil en même temps. Il se coucha ce jour-là à onze heures, et se leva à deux, sans qu'on cessât de voir aussi clair qu'en plein midi. Mais lorsque les jours sont les plus longs, c'est-à-dire trois semaines avant la Saint-Jean, et trois semaines après, on le voit continuellement pendant tout ce temps, sans qu'au plus bas de sa course il touche la pointe des plus hautes montagnes. On est aussi, pendant les plus courts jours de l'hiver, deux mois entiers sans le voir, et l'on monte à la Chandeleur sur le sommet des montagnes pour le regarder poindre pendant un moment. La nuit n'est pourtant pas continuelle; et sur le midi il paroît un petit crépuscule qui dure environ deux heures. Les Lapons, aidés de cette lumière et de la réverbération de la neige, dont la terre est couverte, prennent ce temps pour aller à la chasse et à la pêche, qu'ils ne finissent point, quoique les rivières et les lacs soient gelés partout, et en quelques endroits de la hauteur d'une pique : mais ils font des trous dans la glace, d'espace en espace, et poussent, par le moyen d'une perche qui va dessous cette glace, leurs filets de trous en trous, et les retirent de même. Mais ce qu'il y a de plus surprenant, c'est que bien souvent ils rapportent dans des filets des hirondelles qui se tiennent avec leurs pates à quelque petit morceau de bois. Elles sont comme mortes lorsqu'on les tire de l'eau, et n'ont aucun signe de vie ; mais lorsqu'on les approche du feu, et qu'elles commencent à sentir la chaleur, elles se remuent un peu, puis secouent leurs ailes, et commencent à voler comme elles font en été. Cette particularité m'a été confirmée par tous ceux à qui je l'ai demandée.

Nous nous mîmes le mercredi matin en chemin, et après avoir passé de l'autre côté du torrent, nous fîmes une petite lieue à pied. Nous rencontrâmes dans notre chemin une cabane de Lapon, faite de feuilles et de gazon : toutes ses hardes étoient derrière sa cabane sur des planches; elles consistoient en quelques peaux de rennes, quelques outils pour travailler, et plusieurs filets qui pendoient sur une perche. Après avoir tout examiné, nous poursuivîmes notre route à l'ouest, dans les bois, sans suivre aucun chemin. Nous trouvâmes dans le milieu un magasin de Lapon, construit sur quatre arbres qui faisoient un espace carré. Tout cet édifice, couvert de planches, étoit appuyé sur ces quatre morceaux de bois, qui sont ordinairement de sapin, dont les Lapons ôtent l'écorce, afin que particulièrement les loups et les ours ne puissent monter sur ces arbres, qu'ils frottent de graisse et d'huile de poisson. C'est dans ce magasin que les Lapons ont toutes leurs richesses, qui consistent en poisson sec ou en chair de rennes. Ces garde-manger sont au milieu des bois, à deux ou trois lieues de l'endroit où le Lapon a son habitation : le même en aura quelquefois deux ou trois en différents endroits. C'est pourquoi, comme ils sont exposés continuellement à la fureur des bêtes, ils emploient toute leur adresse pour rendre leurs efforts vains ; mais il arrive bien souvent, quoi qu'ils puissent faire, que les ours détruisent tout le travail d'un Lapon, et mangent en un jour tout ce qu'il aura amassé pendant une année entière, ainsi qu'il arriva à un certain que nous trouvâmes sur le lac de *Tornotresch*, et que nous rencontrâmes à notre retour, fort désolé de ce que les ours avoient détruit son magasin, et dévoré tout ce qui étoit dedans.

Ils ont encore une autre sorte de réservoir qu'ils appellent *nalla*, qui est pourtant comme les autres au milieu des bois, mais qui n'est que sur un seul pivot. Ils coupent un arbre de la hauteur de six ou sept pieds, et mettent sur le tronc deux morceaux de bois en croix, sur lesquels ils établissent ce petit édifice, qui fait le même effet que le colombier, et qu'ils couvrent de planches. Ils n'ont d'autre échelle pour monter à ce réservoir, qu'un tronc d'arbre dans lequel ils creusent comme des espèces de degrés.

Après avoir encore marché environ une demi-heure, nous arrivâmes sur le bord du lac, où nous trouvâmes un petit Lapon, extrêmement vieux, avec son fils qui alloit à la pêche. Nous l'interrogeâmes sur quantité de choses, et particulièrement sur son âge, qu'il ne savoit pas; ignorance ordinaire aux Lapons, qui presque tous n'ont pas même le souvenir de l'année dans laquelle ils vivent, et qui ne connoissent les temps que par la succession de l'hiver à l'été. Nous lui donnâmes du tabac et de l'eau-de-vie; et il nous dit que nous ayant aperçus de sa cabane, il s'étoit sauvé dans le bois d'où il pouvoit pourtant nous voir; et qu'ayant reconnu que nous ne lui avions fait aucun dommage, et que nous n'avions emporté aucune chose, il s'étoit hasardé à sortir de son fort pour vaquer à son travail. Le bon traitement que nous fîmes à ce pauvre homme en tabac et en eau-de-vie, qui est le plus grand régal qu'on puisse faire aux Lapons, fit qu'il nous promit de nous mener chez lui à notre retour, et qu'il nous feroit voir ses rennes au nombre de soixante-dix ou quatre-vingts, et tout son petit ménage.

Nous passâmes outre, et allâmes passer la nuit dans la cabane d'un Lapon qui étoit à l'endroit où le lac commence à former le fleuve. Il y a longtemps, monsieur, que je vous parle des maisons des Lapons, sans vous en avoir fait la description; il faut contenter votre curiosité.

Les Lapons n'ont aucune demeure fixe, mais ils vont d'un lieu à un autre, emportant avec eux tout ce qu'ils ont. Ce changement de place se fait, ou pour la commodité de la pêche dont ils vivent, ou pour la nourriture de leurs rennes, qu'ils cherchent ailleurs lorsqu'elle est consommée dans l'endroit où ils vivoient. Ils se mettent ordinairement pendant l'été sur le bord des lacs, à l'endroit où sont les torrents; et l'hiver ils s'enfoncent davantage dans les bois, aux endroits où ils croient trouver de quoi chasser. Ils n'ont pas de peine à déménager promptement ; en un quart d'heure ils ont plié toute leur maison, et chargent tous leurs ustensiles sur des rennes qui leur sont d'un merveilleux secours; ils en ont en cette occasion cinq ou six sur lesquelles ils mettent tout leur bagage, et les enfants qui ne sauroient marcher, comme nous faisons sur nos chevaux. Ces rennes vont les unes après les autres; la seconde est attachée d'une longue courroie au cou de la première ; et la troisième est liée à la seconde, ainsi du reste. Le père de famille marche derrière ces rennes, et précède tout le reste de son troupeau, qui le suit, comme on voit les moutons suivre le berger. Quand on est arrivé en un lieu propre pour y demeurer, l'on décharge les bêtes, et l'on commence à bâtir la maison. Ils élèvent quatre perches qui font le soutien de tout leur bâtiment. Ces bâtons sont percés à l'extrémité d'en haut, et joints ensemble d'un autre sur lequel sont appuyées quantité d'autres perches qui forment tout l'édifice, et font le même effet que feroit une cloche. Toutes ces perches servent à soutenir une grosse toile qu'ils appellent *woaldmar*, qui fait ensemble, et les murailles, et le fort de la maison. Les plus riches emploient une double couverture pour se mieux garantir des pluies et des vents, et les pauvres se servent de gazon. Le feu est au milieu de la cabane, et la fumée sort par un trou qu'ils laissent pour cela au sommet. Ce feu est continuellement allumé pendant l'hiver et pendant l'été; ce qui fait que la plupart des Lapons perdent la vue lorsqu'ils arrivent sur l'âge. La crémaillère pend du haut du toit sur le feu : quelques-unes sont faites de fer; mais la plupart sont d'une branche de bouleau, au bout de laquelle il y a un crochet. On voit toujours un chaudron qui pend sur le feu, et particulièrement l'hiver lorsqu'ils font fondre la neige ; et lorsque quelqu'un veut boire, il prend de la neige dans une grande cuiller, et l'arrose de cette eau bouillante, jusqu'à ce qu'elle soit entièrement fondue. Le plancher de leur cabane est fait de branches de bouleau ou de pin, qu'ils jettent en confusion pour leur servir de lit. Voilà, monsieur, quelles sont les habitations des Lapons. Là, sont les vieux comme les jeunes, les hommes et les femmes, les pères et les enfants. Ils couchent tous ensemble sur des peaux de rennes, tout nus, ce qui occasionne bien souvent des désordres fort dangereux. La porte de la cabane est extrêmement étroite, et si basse qu'il y faut entrer à genoux ; ils la tournent ordinairement au midi, afin d'être moins exposés au vent du nord.

Il y a encore une autre sorte de cabane qui est fixe, et qu'ils font de figure hexagone, avec des pins qu'ils emboîtent les uns sur les autres, et dont les trous sont bouchés de mousse. Celles-là appartiennent aux plus riches, qui ne laissent pas de changer de demeure comme les autres ; mais qui reviennent toujours au bout de quelque temps au même endroit, qui est ordinairement sur le bord des cataractes, qui apportent une grande commodité pour la pêche.

Ce fut dans une de ces cabanes que nous passâmes la nuit. Elle n'étoit couverte que de branches entrelacées qui soutenoient de la mousse. Nous y rencontrâmes deux Lapons que nous saluâmes en leur donnant la main, et leur disant *pourist*, qui est la salutation laponne, qui veut dire *bien venu*. Ces pauvres gens nous saluèrent de même, et nous rendirent le salut par le mot de *pourist oni*, *soyez bien venu aussi*. Ils accompagnèrent ces mots de leur révérence ordinaire, qu'ils font à la mode des Moscovites, en fléchissant les deux genoux. Nous ne manquâmes pas, pour faire connoissance, de leur donner de l'eau-de-vie de cinq ou six sortes ; de manière qu'en ayant trop pris pour leur tête, et la cervelle commençant à leur tourner, un d'eux voulut faire le sorcier, et prit son tambour. Comme cet article est le point de leur superstition le plus essentiel, vous voulez bien, monsieur, que je vous parle de leur religion.

Tout le monde sait que les peuples les plus voisins du septentrion ont toujours été adonnés à l'idolâtrie et à la magie. Les Finlandois y ont excellé par-dessus tous les autres, et on les diroit aussi savants dans cet art diabolique, que s'ils avoient eu pour maîtres Zoroastre ou Circé. Les anciens les connoissoient pour tels; et un auteur danois, en parlant des Finlandois, desquels les Lapons sont sortis, disoit : *Tunc Biarmenses arma artibus permutantes, carminibus in nimbos solvere cœlum, lætamque aeris faciem tristi imbrium aspergine confuderunt.* « Les Biarmiens, employant leur art
« au défaut des armes, changèrent les temps sereins
« en des tempêtes cruelles, et remplirent le ciel
« de nuages par leurs enchantements. » Cela fait connoître que les Biarmiens, qui sont les Finlandois d'à présent, étoient aussi méchants soldats qu'ils étoient grands magiciens. Il en parle encore en un autre endroit en ces termes : *Sunt Finni ultimi septentrionales populi, vix quidem habitabilem orbis terrarum partem culturâ complent, acer iisdem telorum est usus, non alia gens promptiore jaculandi peritiâ fruitur; grandibus et latis sagittis dimicant, incantationum studiis incumbunt*, etc. « Les Finlandois sont, dit-il, les derniers
« peuples qui habitent vers le septentrion; ils vivent
« dans la partie du monde la moins habitable, et
« se servent si bien de traits, qu'il n'y a point de

« nation plus adroite à tirer de l'arc. Ils combattent
« avec des flèches fort longues et fort larges, et
« s'étudient aux enchantements. » Si les Finlandois
étoient autrefois si adonnés à la magie, les Lapons,
qui en descendent, ne le sont pas moins aujourd'hui : ils ne sont chrétiens que par politique et
par force. L'idolâtrie, qui est beaucoup plus palpable, et qui frappe plus les sens que le culte du
vrai Dieu, ne sauroit être arrachée de leur cœur.
Les erreurs des Lapons se peuvent réduire à deux
chefs : on peut rapporter au premier tout ce qu'ils
ont de superstitieux et de païen ; et au second,
leurs enchantements et leur magie. Leur première
superstition est d'observer ordinairement les jours
malheureux, pendant lesquels ils ne veulent point
aller chasser, et croient que leurs arcs se romproient ces jours-là, qui sont les jours de sainte
Catherine, saint Marc, et autres. Ils ont de la peine
à se mettre en chemin le jour de Noël, qu'ils
croient malheureux. La cause de cette superstition
vient de ce qu'ils ont mal entendu ce qui se passa
ce jour-là quand les anges descendirent du ciel et
épouvantèrent les pasteurs ; et ils croient que des
esprits malins se promènent ce jour-là dans les airs,
et pourroient leur nuire. Ils sont encore assez superstitieux pour croire qu'il reste quelque chose
après la mort, appelé mânes, qu'ils appréhendent
fort ; et lorsque quelqu'un meurt en dispute avec

un autre, il faut qu'un tiers se transporte au lieu de la sépulture, et qu'il fasse l'accord de pacification entre celui qui est vivant et celui qui est mort... C'est là proprement l'erreur des anciens païens, qui appeloïent mânes, *quasi qui maneant post obitum.* Tout cela n'est que superstition; mais vous allez voir ce qu'ils ont d'impie, de païen et de magique.

Premièrement, ils mêlent indifféremment Jésus-Christ avec leurs faux dieux, et ils font un tout de Dieu et du diable, qu'ils croient pouvoir adorer suivant leur fantaisie. Ce mélange se remarque particulièrement sur leurs tambours, où ils mettent *Storiunchar* avec sa famille au-dessus de Jésus-Christ et de ses apôtres. Ils ont trois dieux principaux : le premier s'appelle *Thor*, ou *dieu de tonnerre*; le second *Storiunchar*; et le troisième *Parjutte*, qui veut dire *le soleil.*

Ces trois dieux sont adorés des Lapons de *Lula* et de *Pitha* seulement; car ceux de *Kimiet* et de *Torno*, parmi lesquels j'ai vécu, n'en connoissent qu'un, qu'ils appellent *Seyta*, et qui est le même chez eux que *Storiunchar* chez les autres. Ces dieux sont faits d'une pierre longue, sans autre figure que celle que la nature lui a donnée, et telle qu'ils la trouvent sur les bords des lacs; en sorte que toute pierre faite d'une manière particulière, raboteuse, pleine de trous et de concavités, est pour eux un dieu ; et plus elle est extraordinaire, plus ils ont de vénération pour elle.

Thor est le premier des dieux ; et c'est celui qu'ils croient maître du tonnerre, et qu'ils arment d'un marteau. *Storiunchar* est le second, qui est le vicaire du premier ; comme qui diroit, *Torjunchar*, *lieutenant de Thor*. Il préside à tous les animaux, aux oiseaux comme aux poissons ; et comme c'est celui dont ils ont le plus besoin, c'est à lui aussi qu'ils font plus de sacrifices pour se le rendre favorable. Ils le mettent ordinairement sur le bord des lacs et dans les forêts, où il étend sa juridiction et fait voir son pouvoir. Le troisième dieu, qu'ils ont de commun avec quelques autres païens, est le soleil, pour lequel ils ont beaucoup de vénération, à cause des grandes commodités qu'ils en reçoivent. C'est celui de tous les trois qu'ils ont, ce me semble, le plus sujet d'adorer. Premièrement il chasse, à son approche, le froid qui les a tourmentés pendant plus de neuf mois ; il découvre la terre et donne la nourriture à leurs rennes ; il ramène un jour qui dure quelques mois, et dissipe les ténèbres dans lesquelles ils ont été ensevelis fort long-temps ; ce qui fait qu'en son absence ils ont un grand respect pour le feu, qu'ils prennent pour une vive représentation du soleil, et qui fait en terre ce que l'autre fait dans les cieux.

Quoique chaque famille ait ses dieux particuliers, les Lapons ne laissent pas d'avoir des endroits généraux où ils en ont de communs. Je vous parlerai dans la suite d'un de ces lieux où j'ai été moi-même voir leurs autels; et c'est là qu'ils font ordinairement les sacrifices, de la manière suivante :

Lorsque les Lapons ont connu, par l'exploration du tambour, que leur dieu est altéré de sang, et qu'il demande une offrande, ils conduisent la victime, qui est une renne mâle, à l'endroit où est l'autel du dieu à qui ils veulent sacrifier, et ne permettent d'approcher de ce lieu à aucune femme ou fille, à qui il est aussi défendu de sacrifier : ils tuent la victime au pied de l'autel, en lui perçant le cœur d'un coup de couteau qu'ils lui enfoncent dans le côté; puis s'approchant de l'autel avec respect, *ils prennent de la graisse de l'animal, et du sang le plus proche du cœur, dont ils frottent leur dieu avec révérence, en lui faisant des croix avec le même sang.* On met derrière l'idole la corne des pieds, les os et les cornes ; on pend d'un côté un fil rouge orné d'étain, et de l'autre les parties avec lesquelles l'animal augmente son espèce. Le sacrificateur emporte chez lui tout ce qui peut être mangé, et laisse seulement les cornes à son dieu. Mais quand il arrive que l'autel du dieu à qui ils veulent sacrifier est sur le sommet des montagnes inaccessibles où ils croient qu'il demeure, alors, comme ils ne peuvent le frotter du sang de la victime, ils prennent une petite pierre qu'ils trempent dedans, et la jettent au lieu où ils ne sauroient aller.

Ils n'offrent pas seulement des sacrifices aux dieux; ils en font aussi aux mânes de leurs parents ou de leurs amis, pour les empêcher de leur faire du mal. La différence qu'ils apportent dans le sacrifice des mânes, est que le fil qui est rouge à l'autre, est noir à celui-ci, et qu'ils enterrent les restes des bêtes, comme sont les os et le bois, et ne les laissent pas découverts comme ils font sur les autels.

Voilà, monsieur, ce qu'ils ont de semblable avec les païens : voyons maintenant ce qu'ils ont de particulier dans leur art magique. Quoi que les rois de Suède aient pu faire par leurs édits menaçants, et par le châtiment de quelques sorciers, ils n'ont pu abolir entièrement le commerce que les Lapons ont avec le diable; ils ont fait seulement que le nombre en est plus petit, et que ceux qui le font encore, n'osent le professer ouvertement.

Entre plusieurs enchantements dont ils sont capables, l'on dit qu'ils peuvent arrêter un vaisseau au milieu de sa course, et que le seul remède pour empêcher la force de ce charme, est de répandre des purgations de femme, dont l'odeur est insupportable aux malins esprits. Ils peuvent aussi changer la face du ciel et le couvrir de nuages; et ce qu'ils font le plus facilement, c'est de vendre le vent à ceux qui en ont besoin; et ils ont pour cela un mouchoir qu'ils nouent en trois endroits différents, et qu'ils donnent à celui qui en a besoin. S'il dénoue le premier, il excite un vent doux et supportable ; s'il a besoin d'un plus fort, il dénoue le second ; et s'il vient à ouvrir le troisième, il excitera pour lors une tempête épouvantable. L'on dit que cette manière de vendre le vent est fort ordinaire dans ce pays, et que les moindres petits sorciers ont ce pouvoir, pourvu que le vent dont ils ont besoin commence un peu à souffler, et qu'il faille seulement l'exciter. Comme je n'ai rien vu de tout ce dont je parle, je n'en dirai rien; mais pour ce qui est du tambour, je puis vous en dire quelque chose de plus certain.

Cet instrument, avec lequel ils font tous leurs charmes, et qu'ils appellent *kannus*, est fait du tronc d'un pin et d'un bouleau qui croît en un certain endroit, et dont les veines doivent aller de l'orient au couchant. Ce *kannus* n'est fait que d'un seul morceau de bois creusé dans son épaisseur, en ovale, et dont le dessous est convexe, dans lequel ils font deux trous assez longs pour passer le doigt, et pour pouvoir le tenir plus ferme. Le dessus est couvert d'une peau de renne, sur laquelle ils peignent en rouge quantité de figures, et d'où l'on voit pendre plusieurs anneaux de cuivre et quelques morceaux d'os de renne. Ils peignent ordinairement les figures suivantes. Ils font premièrement, vers le milieu du tambour, une ligne qui va transversalement, au-dessus de laquelle ils mettent les dieux qu'ils ont en plus grande vénération, comme *Thor* avec ses valets, et *Seyta*; et ils en tirent une autre un peu plus bas, comme la première, mais qui ne s'étend que jusqu'à la moitié du tambour : là l'on voit l'image de Jésus-Christ avec deux ou trois apôtres. Au-dessus de ces lignes sont représentés la lune, les étoiles et les oiseaux; mais la place du soleil est au-dessous de ces mêmes lignes, sous lequel ils mettent les animaux, les ours, les serpents. Ils y représentent aussi quelquefois des lacs et des fleuves. Voilà, monsieur, quelle est la figure d'un tambour; mais ils ne mettent pas sur tous la même chose, car il y en a où sont peints des troupeaux de rennes, pour savoir où ils les doivent trouver, quand il y en a quelqu'une de perdue. Il y a des figures qui font connoître le lieu où ils doivent aller pour la pêche, d'autres pour la chasse, quelques-unes pour savoir si les maladies dont ils sont atteints doivent être mortelles ou non; ainsi de plusieurs autres choses dont ils sont en doute.

Il faut deux choses pour se servir du tambour : l'indice, qui doit marquer la chose qu'ils désirent ; et le marteau pour frapper dessus le tambour, et pour mouvoir cet indice jusqu'à ce qu'il soit arrêté sur quelque figure. Cet indice est fait ordinairement d'un morceau de cuivre fait en forme de bossettes qu'on met aux mors des chevaux, d'où pendent plusieurs autres petits anneaux de même métal. Le marteau est fait d'un seul os de renne, et représente la figure d'un grand T. Il y en a qui sont faits d'une autre forme; mais ce sont là les manières les plus ordinaires. Ils ont cet instrument en telle vénération, qu'ils le tiennent toujours enveloppé dans une peau de renne, ou dans quelque autre chose : ils ne le font jamais entrer dans la maison par la porte ordinaire par où les femmes passent; mais ils le prennent ou par-dessus le drap qui entoure leur cabane, ou par le trou qui donne passage à la fumée. Ils se servent ordinairement du tambour pour trois choses principales, pour la chasse et la pêche, pour les sacrifices, et pour savoir les choses qui se font dans les pays les plus éloignés; et lorsqu'ils veulent connoître quelque chose de cet article, ils ont soin premièrement de bander la peau du tambour en l'approchant du feu; puis un Lapon se mettant à genoux avec tous ceux qui sont présents, il commence à frapper en rond sur son tambour; et redoublant les coups avec les paroles qu'il prononce comme un possédé, son visage devient bleu, son crin se hérisse, et il tombe enfin sur la face sans mouvement. Il reste en cet état autant de temps qu'il est possédé du diable, et qu'il en faut à son génie pour rapporter un signe qui fasse connoître qu'il a été au lieu où on l'a envoyé; puis revenant à lui-même, il dit ce que le diable lui a révélé, et montre la marque qui lui a été apportée.

Le second usage, qui est moins considérable, et qui n'est pas aussi violent, est pour connoître le succès des maladies, qu'ils apprennent par la fixation de l'indice, sur les figures heureuses ou malheureuses.

Le troisième, qui est le moindre de tous, leur montre de quel côté ils doivent tourner pour avoir une bonne chasse ; et lorsque l'indice, agité plusieurs fois, s'arrête à l'orient ou à l'occident, au midi ou au septentrion, ils infèrent de là qu'en suivant le côté qui leur est marqué, ils ne seront pas malheureux.

Ils ont encore un quatrième sujet pour lequel ils se servent du tambour, et connoissent si leurs dieux veulent des sacrifices, et de quelle nature ils les veulent. Si l'indice s'arrête sur la figure qui représente *Thor* ou *Seyta*, ils offrent à celui-là, et connoissent de même quelle victime lui plaît davantage.

Voilà, monsieur, de quel usage est ce tambour lapon si merveilleux, et dont nous ne connoissons pas l'usage en France. Pour moi, qui crois difficilement aux sorciers, et qui n'ai rien vu de ce que je vous écris, je démentirois volontiers l'opinion générale de tout le monde, et de tant d'habiles gens qui m'ont assuré que rien n'étoit plus vrai, que les Lapons pouvoient connoître les choses éloignées.

Jean Tornœus, dont je vous ai parlé, prêtre de la province de *Torno*, homme extrêmement savant, et à la foi duquel je m'en rapporterois aisément, assure que cela lui est arrivé tant de fois, et que certains Lapons lui ont dit si souvent tout ce qui s'étoit passé dans son voyage, jusqu'aux moindres particularités, qu'il ne fait aucune difficulté de croire ce qu'on en dit. Les archives de Berge font foi d'une chose arrivée au valet d'un marchand, qui voulant savoir ce que son maître faisoit en Allemagne, alla trouver un certain Lapon fort renommé, et ayant écrit la déposition du sorcier dans les livres de la ville, la chose se trouva véritable, et le marchand avoua que, selon la déposition, il avoit un tel jour couché avec une fille. Comme le Lapon avoit dit mille autres histoires de cette nature, qui m'ont été contées dans le pays par tant de gens dignes de foi, je vous avoue, monsieur, que je ne sais qu'en croire.

Que ce que je vous mande soit vrai ou faux, il est constant que les Lapons ont une aveugle croyance aux effets du tambour, dans laquelle ils s'affermissent tous les jours par les succès étranges qu'ils en voient arriver. S'ils n'avoient que cet instrument pour exercer leur art diabolique, cela ne feroit de mal qu'à eux-mêmes ; mais ils ont encore un autre moyen pour porter le mal, la douleur, les maladies et la mort même, à ceux qu'ils veulent affliger. Ils se servent pour cela d'une petite boule de la grosseur d'un œuf de pigeon, qu'ils envoient par tous les endroits du monde dans une certaine distance, suivant que leur pouvoir est étendu ; et s'il arrive que cette boule enflammée rencontre quelqu'un par le chemin, soit un homme ou un animal, elle ne va pas plus loin, et fait le même effet sur celui qu'elle a frappé, que sur la personne qu'elle devoit frapper. Le François qui nous servit d'interprète pendant notre voyage en Laponie, et qui avoit demeuré trente ans à *Swapavara*, nous assura en avoir vu plusieurs fois passer autour de lui. Il nous dit qu'il étoit impossible de connoître la forme que cela pouvoit avoir. Il nous assura seulement que cette boule voloit d'une extrême vitesse, et laissoit après soi une petite trace bleue qu'il étoit facile de distinguer. Il nous dit même qu'un jour, passant sur une montagne, son chien, qui le suivoit d'assez près, fut atteint d'un de ces *gans* (car c'est ainsi qu'ils appellent ces boules.) dont il mourut sur-le-champ, quoiqu'il fût plein de vie un moment auparavant. Il chercha l'endroit par où son chien pouvoit avoir été blessé, et vit un trou sous sa gorge, sans pouvoir trouver dans son corps ce qui l'avoit frappé. Ils conservent ces *gans* dans des sacs de cuir; et ceux qui sont les plus méchants ne laissent guère passer de jours qu'ils ne jettent quelqu'un de ces *gans* qu'ils laissent vaguer dans l'air, lorsqu'ils n'ont personne à qui les jeter ; et quand il arrive qu'un Lapon qui se mêle du métier est en colère contre quelque autre de la même profession, et lui veut faire du mal, son *gans* n'a aucun pouvoir, si l'autre est plus expert dans son art, et s'il est plus grand diable que lui. Tous les habitants du pays appréhendent extrêmement ces émissaires, et ceux qui sont connus pour avoir le pouvoir de les jeter, sont fort respectés, et personne n'ose leur faire du mal. Voilà, monsieur, tout ce que j'ai pu apprendre de leur art magique par mon expérience, et par le récit qui m'en a été fait par tous les gens du pays, que je croyois extrêmement dignes de foi, et particulièrement par les prêtres, que j'ai consultés sur toutes ces choses.

Sitôt que notre Lapon eut la tête pleine d'eau-de-vie, il voulut contrefaire le sorcier; il prit son tambour, et, commençant à frapper dessus avec des agitations et des contorsions de possédé, nous lui demandâmes si nous avions encore père et mère. Il étoit assez difficile de parler juste sur cette matière : nous étions trois, l'un avoit son père, l'autre sa mère, et le troisième n'avoit ni l'un ni l'autre. Notre sorcier nous dit tout cela, et se tira assez bien d'affaire. Quoique ceux avec qui nous étions, qui étoient des Finlandois et des Suédois, n'en eussent aucune connoissance qui nous pût faire soupçonner qu'ils auroient instruit le Lapon de tout ce qu'il devoit dire, comme il avoit affaire à des gens qui ne se contentoient pas de peu, et qui vouloient quelque chose de plus sensible et de plus particulier que ce qui pouvoit arriver par un simple effet du hasard, nous lui dîmes que nous le croirions parfaitement sorcier, s'il pouvoit envoyer son démon au logis de quelqu'un de nous, et rapporter un signe qui nous fît connoître qu'il y avoit été. Je demandai les clefs du cabinet de ma mère, que je savois bien qu'il ne pouvoit trouver que sur elle ou sous son chevet, et je lui promis cinquante ducats s'il pouvoit me les rapporter. Comme le voyage étoit fort long, il fallut prendre trois ou quatre bons coups d'eau-de-vie, pour faire le chemin plus gaîment, et employer les charmes les plus forts et les plus puissants, pour appeler son esprit familier, et le persuader d'entreprendre le voyage et de revenir promptement. Notre sorcier se mit en quatre; ses yeux se tournèrent, son visage changea de couleur, et sa barbe se hérissa de violence. Il pensa rompre son tambour, tant il frappoit avec force, et il tomba enfin sur sa face, roide comme un bâton. Tous les Lapons qui étoient présents empêchoient avec soin qu'on ne l'approchât en cet état, éloignoient jusqu'aux mouches, et ne souffroient pas qu'elles se reposassent sur lui. Je vous assure que quand je vis toute cette cérémonie, je crus que j'allois voir tomber par le trou du dessus de la cabane ce que je lui avois demandé, et j'attendois que le charme fût fini pour lui en faire faire un autre, et le prier de me ménager un quart d'heure de conversation avec le diable, dans laquelle j'espérois savoir bien des choses. J'aurois appris si mademoiselle..... est encore pucelle, et ce qui se passe entre monsieur..... et madame..... Je lui aurois demandé si monsieur..... a dépucelé sa femme depuis trois ans qu'il est avec elle. Si le dernier enfant qu'a eu madame..... est de son mari ou non : enfin, monsieur, j'aurois su bien des choses qu'il n'y a que le diable qui sache.

Notre Lapon resta comme mort pendant un bon quart d'heure, et revenant un peu à lui, il commença à nous regarder l'un après l'autre avec des yeux hagards ; et après nous avoir tous examinés fort attentivement, il m'adressa la parole, et me dit que son esprit ne pouvoit agir suivant son intention, parce que j'étois plus grand sorcier que lui, que mon génie étoit plus puissant, et que si je voulois commander à mon diable de ne rien entreprendre sur le sien, il me donneroit satisfaction.

Je vous avoue, monsieur, que je fus fort étonné d'avoir été sorcier si long-temps, et de n'en avoir rien su. Je fis ce que je pus pour mettre notre Lapon sur les voies. Je commandai à mon démon familier de ne point inquiéter le sien ; et avec tout cela, nous ne pûmes savoir autre chose de notre sorcier, qui se tira fort mal d'un pas si difficile, et qui sortit de dépit de la cabane, pour aller, comme je crois, noyer tous ses dieux et ses diables qui l'avoient abandonné au besoin, et nous ne le revîmes plus.

Le jeudi matin nous continuâmes toujours notre chemin vers le lac de *Tornotresch*; et à l'endroit où il commence à former le fleuve, on voit à main gauche une petite île, qui est, de tous côtés, entourée de cataractes épouvantables, qui descendent avec une précipitation furieuse sur des rochers, où elles causent un bruit horrible. Là, il y a eu de tout temps un autel fameux, dédié à *Seyta*, où tous les Lapons de la province de *Torno* vont faire leurs sacrifices dans les nécessités les plus pressantes. *Jean Tornæus*, dont je vous ai parlé plusieurs fois, faisant mention de cet endroit, en parle en ces termes : *Eo loco ubi Tornotresch ex se effudit fluvium in insulâ quadam in medio cataractæ Dara dictæ, reperiuntur Seytæ lapides, specie humanâ, collocati ordine. Primus altitudine viri proceri; post, quatuor alii paulo breviores, juxtà collocati; omnes quasi pileis quibusdam in capitibus suis ornati; et quoniam res est difficillima periculique plenissima, propter vim cataractæ indictam, navigium appellere, ideò Laponi pridem desierunt invisere locum istum, ut nunc explorari nequeant, utrùm, quomodove ulli fuerint in istam*

insulam. « Au lieu, dit-il, où le lac de *Tornotresch*
» se répand en fleuve dans une certaine île, au
» milieu de la cataracte appelée *Dara*, on trouve
» des *Seyta* de pierre, de figure humaine, mis par
» ordre. Le premier est de la hauteur d'un grand
» homme, et quatre autres plus petits mis à ses
» côtés, tous ayant sur la tête une espèce de petit
» chapeau; et parce qu'il est très-difficile et même
» dangereux d'approcher en bateau de cette île, à
» cause de la violence de l'eau, les Lapons ont
» cessé la coutume, depuis long-temps, d'aller à
» cet autel, et ils ne peuvent s'imaginer comment
» on a pu adorer ces dieux, et de quelle manière
» ces pierres sont venues en cet endroit. » Nous
approchâmes de cet autel, et aperçûmes plutôt un
grand monceau de cornes de rennes, que les dieux
qui étoient derrière. Le premier étoit le plus gros
et le plus grand de tous. Il n'avoit aucune figure
humaine, et je ne puis dire à quoi il ressembloit;
mais ce que je puis assurer, c'est qu'il étoit très-gras
et très-vilain, à cause du sang et de la graisse dont
il étoit frotté : celui-là s'appeloit *Seyta*; sa femme,
ses enfants et ses valets étoient rangés par ordre à
son côté droit; mais toutes ces pierres n'avoient
aucune figure que celle que la nature donne à celles
qui sont exposées à la chute des eaux. Elles n'étoient
pas moins grasses que la première, mais beaucoup
plus petites. Toutes ces pierres, et particulièrement

celle qui représentoit *Seyta*, étoient sur des branches de bouleau toutes récentes, et l'on voyoit à côté un amas de bâtons carrés, sur lesquels il y avoit quelques caractères. On en remarquoit un au milieu, beaucoup plus gros et plus haut que les autres, et c'étoit, comme nous dirent nos Lapons, le bourdon dont *Seyta* se servoit pour faire voyage. Un peu derrière tous ces dieux, il y en avoit deux autres, gros, gras et pleins de sang, sous lesquels il y avoit, comme sous les autres, quantité de branches : ceux-ci étoient plus proches du fleuve, et nos Lapons nous dirent que ces dieux avoient été plusieurs fois jetés dans l'eau, et qu'on les avoit toujours retrouvés en leur place. Quelque temps après je vis quelque chose de contraire à ce que *Tornæus* avance : il dit premièrement, que ce lieu n'est plus fréquenté des Lapons, à cause de la difficulté qu'on a d'en approcher, et c'est ce qui fait qu'il est en plus grande vénération parmi eux, parce que, disent-ils, les *Seyta* se plaisent dans des lieux difficiles et même inaccessibles, comme on voit par les sacrifices qu'ils font au pied des montagnes, où ils trempent la pierre dans le sang de la victime, qu'ils jettent sur le sommet lorsqu'ils ne peuvent y monter. Ce lieu est aussi fréquenté qu'auparavant, comme nous assurèrent nos Lapons, et comme nous vîmes nous-mêmes par les branches sur lesquelles ces pierres reposoient, où l'on voyoit encore quelques feuilles vertes qui y restoient, et par le sang frais dont ces pierres étoient encore trempées. Pour ce qui est des chapeaux que *Tornæus* dit que ces dieux ont sur leurs têtes, ce n'est autre chose qu'une figure plate qui est au-dessus de la pierre, et qui excède en cet endroit. Il n'y a pourtant que les deux premières, qui représentent *Seyta* et sa femme, qui aient cette marque, et les autres sont d'une pierre de figure longue, pleine de bosses et de trous; elles viennent finir en pointe, et représentent les enfants de *Seyta* et toute sa basse famille. Au reste, l'autel n'est fait que d'une seule roche, qui est couverte d'herbe et de mousse, comme le reste de l'île, avec cette différence, que le sang répandu et que la quantité des bois et des os de rennes ont rendu la place plus foulée.

Quoi que nos Lapons pussent nous dire pour nous empêcher d'emporter de ces dieux, nous ne laissâmes pas de diminuer la famille de *Seyta*, et de prendre chacun un de ses enfants, malgré les menaces qu'ils nous faisoient de leur part, et les imprécations dont ils nous chargeoient, en nous assurant que notre voyage seroit malheureux si nous excitions la colère de leur dieu. Si *Seyta* eût été moins gras et moins pesant, je l'aurois emporté avec ses enfants. Mais ayant voulu mettre la main dessus, je ne pus qu'à grand'peine le lever de terre. Les Lapons voyant cela, me comptèrent alors pour un homme perdu, et qui ne pouvoit pas aller loin, sans être du moins foudroyé ; car la marque la plus certaine parmi eux d'un dieu courroucé, c'est la pesanteur qu'on trouve dans l'idole, au lieu que la facilité qu'on a en le levant, fait connoître qu'il est propice et prêt à aller où l'on veut : c'est de cette manière aussi qu'ils connoissent s'il veut des sacrifices.

Aussitôt que nous eûmes quitté cette île, nous entrâmes dans le lac de *Tornotresch*. De ce lac sort le fleuve de *Torno* ; sa longueur s'étend environ quarante lieues de l'est à l'ouest, mais sa largeur n'est pas considérable. Il est gelé depuis le mois de septembre jusqu'après la Saint-Jean, et fournit aux Lapons une abondance de poissons presque inconcevable. Le sommet des montagnes, dont il est partout environné, se dérobe à la vue, tant elles sont élevées, et les neiges dont elles sont continuellement couvertes, font qu'on ne sauroit presque les distinguer d'avec les nues. Ces montagnes sont toutes découvertes, et ne portent point de bois ; il ne laisse pas d'y avoir beaucoup de bêtes et d'oiseaux, et particulièrement des *fiælripor*, qui se plaisent là plus qu'en tout autre endroit. C'est autour de ce lac que les Lapons viennent se répandre, quand ils reviennent de *Norwège*, où la chaleur et les mouches les ont relégués pour quelque temps ; et c'est là et aux environs où sont aussi les richesses de la plupart. Ils n'ont point d'autre coffre-fort pour mettre leur argent et leurs richesses. Ils prennent un chaudron de cuivre, qu'ils emplissent de ce qu'ils ont de plus précieux, et le portent dans l'endroit le plus secret et le plus reculé qu'ils peuvent s'imaginer. Là ils l'enterrent dans un trou assez profond, qu'ils font pour cela, et le couvrent d'herbe et de mousse, afin qu'il ne puisse être aperçu de personne. Tout cela se fait sans que le Lapon en donne aucune connoissance à sa femme ou à ses enfants, et il arrive souvent que les enfants perdent un trésor, pour être trop bien caché, lorsque le père meurt d'une mort inopinée, qui ne lui donne pas le temps de découvrir à quel endroit sont ses richesses. Tous les Lapons généralement cachent aussi leurs biens, et on trouve souvent quantité de rixdales et de vaisselle d'argent, de bagues et autres bijoux, et des *demi-seins*, qui n'ont point d'autre maître que celui qui les trouve, et qui ne se met pas fort en peine de le chercher. Nous avançâmes bien environ sept ou huit lieues dans le lac, proche une montagne qui surpassoit toutes les autres en hauteur. Ce fut là où nous terminâmes notre course, et où nous plantâmes nos colonnes. Nous fûmes bien quatre heures à monter au sommet, par des chemins qui n'avoient encore été connus d'aucun mortel : quand nous y fûmes arrivés, nous aperçûmes toute l'étendue de la Laponie, et la mer Septentrionale, jusqu'au cap Nord, du côté qu'il tourne à l'ouest. Cela s'appelle, monsieur, se frotter à l'essieu du pôle, et être au bout du monde. Ce fut là que nous plantâmes l'inscription suivante : c'étoit là sa véritable place; mais qui ne sera, comme je crois, jamais lue que des ours.

Gallia nos genuit, vidit nos Africa, Gangem
Hausimus, Europamque oculis lustravimus omnem;
Casibus et variis acti terrâque marique,
Hic tandem stetimus, nobis ubi defuit orbis.

De Fercourt, de Corberon, Regnard.

22 augusti 1681.

Cette roche sera présentement connue dans le monde par le nom de *Metavara*, que nous lui donnâmes. Ce mot est composé du mot latin *meta*, et d'un autre mot finlandois *vara*, qui veut dire *roche*; comme qui diroit la roche des limites. En effet, monsieur, ce fut là où nous nous arrêtâmes, et je ne crois pas que nous allions jamais plus loin.

Pendant le temps que nous fûmes à monter et à descendre cette montagne, nos Lapons étoient allés chercher les habitations de leurs camarades. Ils ne revinrent qu'à une heure après minuit, et nous rapportèrent qu'ils avoient fait bien du chemin, et qu'ils n'avoient trouvé personne. Cette nouvelle nous affligea, mais elle ne nous abattit pas, car nous n'étions venus en cet endroit que pour voir les plus éloignés, et nous en avions laissé quantité derrière nous, que nous avions différé de voir à notre retour. Nous voulûmes employer notre première ardeur aux recherches les plus pénibles, de crainte que ce feu de curiosité venant à se ralentir, nous ne nous fussions contentés de voir les plus proches.

Nous résolûmes donc de retourner sur nos pas. En effet, dès le grand matin, le vent s'étant fait ouest, nous mîmes à la voile, et revînmes en un jour trouver ce petit vieillard lapon, dont je vous ai parlé, qui nous avoit promis de nous mener chez lui à notre retour. Nous le rencontrâmes sur le fleuve, qui pêchoit; et nous fîmes tant, par notre tabac et notre eau-de-vie, que nous lui persuadâmes de nous mener chez lui, quoiqu'il tâchât pour lors de s'en défendre, et d'oublier la promesse qu'il nous avoit faite. Il dit à un de nos conducteurs lapons, qui étoit son gendre, le lieu de sa demeure; et ayant pris son chemin dans les bois avec un de nos interprètes, à qui nous défendîmes de le quitter, nous prîmes le nôtre en continuant notre route sur le fleuve. Nous arrivâmes au bout de deux heures à la hauteur de sa cabane, qui étoit encore fort éloignée; et ayant mis pied à terre, et pris avec nous du tabac et une bouteille d'eau-de-vie, nous suivîmes notre Lapon, qui nous mena pendant toute la nuit dans des bois. Cet homme, qui ne savoit pas précisément la demeure de son beau-père, qu'il avoit changée depuis peu, étoit aussi embarrassé que nous. Tantôt il approchoit l'oreille de terre pour entendre quelque bruit; tantôt il examinoit les traces des bêtes que nous rencontrions, pour connoître si les rennes qui avoient passé par là étoient sauvages ou privées. Il montoit quelquefois comme un chat sur le sommet des pins pour découvrir la fumée, et crioit toujours de toute sa force d'une voix effrayante, qui retentissoit par tout le bois. Enfin, après avoir bien tourné, nous entendîmes un chien aboyer; jamais voix ne nous a paru si charmante que celle de ce chien, qui vint nous consoler dans les déserts. Nous tournâmes du côté où nous avions entendu le bruit, et après avoir marché encore quelque temps, nous rencontrâmes un grand troupeau de rennes, et peu à peu nous arrivâmes à la cabane de notre Lapon, qui ne faisoit que d'arriver comme nous.

Cette cabane étoit au milieu des bois, faite comme toutes les autres, et couverte de son *valdmar* : elle étoit entourée de mousse pour nourrir environ quatre-vingts bêtes qu'il avoit. Ces rennes font toute la richesse de ces gens : il y en a qui en ont jusqu'à mille et douze cents. L'occupation des femmes est d'en avoir soin, et elles les lient et les traient à certaines heures; elles les comptent tous les jours deux fois, et lorsqu'il y en a quelqu'une d'égarée, le Lapon cherche dans les bois jusqu'à ce qu'il l'ait trouvée. On les voit courir fort longtemps après ces bêtes égarées, et suivre même pendant trois semaines leurs traces marquées dans la neige. Les femmes, comme j'ai dit, ont un soin particulier des rennes et de leurs faons; elles les veillent continuellement, et les gardent le jour et la nuit contre les loups et les bêtes sauvages. Le plus sûr moyen de les garder contre les loups, c'est de les lier à quelque arbre; le loup, qui est extrêmement défiant, et qui appréhende toujours d'être pris, craint que ce ne soit une adresse, et qu'il n'y ait auprès de l'animal quelque piége dans lequel il pourroit tomber. Les loups de ce pays sont extrêmement forts, et tout gris; ils sont presque tout blancs pendant l'hiver, et sont les plus mortels ennemis des rennes, qui se défendent contre eux des pieds de devant, lorsqu'elles ne le peuvent faire par la fuite. Il y a encore un animal gris-brun, de la hauteur d'un chien, que les Suédois appellent *jœrt*, et les Latins *gulo*, qui fait aussi une guerre sanglante aux rennes. Cette bête monte sur les arbres les plus hauts, pour voir et n'être pas vue, et pour surprendre son ennemi. Lorsque le *jœrt* découvre une renne, soit sauvage, soit domestique, passant sous l'arbre sur lequel il est, il se jette sur son dos, et mettant ses pates de derrière sur le cou, et celles de devant vers la queue, il s'étend et se roidit d'une telle violence, qu'il fend la renne sur le dos, et enfonce son museau, qui est extrêmement aigu, dans la bête, dont il boit tout le sang. La peau du *jœrt* est très-fine et très-belle; on la compare même aux zibelines. Il y a aussi des oiseaux qui font des guerres cruelles aux rennes : entre tous les autres l'aigle est extrêmement friand de la chair de cet animal. Il y a quantité de ces aigles en ce pays, et d'une grosseur si surprenante, qu'elles enlèvent de leurs serres les faons des rennes de trois à quatre mois, et les portent dans leur nid au sommet des plus hauts arbres. Cette particularité me parut d'abord ce que je crois qu'elle vous semblera, c'est-à-dire, difficile à croire; mais cela est si vrai, que la garde qui se fait aux jeunes rennes n'est que pour cela. Tous les Lapons m'ont dit la même chose, et le François qui étoit notre interprète en Laponie m'a assuré qu'il avoit vu plusieurs exemples pareils, et qu'un jour, ayant suivi un aigle qui emportoit le faon d'une de ses rennes jusqu'à son nid, il coupa l'arbre par le pied, et trouva que la moitié de la bête avoit déjà servi de nourriture aux petits. Il prit les aiglons, et fit d'eux ce qu'ils avoient fait de son faon, c'est-à-dire, monsieur, qu'il les mangea. La chair en est assez bonne, mais noire et un peu fade. Les rennes portent neuf mois : quand les Lapons veulent sevrer leurs faons, ils leur mettent un cavesson de pin, dont les feuilles sont faites en pointe, et piquent extrêmement; et quand le faon s'approche de sa mère pour prendre sa nourriture, se sentant ordinairement piquée, elle éloigne son faon avec son bois, et l'oblige à aller chercher à vivre ailleurs qu'auprès d'elle. Cette occupation n'est pas la seule qu'aient les femmes; elles font les habits, les souliers et les bottes des Lapons; elles tirent l'étain pour en revêtir le fil : elles font cela avec les dents, et tenant un os de renne dans lequel il y a plusieurs trous de différentes grosseurs, elles passent leur étain dans le plus grand, puis dans un plus petit, jusqu'à ce qu'il soit dans l'état qu'elles le souhaitent, et propre pour couvrir le fil de renne, dont elles ornent leurs habits et tout ce qu'elles travaillent. Ce fil se fait, comme je vous ai déjà dit, avec des nerfs de rennes pilés, qu'elles tirent par filets, et le filent ensuite sur leur joue, en le mouillant de temps en temps, et le tournant continuellement. Elles n'ont point d'autre manière pour faire le fil. Tous les harnois des rennes sont faits par les femmes. Ces harnois sont faits de peaux de rennes. Le poitrail est orné de quantité de figures, faites avec du fil d'étain, d'où pendent plusieurs petites pièces de serge de toutes sortes de couleurs, qui font une espèce de frange. La sonnette est au milieu, et il n'y a rien qui donne la vigueur à cet animal et qui le réjouisse davantage, que le bruit qu'il fait avec cette sonnette en courant.

Puisque j'ai commencé à vous parler des occupations des femmes dans ce pays, cela me donnera occasion de vous parler de l'emploi des hommes. Je vous dirai d'abord, en parlant en général, que tous les habitants de ce pays sont naturellement lâches et paresseux, et qu'il n'y a que la faim et la nécessité qui les chassent de leur cabane et les obligent à travailler. Je dirois que ce vice commun peut provenir du climat, qui est si rude, qu'il ne permet pas facilement de s'exposer à l'air, si je ne les avois trouvés aussi fainéants pendant l'été qu'ils le sont pendant l'hiver. Mais enfin comme ils sont obligés de chercher toujours de quoi vivre, la chasse et la pêche font leur occupation presque continuelle. Ils chassent l'hiver et pêchent pendant l'été, et font eux-mêmes tous les instruments nécessaires pour l'un et l'autre de ces emplois. Ils se servent pour leurs barques du bois de sapin qu'ils cousent avec du fil de renne, et les rendent si légères, qu'un homme seul en peut facilement porter une sur son épaule. Ils ont besoin d'avoir quantité de ces barques, à cause des torrents qui se rencontrent souvent; et comme ils ne peuvent pas les monter, ils en ont d'un côté et d'un autre en plusieurs endroits. Ils les laissent sur le bord après les avoir tirées à terre, et mettent dedans trois ou quatre grosses pierres, de crainte que le vent ne les enlève. Ce sont eux qui font leurs filets et les cordes pour les tenir. Ces filets sont de fil de chanvre, qu'ils achètent des marchands. Ils les frottent souvent d'une certaine colle rouge, qu'ils font avec de l'écaille de poisson séchée à l'air, afin de les rendre plus forts et moins sujets à la pourriture. Pour les cordes, ils les fabriquent d'écorce de bouleau ou de racine de sapin. Elles sont extrêmement fortes lorsqu'elles sont dans l'eau. Les hommes s'occupent encore à faire les traîneaux de toutes les sortes, les uns pour porter leurs personnes (qu'ils appellent *pomes*), et les autres pour le bagage. Ces derniers sont nommés *racdakères*, et sont fermés comme des coffres. Ils font aussi les arcs et les flèches. Les arcs sont composés de deux morceaux de bois mis l'un sur l'autre. Celui de dessous est de sapin brûlé, et l'autre de bouleau. Ces bois sont collés ensemble, et revêtus tout du long d'une écorce de bouleau très-mince, en sorte qu'on ne sauroit voir ce qu'elle renferme. Leurs flèches sont différentes; les unes sont seulement de bois, fort grosses par le bout, et elles servent à tuer (ou pour mieux dire, à assommer) les petit-gris, les hermines, les martres, et d'autres animaux dont on veut conserver la peau. Il y en a d'autres, armés d'os de renne, faites en forme de harpon, et hautes sur le bout : cette flèche est grosse et pesante. Celles-là servent contre les oiseaux, et ne peuvent sortir de la plaie quand elles y sont une fois entrées : elles empêchent aussi, par leur pesanteur, que l'oiseau ne puisse s'envoler, et emporter avec lui la flèche et l'espérance du chasseur. Les troisièmes sont ferrées en forme de lancette, et on les emploie contre les grosses bêtes, comme sont les ours, les rennes sauvages; et toutes ces flèches se mettent dans un petit carquois fait d'écorce de bouleau, que le chasseur porte à sa ceinture. Au reste, les Lapons sont extrêmement adroits à se servir de l'arc, et ils font pratiquer à leurs enfants ce qu'autrefois plusieurs peuples belliqueux vouloient qu'ils sussent faire ; car ils ne leur donnent point à manger, qu'auparavant ils n'aient touché un but préparé, ou abattu quelque marque qui sera sur le sommet des pins les plus élevés.

Tous les ustensiles qui servent au ménage sont faits de la main des hommes. Les cuillers sont d'os de renne, qu'ils ornent de figures, dans lesquelles ils mettent une certaine composition noire. Ils font des fermetures de sac avec des os de rennes, de petits paniers d'écorce et de jonc, et de ces planches dont ils se servent pour courir sur la neige, et avec lesquelles ils poursuivent et attrapent les bêtes les plus vites. La description de ces planches est ci-devant.

Mais ce qu'il y a de remarquable, c'est que les hommes font toujours la cuisine, et qu'ils accommodent tout ce qu'ils prennent, soit à la chasse, soit à la pêche : les femmes ne s'en mêlent jamais qu'en l'absence des maris.

Nous remarquâmes cela sitôt que nous fûmes arrivés : le Lapon fit cuire quelques *sichs* frais, qu'il avoit pris ce jour-là. Ce poisson est un peu plus gros qu'un hareng, mais incomparablement meilleur, et je n'ai jamais mangé de poisson plus délicieux. D'abord qu'il fut cuit, on dressa la table, faite de quelques écorces de bouleau cousues ensemble, qu'ils étendent à terre. Toute la famille se mit autour, les jambes croisées à la manière des Turcs, et chacun prit sa part dans le chaudron, qu'il mettoit ou dans son bonnet, ou dans un coin de son habit. Ils mangent fort avidement, et ne gardent rien pour le lendemain. Leur boisson est dans une grande écuelle de bois à côté d'eux, si c'est en été, et en hiver dans un chaudron sur le feu. Chacun en puise à son gré dans une grande cuiller de bois; on boit à même, suivant sa soif. Le repas fini, ils se frappent dans la main en signe d'amitié. Les mets les plus ordinaires des pauvres sont des poissons, et ils jettent quelque écorce de pin broyé dans l'eau qui a servi à les faire cuire en forme de bouillie. Les riches mangent la chair des rennes qu'ils ont tuées, à la Saint-Michel, lorsqu'elles sont grasses. Ils ne laissent rien perdre de cet animal; ils gardent même le sang dans sa vessie; et lorsqu'il a pris corps et s'est endurci, ils en coupent et en mettent dans l'eau qui reste après qu'ils ont fait cuire le poisson. La moelle des os de renne passe chez eux pour un manger très-exquis : la langue ne l'est pas moins, et le membre d'une renne mâle est ce qu'ils trouvent de plus délicieux. Mais quoique la viande de renne soit fort estimée parmi eux, la chair d'ours l'est incomparablement davantage : ils en font des présents à leurs maîtresses, qu'ils accompagnent de celle de castor. Ils ont pendant l'été un ragoût dont j'ai tâté, et qui pensa me faire crever. Ils prennent de certains petits fruits noirs qui croissent dans les bois, de la grosseur d'une groseille, qu'ils appellent *crokbergt*, qui veut dire *groseille de corbeau* ; ils mettent cela avec des œufs de poisson crus, et écrasent le tout ensemble, au grand mal au cœur de tous ceux qui les voient, et qui ne sont pas accoutumés à ces sortes de ragoûts, qui passent pourtant chez eux pour des confitures très-délicates. Le repas fini, les plus riches prennent pour dessert un petit morceau de tabac, qu'ils tirent de derrière leur oreille ; c'est là le lieu où ils le font sécher, et ils n'ont point d'autre boîte pour le conserver. Ils le mâchent d'abord, et lorsqu'ils en ont tiré tout le suc, ils le remettent derrière l'oreille, où il prend un nouveau goût. Ils le remâchent encore une fois, et le replacent de même encore, et lorsqu'il a perdu toute sa force, ils le fument. Il est étonnant de voir que ces gens se passent aisément de pain, et qu'ils aient tant de passion pour une petite herbe qui croît si loin d'eux.

Nous interrogeâmes notre Lapon sur quantité de choses. Nous lui demandâmes ce qu'il avoit donné à sa femme en se mariant; et il nous dit qu'il lui en avoit bien coûté, pendant ses amours, deux livres de tabac, et quatre ou cinq pintes de brandevin; qu'il avoit fait présent d'une peau de renne à son beau-père, et que sa femme lui avoit apporté cinq ou six rennes, qui avoient assez bien multiplié pendant plus de quarante ans qu'il y avoit qu'il étoit marié. Notre conversation étoit arrosée de brandevin, que nous répandions de temps en temps dans le ventre du bon homme et de sa femme; et la récidive fut si fréquente, que l'un et l'autre s'en ressentirent. Ils commencèrent à se faire des caresses à la laponne, aussi pressantes que vous pouvez vous les imaginer; et leur tendresse alla si loin, qu'ils se mirent à pleurer tous deux, comme s'ils avoient perdu toutes leurs rennes. La nuit se passa parmi ces mutuelles douceurs, et nous remarquâmes pour lors, ce que je crois vous avoir déjà écrit, que toute la famille couche ensemble sur la même peau. Cette confusion règne toujours parmi les Lapons; et un marié ne couche pas seulement avec sa femme le premier jour de ses noces, mais avec toute la famille généralement.

Nous achetâmes le lendemain matin chacun une renne qui nous coûta deux écus, pour en rapporter la peau en France. Si je m'en étois retourné tout droit, j'aurois essayé d'en conduire quelques-unes en vie : il y a bien des gens qui l'ont tenté inutilement; et on en conduisit encore l'année passée trois ou quatre à *Dantzick*, où elles moururent, ne pouvant s'accoutumer en ces climats, qui sont trop chauds pour ces sortes d'animaux. Nous différâmes à les tuer lorsque nous serions chez le prêtre, où nous le pouvions faire plus commodément; et après avoir pris deux ou trois de ces petits colliers qui servent à charger ces animaux, et d'autres pour les lier, nous nous remîmes en chemin, et fîmes passer le fleuve à nos rennes, et arrivâmes le même jour samedi chez le prêtre des Lapons, où nous avions demeuré en passant.

Au moment même que nous y fûmes arrivés, notre premier soin fut de tuer nos animaux. Les Lapons se servent de leur arc pour cela, et d'une flèche pareille à celle dont ils tuent les grosses bêtes. Nous eûmes le plaisir de voir l'adresse avec laquelle ils dressèrent leur coup, et nous nous étonnâmes qu'une grosse bête comme une renne mouroit si vite d'une blessure qui ne paroissoit pas considérable. Il est vrai que la flèche alla jusqu'à la moitié de la hampe ; mais j'aurois cru qu'il auroit fallu une plaie plus dangereuse pour la faire mourir si tôt.

Hæret lateri lethalis arundo.

Nous fîmes écorcher nos bêtes le mieux que nous pûmes. Les Lapons s'emparèrent du sang, et nous leur en donnâmes la moitié d'une. Il est difficile de s'imaginer que deux hommes seuls aient pu manger la moitié d'un gros cerf, sans pain, sans sel et sans boire : c'est pourtant ce qui est très-véritable; et nous avons vu cela avec un grand étonnement dans nos Lapons.

Nous remarquâmes que les rennes n'ont point de fiel, mais seulement une petite tache noire dans le foie. La viande de cet animal est très-bonne, et a assez le goût de celle du cerf; mais elle est plus relevée. La langue est un manger très-délicat, et les Lapons estiment fort la moelle. A la Saint-Michel, il devient gras comme un porc; et c'est pour lors que les plus riches Lapons les tuent, pour en faire des provisions pour le reste de l'année. Ils font sécher la chair au froid, qui fait le même effet que le feu, et qui la dessèche, en sorte qu'on peut facilement la conserver. Leur saloir est un tronc d'arbre creusé des mains de la nature, qu'ils ferment le mieux qu'ils peuvent, pour empêcher les ours de le ravager.

Nous demeurâmes quelques jours chez le prêtre, pour attendre un Lapon qui passoit pour grand sorcier, et que nous avions envoyé chercher à quelques lieues de là par nos Lapons. Ils revinrent au bout de quelques jours, et firent tant, pour gagner l'argent que nous leur avions promis s'ils l'amenoient, qu'au bout de trois jours nous les vîmes revenir avec notre sorcier, qu'ils avoient déterré dans le fond d'un bois. Nous fûmes alors aussi contents que si nous eussions tenu le diable par la queue, si je puis me servir de ce terme ; et ce qui acheva de nous satisfaire, ce furent les promesses que notre enchanteur nous fit de nous dire bien des choses qui nous surprendroient. Nous nous mîmes aussitôt en chemin par les bois, par les rochers et par les marais. Où n'iroit-on pas pour voir le diable ici-bas ? Nous fîmes plus de cinq lieues, pendant lesquelles nous rencontrions quantité de bêtes et d'oiseaux qui ne nous étoient point connus, et particulièrement des petit-gris. Ces petit-gris sont ce que nous appelons *écureuils* en France, qui changent leur couleur rousse, lorsque l'hiver et les neiges leur en font prendre une grise. Plus ils sont avant dans le nord, et plus ils sont gris. Les Lapons leur font beaucoup la guerre pendant l'hiver ; et leurs chiens sont si bien faits à cette chasse, qu'ils n'en laissèrent passer aucun sans l'apercevoir sur les arbres les plus élevés, et avertir par leurs aboiements les Lapons qui étoient avec nous. Nous en tuâmes quelques-uns à coups de fusil, car les Lapons n'avoient pas pour lors leurs flèches rondes avec lesquelles ils les assomment ; et nous eûmes le plaisir de les voir écorcher avec une vitesse et une propreté surprenantes. Ils commencent à faire la chasse au petit-gris vers la Saint-Michel, et tous les Lapons généralement s'en occupent ; ce qui fait qu'ils sont à grand marché, et qu'on en donne un *timbre* pour un écu : ce timbre est composé de quarante peaux. Mais il n'y a point de marchandise où l'on puisse être plus trompé qu'à ces petit-gris et aux hermines, parce que vous achetez la marchandise sans la voir, et que la peau est retournée, en sorte que la fourrure est en dedans. Il n'y a point aussi de distinction à faire ; toutes sont d'un même prix, et il faut prendre les méchantes comme les belles, qui ne coûtent pas plus les unes que les autres. Nous apprîmes avec nos Lapons une particularité surprenante touchant les petit-gris, et qui nous a été confirmée par notre expérience. On ne rencontre pas toujours de ces animaux dans une même quantité : ils changent bien souvent de pays, et l'on n'en trouvera pas un, en tout un hiver, où l'année précédente on en aura trouvé des milliers. Ces animaux changent de contrée : lorsqu'ils veulent aller en un autre endroit, et qu'il faut passer quelque lac ou quelque rivière qui se rencontrent à chaque pas dans la Laponie, ces petits animaux prennent une écorce de pin ou de bouleau, qu'ils tirent sur le bord de l'eau, sur laquelle ils se mettent, et s'abandonnent ainsi au gré du vent, élevant leurs queues en forme de voiles, jusqu'à ce que le vent se faisant un peu fort, et la vague élevée, elle renverse en même temps et le vaisseau et le pilote. Ce naufrage, qui est bien souvent de plus de trois à quatre mille voiles, enrichit ordinairement quelques Lapons qui trouvent ces débris sur le rivage, et les font servir à leur usage ordinaire, pourvu que ces petits animaux n'aient pas été trop long-temps sur le sable. Il y en a quantité qui font une navigation heureuse, et qui arrivent à bon port, pourvu que le vent leur ait été favorable, et qu'il n'ait point causé de tempête sur l'eau, qui ne doit pas être bien violente pour engloutir tous ces petits bâtiments. Cette particularité pourroit passer pour un conte, si je ne la tenois par ma propre expérience.

Après avoir marché assez long-temps, nous arrivâmes à la cabane de notre Lapon, qui étoit environnée de quantité d'autres, qui appartenoient à ses camarades. Ce fut là que nous eûmes le plaisir d'apprendre ce que c'étoit que la Laponie et les Lapons. Nous demeurâmes trois jours chez eux, à observer toutes leurs manières, et à nous informer de quantité de choses qu'on ne peut apprendre que d'eux-mêmes. Premièrement, notre sorcier voulut tenir sa promesse. Nous conçûmes quelque espérance d'apprendre une partie de ce que nous voulions savoir, quand nous vîmes qu'il avoit apporté avec lui son tambour, son marteau et son indice, qu'il tira de son sein, qui leur sert de pochette. Il se mit en état, par ses conjurations, d'appeler le diable; jamais possédé ne s'est mis en tant de figures différentes que notre magicien. Il se frappoit la poitrine si rudement et si impitoyablement, que les meurtrissures noires dont elle étoit couverte, faisoient bien voir qu'il y alloit de bonne foi. Il ajouta à ces coups d'autres qui n'étoient pas moins rudes, qu'il se donnoit de son marteau dans le visage; en sorte que le sang ruisseloit de toutes parts. Le crin lui hérissa, ses yeux se tournèrent, tout son visage devint bleu; il se laissa plusieurs fois tomber dans le feu, et il ne put jamais nous dire les choses que nous lui demandions. Il est vrai qu'à moins d'être parfaitement sorcier, il étoit assez difficile de nous donner les marques que nous lui proposions. Je voulois avoir quelque preuve certaine de la légation de son démon en France; et c'étoit là l'écueil de tous les sorciers que nous avons consultés. Celui-ci, qui étoit connu pour habile homme, nous assura qu'il avoit eu autrefois assez de pouvoir pour faire ce que nous voulions; que son génie pourtant n'avoit jamais été plus loin que Stockholm, et qu'il y en avoit peu qui pussent aller plus loin; mais que le diable commençoit présentement à le quitter, depuis qu'il avançoit sur l'âge et qu'il perdoit ses dents. Cette particularité m'étonna; je m'en informai plus particulièrement; et j'appris qu'elle étoit très-véritable, et que le pouvoir des plus savants sorciers diminuoit à mesure que leurs dents tomboient; et je conclus que, pour être bon sorcier, il falloit tenir le diable par les dents, et qu'on ne le prenoit bien que par là. Notre homme, voyant que nous le poussions à bout par nos demandes, nous promit qu'avec de l'eau-de-vie, il nous diroit quelque chose de surprenant. Il la prit, et regarda plusieurs fois attentivement, après avoir fait quantité de figures et de contorsions. Mais il ne nous dit que des choses fort ordinaires, et qu'on pouvoit aisément assurer sans être grand sorcier. Tout cela me fit tirer une conséquence, qui est très-véritable, que tous ces gens-là sont plus superstitieux que sorciers; qu'ils croient facilement aux fables qu'on leur fait de leurs prédécesseurs, qu'on disoit avoir grand commerce avec le diable. Il s'est pu faire, monsieur, qu'il y ait eu véritablement quelques sorciers autrefois parmi eux, lorsque les Lapons étoient tous ensevelis dans les erreurs du paganisme; mais présentement je crois qu'il seroit difficile d'en trouver un qui sût bien son métier. Quand nous vîmes que nous ne pouvions rien tirer de notre Lapon, nous prîmes plaisir à l'enivrer; et cette absence de raison, qu'il souffrit pendant trois ou quatre jours, nous donna la facilité de lui enlever tous ses instruments de magie : nous prîmes son tambour, son marteau et son indice, qui étoit composé de quantité de bagues et de plusieurs morceaux de cuivre, qui représentoient quelques figures infernales, ou quelques caractères liés ensemble, avec une chaîne de même métal. Et lorsque, deux ou trois jours après, nous fûmes sur le point de partir, il nous vint demander toutes ses dépouilles, et s'informer à chacun, en particulier, s'il ne les avoit point vues. Nous lui dîmes, pour réponse, qu'il pouvoit le savoir, et qu'il ne lui étoit pas difficile de connoître le receleur, s'il étoit sorcier.

Nous quittâmes celui-ci pour aller chez d'autres apprendre et voir quelque chose de leurs manières. Nous entrâmes premièrement dans une cabane, où nous trouvâmes trois ou quatre femmes, dont il y en avoit une toute nue, qui donnoit à téter à un petit enfant, qui étoit aussi tout nu : son berceau étoit au bout de la cabane, suspendu en l'air; il étoit fait d'un arbre creusé et plein d'une mousse fine, qui lui servoit de linge, de matelas et de couverture; deux petits cercles d'osier couvroient le dessus du berceau, sur lesquels étoit un méchant morceau de drap. Cette femme nue, après avoir lavé son enfant dans un chaudron plein d'eau chaude, le remit dans son berceau; et le chien, qui étoit dressé à bercer l'enfant, vint mettre ses deux pates de devant sur le berceau, et donnoit le même mouvement que donne une femme. L'habit des femmes n'est presque point différent de celui des hommes ; il est du même *valdmar*, et la ceinture est plus large : elle est garnie de lames d'étain qui tiennent toute sa largeur, et diffère de celle des hommes en ce que celle-ci n'est marquée que de petites plaques de même métal, mises l'une après l'autre. A cette ceinture pend une gaîne garnie d'un couteau ; la gaîne est ornée de fils d'étain : on y voit aussi une bourse garnie de même, dans laquelle ils mettent un fusil pour faire du feu, et tout ce qu'ils ont de plus précieux ; c'est aussi là l'endroit où pendent leurs aiguilles, attachées à un morceau de cuir, et couvertes d'un morceau de cuivre qu'elles poussent par-dessus. Tous ces ajustements sont ornés, par le bas, de quantité d'anneaux aussi de cuivre, de plusieurs grosseurs, dont le bruit et le son les divertissent extrêmement, et elles croient que ces ornements servent beaucoup à relever leur beauté naturelle. Mais peut-être, monsieur, qu'en parlant de beauté, vous aurez la curiosité de savoir s'il se trouve de jolies Laponnes. A cela, je vous répondrai que la nature, qui se plaît à faire naître des mines d'argent et d'autre métal dans les pays septentrionaux les plus éloignés du soleil, se divertit aussi quelquefois à former des beautés qui sont supportables dans ces mêmes pays. Il est pourtant toujours vrai que ces sortes de personnes, qui surpassent les autres par leur beauté, sont toujours des beautés laponnes, et qui ne peuvent passer pour telles que dans la Laponie. Mais parlant en général, il est constant que tous les Lapons et les Laponnes sont extrêmement laids, et qu'ils ressemblent aux singes : on ne sauroit leur donner une comparaison plus juste. Leur visage est carré; ils ont les joues extrêmement élevées, le reste du visage très-étroit, et la bouche se fend depuis une oreille jusqu'à l'autre. Voilà, en peu de mots, la description de tous les Lapons. Leurs habits, comme je l'ai dit, sont de *valdmar*. Le bonnet des hommes est fait ordinairement d'une peau de *loom*, comme je l'ai décrit ailleurs, ou bien de quelque autre oiseau écorché. La coiffure des femmes est d'un morceau de drap, et les plus riches couvrent leur tête d'une peau de renard, de martre ou de quelque autre bête. Elles ne se servent point de bas, mais elles ont, seulement pendant l'hiver, une paire de bottes de cuir de renne, et mettent par-dessus des souliers qui sont semblables à ceux des hommes, c'est-à-dire, d'un simple cuir qui entoure le pied, et qui s'élève en pointe sur le devant : on y laisse un trou pour les pouvoir mettre dans le pied, et ils les nouent, au-dessus de la cheville, d'une longue corde de laine qui fait cinq ou six tours; et afin que leurs chaussures ne soient point lâches, et qu'ils aient plus de commodité pour marcher, ils emplissent leurs souliers de foin, qu'ils font bouillir tout exprès pour cela, et qui croît en abondance dans toute la Laponie. Leurs gants sont faits de peaux de rennes, qu'ils distinguent en compartiment d'un autre cuir plus blanc, cousu et appliqué sur le gant. Ils sont faits comme des mitaines, sans distinction de doigts, et les plus beaux sont garnis par le bas d'une peau de *loom*. Les femmes ont un ornement particulier qu'elles appellent *kraca*, fait d'un morceau de drap rouge, ou d'une autre couleur, qui leur entoure le cou, comme un collet de jésuite, vient descendre sur l'estomac, et finit en pointe. Ce drap est orné de ce qu'elles ont de plus précieux : le cou est plein de plusieurs plaques d'étain, mais le devant de l'estomac est garni de choses rares parmi eux. Les riches y mettent des boutons et des plaques d'argent, les plus belles qu'elles peuvent trouver; et les pauvres se contentent d'y mettre de l'étain et du cuivre, suivant leurs facultés.

Nous nous informâmes encore chez ces gens-là, de toutes les choses que nous avions apprises des autres, qu'ils nous confirmèrent toutes; et ce qu'ils nous dirent de plus particulier, je l'ai porté à l'endroit où j'en ai parlé, que j'ai augmenté de ce qu'ils m'ont dit : mais nous voulûmes être instruits de tous les animaux à quatre pieds qui vivoient dans ce pays, et ils nous en apprirent les particularités suivantes.

Ils nous assurèrent premièrement qu'il régnoit quelquefois dans leur pays des vents si impétueux, qu'ils enlevoient tout ce qu'ils rencontroient. Les maisons les plus fortes ne leur peuvent résister, et ils entraînent même si loin les troupeaux de bêtes, lorsqu'ils sont sur le sommet des montagnes, qu'on ne sait bien souvent ce qu'ils deviennent. Les ouragans font élever en été une telle quantité de sable qu'ils apportent du côté de la Norwège, et ils ôtent si fort l'usage de la vue, qu'on ne sauroit voir à deux pas de soi; l'hiver, ils font voler une telle abondance de neige, qu'elle ensevelit les cabanes et les troupeaux entiers. Les Lapons qui sont surpris en chemin de ces tempêtes, n'ont point d'autre moyen, pour s'en garantir, que de renverser leur traîneau par-dessus eux, et de demeurer en cette posture tout le temps que dure l'orage : les autres se retirent dans les trous des montagnes, avec tout ce qu'ils peuvent emporter avec eux, et demeurent dans ces cavernes jusqu'à ce que la tempête, qui durera quelquefois huit ou quinze jours, soit tout-à-fait passée.

De tous les animaux de la Laponie, il n'y en a point de si commun que la renne, dont j'ai fait la description assez au long. La nature, comme une bonne mère, a pourvu à des pays aussi froids que sont ceux du Septentrion, en leur donnant quantité d'animaux propres pour faire des fourrures, pour s'en servir contre les rigueurs excessives de l'hiver, qui dure presque toujours. Entre tous ceux dont les peaux sont estimées pour la chaleur, les ours et les loups tiennent le premier rang. Les premiers sont fort communs dans le Septentrion ; les Lapons les appellent les *rois des forêts*. Quoiqu'ils soient presque tous d'une couleur rousse, il s'en rencontre néanmoins très-souvent de blancs ; et il n'y a point d'animal à qui le Lapon fasse une guerre plus cruelle, pour avoir sa peau et sa chair, qu'il estime par-dessus tout, à cause de sa délicatesse. J'en ai mangé quelquefois, mais je la trouve extrêmement fade. La chasse des ours est l'action la plus solennelle que fassent les Lapons. Rien n'est plus glorieux, parmi eux, que de tuer un ours, et ils en portent les marques sur eux ; en sorte qu'il est aisé de voir combien un Lapon aura tué d'ours en sa vie, par le poil qu'il en porte en différents endroits de son bonnet. Celui qui a fait la découverte de quelque ours, va avertir ses compagnons ; et celui d'entre eux qu'ils croient le plus grand sorcier, joue du tambour, pour apprendre si la chasse doit être heureuse, et par quel côté on doit attaquer la bête. Quand cette cérémonie est faite, on marche contre l'animal ; celui qui sait l'endroit va le premier, et mène les autres, jusqu'à ce qu'ils soient arrivés à la tanière de l'ours. Là, ils le surprennent le plus vite qu'ils peuvent; et avec des arcs, des flèches, des lances, des bâtons et des fusils, ils le tuent. Pendant qu'ils attaquent la bête, ils chantent tous une chanson en ces termes : *Kihelis pourra, Kihelis iiscadā soubi jœlla jeitti.* Ils demandent en grâce à l'ours de ne leur faire aucun mal, et de ne pas rompre les lances et les armes dont ils se servent contre lui. Quand ils l'ont tué, ils le mettent dans un traîneau pour le porter à la cabane, et la renne qui a servi à le traîner est exempt pendant toute l'année, du travail de ce traîneau; et l'on doit aussi faire en sorte qu'il s'abstienne d'approcher aucune femelle. L'on fait une cabane tout exprès pour faire cuire l'ours, qui ne sert qu'à cela, où tous les chasseurs se trouvent avec leurs femmes, et recommencent leurs chansons de joie et de remercîment à la bête, de ce qu'ils sont revenus sans accident. Lorsque la viande est cuite, on la divise entre les hommes et les femmes. Celles-ci ne peuvent manger des parties postérieures, mais on leur donne toujours des antérieures. Toute la journée se passe en divertissements; mais il faut remarquer que tous ceux qui ont aidé à prendre l'ours ne peuvent approcher de leurs femmes de trois jours, au bout desquels il faut qu'ils se baignent pour être purifiés. J'avois oublié de marquer que, lorsque l'ours est arrivé près de la cabane, on ne le fait pas entrer par la porte; mais on le coupe en morceaux, et on le jette par le trou qui donne passage à la fumée, afin que cela paroisse envoyé et descendu du ciel. Ils en font de même lorsqu'ils reviennent des autres chasses. Il n'y a rien qu'un Lapon estime plus que d'avoir assisté à la mort d'un ours, et il en fait gloire pendant toute sa vie. Une peau d'ours se vend ordinairement........

Les loups sont presque tous gris-blancs : il s'en trouve de blancs; et les rennes n'ont point de plus mortels ennemis. Elles les évitent en fuyant; mais lorsqu'elles sont surprises par leurs adversaires, elles se défendent contre eux des pieds de devant, dont elles sont extrêmement puissantes, et de leurs bois, lorsqu'ils sont assez forts pour soutenir le choc; car les rennes changent de bois tous les ans, et, lorsqu'il est nouveau, elles ne peuvent s'en servir. Pour empêcher que les loups n'attaquent les rennes, les Lapons les attachent à quelque arbre, et il est fort rare qu'elles soient pour lors attaquées; car le loup, qui est un animal soupçonneux, appréhende qu'il n'y ait quelque piége tendu, et qu'on ne se serve de ce moyen pour l'y attirer. Une peau de loup peut valoir...... et il y a peu de personnes, même des grands seigneurs en Suède, qui n'en aient des habits fourrés; et ils ne trouvent rien de meilleur contre le froid.

Les renards abondent dans toute la Laponie; ils

sont presque tous blancs, quoiqu'il s'en rencontre de la couleur ordinaire. Les blancs sont les moins estimés; mais il s'en trouve quelquefois de noirs, et ceux-là sont les plus rares et les plus chers. Leurs peaux sont quelquefois vendues quarante ou cinquante écus; et le poil en est si fin et si long, qu'il pend de quel côté l'on veut; en sorte qu'en prenant la peau par la queue, le poil tombe du côté des oreilles, et se couche vers la tête. Tous les princes moscovites, et les grands de ce pays recherchent avec soin des fourrures de ces peaux, et après les zibelines, elles sont les plus estimées. Mais, puisque j'ai parlé de zibeline, il faut que je vous dise ce que j'en sais. Ce que nous appelons zibeline, on l'appelle ailleurs *zabel*. Cet animal est de la grosseur de la fouine, et diffère de la martre en ce qu'il est beaucoup plus petit, et qu'il a les poils beaucoup plus longs et plus fins. Les véritables zibelines sont damassées de noir, et se prennent en Moscovie et en Tartarie : il s'en trouve peu en Laponie. Plus la couleur du poil est noire, et plus elle est recherchée : une peau qui n'a que quatre doigts de largeur, vaudra quelquefois soixante écus. On en a vu de blanches ou grises, et le grand duc de Moscovie en a fait présent, par ses ambassadeurs, au roi de Suède, comme de peaux extrêmement précieuses. Les martres approchent plus des zibelines que toutes les autres bêtes : elles les imitent assez pour la finesse et la longueur du poil, mais elles sont beaucoup plus grandes. J'en ai rencontré de la grosseur d'un chat ; et il y a peu de pays où elles soient plus fréquentes qu'en Laponie. La peau coûte une rixdalle ; et celles qui ont le dessous de la gorge cendré, sont plus estimées que celles qui l'ont blanc. Cet animal fait un grand carnage de petit-gris, dont il est extrêmement friand, et les attrape à la course sans grande difficulté ; il ne se nourrit pas seulement d'écureuils, il donne aussi la chasse aux oiseaux ; et montant sur le sommet des arbres, il attend qu'ils soient endormis pour se jeter dessus et les dévorer. S'ils sont assez forts pour s'envoler, ils s'abandonnent dans l'air avec la martre, qui ayant les griffes aussi fortes et aussi pointues qu'aucun animal, se tient sur le dos de l'oiseau, et le mord en volant, jusqu'à ce qu'enfin il tombe mort. Cette chute est quelquefois aussi funeste à la martre qu'à l'oiseau ; car lorsqu'il s'est élevé bien haut dans l'air, la martre tombe bien souvent sur des rochers, où elle est brisée, et n'a pas un meilleur sort que l'autre.

J'ai parlé ailleurs des *jœrts* en suédois, et *gulones* en latin, au sujet des rennes qu'ils fendent en deux. Cet animal est de la grosseur d'un chien ; sa couleur est noire-brune, et on compare sa peau à celle des zibelines : elle est damassée et fort précieuse.

La quantité des poissons de Laponie fait qu'on y rencontre beaucoup de castors, que les Suédois appellent *baver*, et qui se plaisent fort dans ces lieux, où le bruit de ceux qui voyagent ne trouble point leur repos. Mais le véritable endroit pour les trouver, c'est dans la province de Kimi, et en Russelande. Les rognons de castors servent contre quantité de maladies. Tout le monde assure qu'il n'y a rien de plus souverain contre la peste, que d'en prendre tous les matins, cela chasse le mauvais air, et qu'il entre dans les plus souveraines compositions. Olaüs, grand-prêtre de la province de Pitha, m'en a fait présent, à Torno, de la moitié d'un, et m'a assuré qu'il ne se servoit point d'autre chose pour ses meilleurs remèdes. Il étoit fort habile en pharmacie. Il m'assura de plus qu'il tiroit une huile de la queue du même animal, et qu'il n'y avoit rien au monde de plus souverain.

Il se voit aussi en Laponie un nombre très-considérable d'hermines, que les Suédois appellent *lekat*. Cet animal est de la grosseur d'un gros rat, mais une fois aussi long. Il ne garde pas toujours sa couleur; car l'été il est un peu roux, et l'hiver il change de poil, et il devient aussi blanc que nous le voyons. Il a la queue aussi longue que le corps, et elle finit en une petite pointe noire comme de l'encre; en sorte qu'il est difficile de voir un animal qui soit et plus blanc et plus noir. Une peau d'hermine coûte quatre ou cinq sous. La chair de cet animal sent très-mauvais, et il se nourrit de petit-gris et de rats de montagne. Ce petit animal, tout-à-fait inconnu ailleurs, et fort singulier, comme vous allez voir, se trouve quelquefois en si grande abondance, que la terre en est toute couverte. Les Lapons l'appellent *lemmucat*. Il est de la grosseur d'un rat, mais la couleur est plus rouge, marquée de noir; et il semble qu'il tombe du ciel, parce qu'il ne paroît que lorsqu'il a beaucoup plu. Ces bêtes ne fuient point à l'approche des voyageurs ; au contraire, elles courent à eux avec grand bruit ; et quand quelqu'un les attaque avec un bâton, ou avec quelque autre arme, elles se tournent contre lui, et mordent le bâton, auquel elles demeurent attachées avec les dents, comme de petits chiens enragés. Elles se battent contre les chiens, qu'elles ne craignent pas, et sautent sur leur dos, et les mordent si vivement, qu'ils sont obligés de se rouler sur terre pour se défaire de ce petit ennemi. On dit même que ces animaux sont si belliqueux, qu'ils se font quelquefois la guerre entre eux ; et que, lorsque les deux armées se trouvent dans les prés qu'ils ont choisis pour champ de bataille, ils s'y battent vigoureusement. Les Lapons, qui voient ces différends entre ces petites bêtes, tirent des conséquences de guerres plus sanglantes ailleurs, et augurent de là que la Suède doit bientôt porter les armes contre le Danois ou le Moscovite, qui sont ses plus grands ennemis. Comme ces animaux ont l'humeur martiale, ils ont aussi beaucoup d'ennemis qui en font des défaites considérables. Les rennes mangent tous ceux qu'elles peuvent attraper. Les chiens en font leur plus délicate nourriture; mais ils ne touchent point aux parties postérieures. Les renards en emplissent leurs tanières, et en font des magasins pour la nécessité; ce qui cause du dommage aux Lapons, qui s'aperçoivent bien lorsqu'ils ont de cette nourriture; ce qui fait qu'ils n'en cherchent point ailleurs, et ne tombent pas dans les piéges qu'on leur tend. Il n'y a pas même jusqu'aux hermines qui ne s'en engraissent. Mais ce qui est admirable dans cet animal, c'est la connoissance qu'il a de sa destruction prochaine. Prévoyant qu'il ne sauroit vivre pendant l'hiver, on en prend une grande partie pendue au sommet des arbres, entre deux petites branches qui forment une fourche. Une autre, à qui ce genre de mort ne plaît pas, se précipite dans les lacs; ce qui fait qu'on en trouve souvent dans le corps des brochets, qui les ont nouvellement engloutis : et ceux qui ne veulent pas être les auteurs de leur mort, et qui attendent tranquillement leur destin, périssent dans la terre, lorsque les pluies, qui les ont fait naître, les font aussi mourir. On chasse grande quantité de lièvres, qui sont pour l'ordinaire tout blancs, et ne prennent leur couleur rousse que dans les deux mois les plus chauds de l'année.

Il n'y a guère moins d'oiseaux que de bêtes à quatre pieds en Laponie. Les aigles, les rois des oiseaux, s'y rencontrent en abondance. Il s'en trouve d'une grosseur si prodigieuse, qu'ils peuvent, comme j'ai déjà dit ailleurs, emporter les faons des rennes, lorsqu'ils sont jeunes, dans leurs nids qui sont au sommet des plus hauts arbres ; ce qui fait qu'il y a toujours quelqu'un pour les garder.

Je ne crois pas qu'il y ait de pays au monde plus abondant en canards, cercelles, plongeons, cygnes, oies sauvages, et autres oiseaux aquatiques, que celui-ci. La rivière en est partout si couverte, qu'on peut facilement les tuer à coups de bâton. Je ne sais pas de quoi nous eussions vécu pendant tout notre voyage, sans ces animaux, qui faisoient notre nourriture ordinaire ; nous en tuions quelquefois trente ou quarante dans un jour, sans nous arrêter un moment, et nous ne faisions cette chasse qu'en chemin faisant. Tous ces animaux sont passagers, et quittent ces pays pendant l'hiver, pour en aller chercher de moins froids, où ils puissent trouver quelques ruisseaux qui ne soient point glacés ; mais ils reviennent au mois de mai faire leurs œufs en telle abondance, que les déserts en sont tout couverts. Les Lapons leur tendent des filets, et la peau des cygnes écorchés leur sert à faire des bonnets ;

les autres leur servent de nourriture. Il y a un oiseau fort commun en ce pays, qu'ils appellent *loom*, et qui leur fournit leurs plus beaux ornements de tête. Cet animal est d'un plumage violet et blanc, perlé d'une manière particulière. Il est de la grosseur d'une oie, et se prend quelquefois dans les filets que les pêcheurs mettent pour prendre du poisson, lorsque l'ardeur de la proie l'emporte trop, et qu'il poursuit quelque poisson sous l'eau. On garnit aussi de sa peau les extrémités des plus beaux gants. Les coqs de bruyère, les gelinottes s'y trouvent en abondance. Mais il y a dans ce pays une certaine espèce d'oiseau que je n'ai point vu ailleurs, qu'ils appellent *snyeuripor*, et que les Grecs appeloient *lagopos*, de la grosseur d'une poule. Cet oiseau a pendant l'été son plumage gris de la couleur du faisan, et l'hiver il est entièrement blanc, comme tous les animaux qui vivent en ce pays ; et la nature ingénieuse les rend de la même couleur que la neige, afin qu'ils ne soient pas reconnus des chasseurs, qui les pourroient facilement apercevoir, s'ils étoient d'une autre couleur que la neige, dont la terre est toute couverte. J'ai fait ailleurs la description de cet oiseau. Il est d'un goût plus excellent que la perdrix, et donne, par ses cris, une marque assurée qu'il doit bientôt tomber de la neige, comme il est aisé de voir par son nom, qui signifie *oiseau de neige*. Les Lapons leur tendent des filets sur cette neige, et forment une petite haie, au milieu de laquelle ils laissent un espace vide, où les lacets sont tendus, et par où ces oiseaux doivent passer.

Il est impossible de concevoir la quantité du poisson de la Laponie. Elle est partout coupée de fleuves, de lacs et de ruisseaux ; et ces fleuves, ces lacs et ces ruisseaux sont si pleins de poissons, qu'un homme peut, en une demi-heure de temps, en prendre, avec une seule ligne, autant qu'il en peut porter. C'est aussi la seule nourriture des Lapons, ils n'ont point d'autre pain, et ils n'en prennent pas seulement pour eux ; ils en font tout leur commerce, et achètent tout ce dont ils ont besoin avec des poissons, ou avec des peaux de bêtes ; ce qui fait que la pêche est toute leur occupation : car, soit qu'ils veuillent manger ou entretenir le luxe, qui ne laisse pas de régner dans ce pays, ils n'ont point d'autre moyen de le faire. Il est vrai que les riches ne pêchent jamais. Les pauvres pêchent pour eux, et ils leur donnent en échange, ou du tabac, ou de l'eau-de-vie, ou du fer, ou quelque autre chose de cette nature. Sans m'arrêter à parler de tous les poissons qui sont en ce pays, je dirai qu'il n'y en a point de plus abondant en saumons. Ils commencent à monter au mois de mai, et pour lors ils sont extrêmement gras, et beaucoup meilleurs que lorsqu'ils s'en retournent au mois de septembre. Il y a des années où dans le seul fleuve de Torno, on en peut pêcher jusqu'à trois mille tonnes, qu'on porte à Stockholm et à tous les habitants de la mer Baltique et du golfe Bothnique. Les brochets ne se trouvent pas en moindre abondance que les saumons : ils les font sécher, et en portent des quantités inconcevables. J'ai décrit ailleurs la manière dont ils se servent pour les pêcher la nuit, à la lueur d'un grand feu qu'ils allument sur la proue de leurs barques. Les truites y sont assez communes ; mais il y a une sorte de poisson qui m'est inconnu, qu'ils appellent *siel*, qui est de la grosseur d'un hareng, et d'une grande délicatesse.

Après avoir demeuré quelques jours avec ces Lapons, et nous être instruits de tout ce que nous voulions savoir d'eux, nous reprîmes le chemin qui nous conduisoit chez le prêtre ; et le même jour mercredi 27 d'août, nous partîmes de chez lui, et vînmes coucher à *Cokluanda*, où commence la Bothnie, et où finit la Laponie. Mais, monsieur, je ne sais si vous n'auriez pas trouvé étrange que je vous aie tant parlé des Lapons, et que je ne vous aie rien dit de la Laponie ; je ne sais comment cela s'est fait, et je finis par où je devrois avoir commencé. Il vaut encore mieux en parler plus tard que de n'en rien dire du tout, et avant que d'en sortir, je vous en dirai ce que j'en sais.

On ne peut dire quel nom cette province a eu parmi les anciens géographes, puisqu'elle n'étoit pas connue, et que Tacite et Ptolomée ne connoissoient pas de province plus éloignée que la *Sérisinie*, que nous appelons présentement Bothnie, ou *Biarmie*, et qui s'étend à l'extrémité du golfe Bothnique. Ce que l'on sait aujourd'hui de la Laponie, c'est qu'elle peut se diviser en orientale et occidentale. Elle regarde l'occident du côté de l'Islande, et obéit au roi de Danemarck. C'est du côté de l'orient qu'elle confine à la mer Blanche, où est le port d'Archangel, et celle-là reconnoît le grand-duc de Moscovie pour son souverain. Il faut en ajouter une troisième qui est au milieu des deux, et qui est beaucoup plus grande que toutes les deux autres ensemble; et celle-là est sous la domination du roi de Suède, et se divise en cinq provinces différentes, qui ont toutes le nom de Laponie, et qu'on appelle *Uma Lapmarch*, *Pitha Lapmarch*, *Lula Lapmarch*, *Torno Lapmarch*, et *Kimi Lapmarch*. Elles prennent leurs noms des fleuves qui les arrosent, et ces mêmes fleuves le donnent encore aux villes où ils passent, si l'on peut donner ce nom à un amas de quelques maisons faites d'arbres.

La province de *Torno Lapmarch*, qui est justement située au bout du golfe Bothnique, est la dernière du monde du côté du pôle arctique, et s'étend jusqu'au cap Nord. Charles IX, roi de

Suède, jaloux de connoître la vérité et l'étendue de ses terres, envoya, en différents temps de l'année 1600, deux illustres mathématiciens, l'un appelé *Aaron Forsius*, suédois, et l'autre *Jérôme Bircholto*, allemand de nation. Ces gens firent le voyage avec toutes les provisions et les instruments nécessaires, et avec un heureux succès ; et ils rapportèrent, à leur retour, qu'ils n'avoient trouvé aucun continent au Septentrion au-delà du soixante-treizième degré d'élévation ; mais une mer glaciale immense, et que le dernier promontoire qui avançoit dans l'Océan, étoit *Nuchus*, ou *Norkap*, assez près du château *Wardhus*, qui appartient aux Danois. C'est dans cette Laponie que nous avons voyagé ; et nous avons remonté le fleuve qui l'arrose jusqu'à sa source.

Nous arrivâmes le lendemain à *Jacomus Mastung*, qui n'étoit distant du lieu où nous avions couché que de deux lieues : nous en fîmes trois ou quatre pour y arriver, et nous ne perdîmes point nos pas. Il y a dans ce lieu une mine de fer très-bonne, mais qui est presque abandonnée à cause du grand éloignement. Nous y allions pour voir travailler aux forges, où, ne voyant rien de ce que nous souhaitions, nous fûmes plus heureux que nous n'espérions l'être. Nous allâmes dans la mine, d'où nous fîmes tirer des pierres d'aimant tout-à-fait bonnes. Nous admirâmes avec bien du plaisir les effets surprenants de cette pierre, lorsqu'elle est encore dans le lieu natal. Il fallut faire beaucoup de violence pour en tirer des pierres aussi considérables que celles que nous voulions avoir; et le marteau dont on se servoit, qui étoit de la grosseur de la cuisse, demeuroit si fixe en tombant sur le ciseau qui étoit dans la pierre, que celui qui frappoit avoit besoin de secours pour le retirer. Je voulus éprouver cela moi-même; et ayant pris une grosse pince de fer, pareille à celles dont on se sert pour remuer les corps les plus pesants, et que j'avois de la peine à soutenir, je l'approchai du ciseau, qui l'attira avec une violence extrême, et la soutenoit avec une force inconcevable. Je mis une boussole que j'avois, au milieu du trou où étoit la mine, et l'aiguille tournoit continuellement d'une vitesse incroyable. Nous prîmes les meilleures, et nous ne demeurâmes pas davantage en ce lieu. Nous allâmes retrouver nos barques, et vînmes coucher à *Tuna Hianda*, chez un de nos bateliers, qui nous fit voir ses lettres d'exemption de taille, qu'il avoit du roi, pour avoir trouvé cette mine de fer. Ce paysan s'appeloit *Las Larszon*, *Laurentius à Laurentio*.

Le lendemain dimanche nous fîmes une assez bonne journée, et arrivâmes le soir à *Koenges*, où nous avions demeuré un jour en passant. Nous achetâmes là des traîneaux, et tout le harnois qui sert à atteler la renne. Ils nous coûtèrent un ducat la pièce. Nous ne partîmes le lundi que sur le midi, ayant été obligés d'attendre les barques qu'il faut aller querir assez loin, et porter un long espace de chemin, pour éviter les cataractes qui sont extrêmement violentes en cet endroit. Nous couchâmes cette nuit-là à *Fello*, où nous eûmes le plaisir de voir, en arrivant, cette pêche du brochet dont je vous ai déjà parlé, et qui me parut merveilleuse. Il ne faut pas s'étonner si les habitants de ce pays cherchent tous les moyens possibles pour prendre du poisson : ils n'ont que cela pour subsister; et la nature, qui donne bien souvent le remède aussitôt que le mal, refusant ses moissons à ces gens, leur donne des pêches plus abondantes qu'en aucun autre endroit. Nous vînmes le lendemain, premier septembre, coucher chez le préfet des Lapons, allemand de nation, dont j'ai déjà parlé, et le lendemain nous arrivâmes à Torno, après avoir passé plus de quarante cataractes. Ces cataractes sont des chutes d'eau très-impétueuses, et qui font, en tombant, un bruit épouvantable. Il y en a quelques-unes qui durent l'espace de deux ou trois lieues, et c'est un plaisir le plus grand du monde de voir descendre ces torrents avec une vitesse qui ne se peut concevoir, et faire trois ou quatre milles de Suède, qui valent douze lieues de France, en moins d'une heure. Plus la cataracte est forte, et plus il faut ramer avec vigueur pour soutenir sa barque contre les vagues : ce qui fait qu'étant poussé du torrent, et porté de la rame, vous faites un grand chemin en peu de temps.

Nous arrivâmes à Torno le mardi, et nous y vînmes à la bonne heure pour voir les cérémonies des obsèques de *Joannes Tornœus*, dont je vous ai parlé auparavant, qui étoit mort depuis deux mois. C'est la mode en Suède de garder les corps des défunts fort long-temps. Ce temps se mesure suivant la qualité des personnes, et plus la condition du défunt est relevée, et plus aussi les funérailles sont reculées. On donne ce temps pour disposer toutes choses pour ces actions, qui sont les plus solennelles qui se fassent en ce pays; et si l'on dit que les Turcs dépensent leurs biens en noces, les Juifs en circoncisions, les Chrétiens en procès, on pourroit ajouter, les Suédois en funérailles. En effet, j'admirai la grande dépense qui se fit pour un homme qui n'étoit pas autrement considérable, et dans un pays si barbare et si éloigné du reste du monde. On n'eut pas plus tôt appris notre arrivée, que le gendre du défunt travailla aussitôt à une harangue latine qu'il devoit le lendemain prononcer devant nous, pour nous inviter aux obsèques de son beau-père. Il fut toute la nuit à y rêver, et oublia tout son discours lorsqu'il fut le matin devant nous. Si les révérences disent quelque chose, et sont les marques de l'éloquence, je puis assurer que notre harangueur surpassoit le prince des orateurs ; mais je crois que ses inclinations servoient plus à cacher la confusion qui paroissoit sur son visage, qu'à rendre son discours fleuri. Comme nous savions le sujet de sa venue, nous devinâmes qu'il venoit pour nous prier d'assister à la cérémonie ; car nous n'en pûmes rien apprendre par son discours : et quelque temps après, le bourgmestre de la ville, avec un officier qui étoit là en garnison, vinrent nous prendre dans la même chaloupe pour nous passer de l'autre côté de l'eau, et nous mener à la maison du défunt. Nous trouvâmes à notre arrivée toute la maison pleine de prêtres vêtus de longs manteaux, et de chapeaux qui sembloient, par la hauteur de leur forme, servir de colonnes à quelque poutre de maison. Le corps du défunt, mis dans un cercueil couvert de drap, étoit au milieu d'eux. Ils l'arrosoient des larmes qui dégouttoient de leurs barbes humides, dont les poils séparés formoient différents canaux, et distilloient cette triste humeur, qui servoit d'eau bénite. Tous ces prêtres avoient quitté leurs paroisses, et étoient venus de fort loin. Il y en avoit quelques-uns éloignés de plus de cent lieues ; et on nous assura que si cette cérémonie se fût faite l'hiver, pendant lequel temps les chemins en ces pays sont les plus faciles, il n'y auroit eu aucun prêtre à deux ou trois cents lieues à la ronde, qui ne s'y fût trouvé, tant ces sortes de cérémonies se font avec éclat. Le plus ancien de la compagnie fit une oraison funèbre à tous les assistants; et il falloit qu'il dît quelque chose de bien triste, puisqu'il s'en fallut peu que son air pitoyable ne nous excitât à pleurer nous-mêmes, qui n'entendions rien à ce qu'il disoit. Les femmes étoient dans une petite chambre, séparées des hommes, qui gémissoient d'une manière épouvantable, et entre autres la femme du défunt, qui interrompoit, par ses sanglots, le discours du prédicateur. Pendant que l'on prêchoit dans cette salle, on en faisoit autant dans l'église en finlandois, et quand les deux discours furent finis, on se mit en chemin pour conduire le corps à l'église. Sept ou huit bourgeois le chargèrent sur leurs épaules, et il n'y eut personne des plus apparents qui ne voulût y mettre la main. Je me souvins pour lors de ce que dit Virgile à l'entrée du cheval dans Troie, quand il dit qu'il n'y avoit ni jeune ni vieux qui ne voulût aider à tirer cette machine dans leur ville : *Funemque manû contingere gaudent*. Nous suivions le corps comme les plus apparents, et ceux qui menoient le deuil ; la veuve venoit ensuite, conduite par-dessous les bras par deux de ses filles : l'une s'attristoit beaucoup, et l'autre ne paroissoit pas émue. On mit le corps au milieu de l'église, en chantant quelques psaumes; et les femmes, en passant près du défunt, se jetèrent sur le cercueil, et l'embrassèrent pour la dernière fois. Ce fut pour lors que commença la grande et principale oraison funèbre, récitée par *Joannes Plantinus*, prêtre d'Urna, qui eut une canne d'argent pour sa peine. Je ne puis pas dire s'il l'avoit méritée ; mais je sais qu'il cria beaucoup, et que, pour rendre tous les objets plus tristes, il s'étoit même rendu hideux, en laissant ses cheveux sans ordre, et pleins de plusieurs bouts de paille qu'il n'avoit pas eu le temps d'ôter. Cet homme dit toute la vie du défunt, dès le moment de sa naissance jusqu'au dernier soupir de sa vie. Il cita les lieux et les maîtres qu'il avoit servis, les provinces qu'il avoit vues, et n'oublia pas la moindre action de sa vie. C'est la mode en ce pays de faire une oraison funèbre aux laquais et aux servantes, pourvu qu'ils aient un écu pour payer l'orateur. Je me suis trouvé à Stockholm à l'enterrement d'une servante, où la curiosité m'avoit conduit. Celui qui faisoit son oraison funèbre, après avoir cité le lieu de sa naissance et ses parents, s'étendit sur les perfections de la défunte, et exagéra beaucoup qu'elle savoit parfaitement bien faire la cuisine, distribuant les parties de son discours en autant de ragoûts qu'elle en savoit faire, et forma cette partie de son oraison, en disant qu'elle n'avoit qu'un seul défaut, qui étoit de faire toujours trop salé ce qu'elle apprêtoit, et qu'elle montroit par là l'amour qu'elle avoit pour la prudence, dont le sel est le symbole, et son peu d'attache aux biens de ce monde, qu'elle jetoit en profusion. Vous voyez par là, monsieur, qu'il y a peu de gens qui ne puissent donner matière de faire à leur mort une oraison funèbre, et un beau champ à un orateur d'exercer son éloquence. Mais celui-ci avoit une plus belle carrière. *Joannes Tornæus* étoit un homme savant; il avoit voyagé, et avoit même été en France précepteur du comte Charles Oxenstiern. Quand l'oraison funèbre fut finie, on nous vint faire un compliment latin, pour nous inviter au festin. Quoique nous n'entendissions pas davantage à ce second compliment qu'au premier, nous n'eûmes pas de peine à nous imaginer ce qu'il nous vouloit dire : nos ventres ne nous disoient que trop ce que ce pouvoit être; et ils se plaignoient si haut qu'il étoit près de trois heures et qu'ils n'avoient pas encore mangé, qu'il ne fut pas plus difficile à ces gens d'entendre leur langage qu'à nous le leur. On nous mena dans une grande salle, divisée en trois longues tables; et c'étoit le lieu d'honneur. Il y en avoit cinq ou six autres encore plus pleines que celles-ci, pour recevoir tous les gens qui s'y présentoient. Les préludes du repas furent de l'eau-de-vie, de la bière, et une autre liqueur qu'ils appellent *calchat*, faite avec de la bière, du vin et du sucre, deux aussi méchantes boissons qui puissent entrer dans le corps humain. On servit ensuite les tables, et on nous fit asseoir au plus haut bout de la première table, avec les prêtres du premier ordre, tels qu'étoient le père prédicateur et autres. On commença le repas dans le silence, comme partout ailleurs, et comme le sujet le demandoit : ce qui fit dire à Plantin, qui étoit à côté de moi, qu'ils appeloient les conviés *Nelli. N* signifie, *Neque vox, nec sermo egreditur ex ore eorum ; loquebantur variis linguis ; in omnem terram exivit sonus eorum.* Toutes ces paroles étoient tirées de l'Écriture, et je ne crois pas qu'on les puisse mieux faire venir qu'à cet endroit ; car on ne peut se figurer une image plus vive des noces de Cana, que le tableau que nous en vîmes représenter devant nos yeux, plus beau et plus naturel que celui de Paul Véronèse. Les tables étoient couvertes de viandes particulières, et, si je l'ose dire, antiques ; car il y avoit pour le moins huit jours qu'elles étoient cuites. De grands pots de différentes matières, faits la plupart comme ceux qu'on portoit aux sacrifices anciens, paroient cette table, et faisoient par leur nombre une confusion semblable à celle que nous voyons aussi aux anciens banquets. Mais ce qui achevoit cette peinture, c'étoit la mine vénérable de tous ces prêtres armés de barbe, et les habits finlandois de tous les conviés, qui sont aussi plaisants qu'on en puisse voir,

Il y avoit entre autres un petit vieillard avec de courts cheveux, une barbe épaisse, et chauve sur le devant de la tête. Je ne crois pas que l'idée la plus vive de quelque peintre que ce soit puisse mieux représenter la figure de saint Pierre. Cet homme avoit une robe verte, doublée de jaune, sans façon, et faisant l'effet d'une draperie, retroussée d'une ceinture. Je ne me lassois point de contempler cet homme, qui étoit le frère du défunt. Pendant que je m'arrêtois à le considérer, les autres avoient des occupations plus importantes, et buvoient en l'honneur du défunt et la prospérité de sa famille, d'une manière surprenante. Les prêtres, comme les meilleurs amis, buvoient le plus vigoureusement; et après avoir bu des santés particulières, on en vint aux rois et aux grands. On commença d'abord par la santé des belles filles, comme c'est la mode par toute la Suède, et de là on monta aux rois. Ces santés ne se boivent que dans des vases proportionnés, par leur grandeur, à la condition de ces personnes royales; et pour m'exciter d'abord, on me porta la santé du roi de France, dans un pot qui surpassoit autant tous les autres en hauteur, que ce grand prince surpasse les autres rois en puissance. C'eût été un crime de refuser cette santé. Je la bus, et vidai ce pot fort courageusement. Il n'y avoit pas d'apparence, étant en Suède, d'avoir bu à la santé du roi de France, et d'oublier celle du roi de Suède. On la but dans un vase qui n'étoit guère moins grand que l'autre ; et après avoir fait suivre plusieurs santés à celle-ci, tout le monde se tut pour faire la prière. Il arriva malheureusement dans ce temps, qu'un de notre compagnie dit un mot plaisant, et nous obligea à éclater de rire si long-temps, et d'une manière si haute, que toute l'assemblée, qui avoit les yeux sur nous, en fut extrêmement scandalisée. Ce qui étoit de plus fâcheux, c'est que tout le monde avoit été découvert pendant le repas à cause de nous, et qu'on avoit emporté nos chapeaux, en sorte que nous n'avions rien pour cacher le rire dont nous n'étions pas les maîtres ; et plus nous nous efforcions à l'étouffer, et plus il éclatoit. Cela fit que ces prêtres, croyant que nous nous moquions de leur religion, sortirent de la salle, et n'y voulurent plus rentrer. Nous fûmes avertis par un petit prêtre, qui étoit plus de nos amis que les autres, qu'ils avoient résolu de nous attaquer sur la religion. Nous évitâmes pourtant de parler avec eux sur cette matière, et nous les allâmes trouver dans un autre lieu où étoit passée l'assemblée pour fumer, tandis qu'on levoit les tables. On apporta pour dessert des pipes et du tabac, et tous les prêtres burent et fumèrent jusqu'à ce qu'ils tombassent sous la table. Ce fut ainsi qu'on arrosa la tombe de *Joannes Tornæus*, et que la fête finit. *Olaüs Graan*, gendre du défunt, se traîna le mieux qu'il put pour nous conduire à notre bateau, le pot à la main ; mais les jambes lui manquèrent : il s'en fallut peu qu'il ne tombât dans la rivière, et par nécessité, deux hommes le ramenèrent par-dessous les bras.

Nous croyions que toute la cérémonie fût terminée, quand nous vîmes paroître le lendemain matin *Olaüs Graan*, suivi de quelques autres prêtres, qui nous venoit prier de nous trouver au lendemain. Je vous assure, monsieur, que cela me surprit : je n'avois jamais entendu parler de lendemain qu'aux noces, et je ne croyois pas qu'il en fût de même aux enterrements. Il fallut se résoudre à y aller une seconde fois, et nous eûmes une conférence avec *Olaüs Graan*, pendant le bon intervalle qu'il souffrit entre l'ivresse passée et la future.

Cet *Olaüs Graan*, gendre du défunt, est prêtre de la province de *Pitha*, homme savant, ou se disant tel, géographe, chimiste, chirurgien, mathématicien, et se piquant surtout de savoir la langue françoise, qu'il parloit, comme vous pouvez juger par ce compliment qu'il nous fit. *La grande ciel* (nous répéta-t-il plusieurs fois) *conserve vous et votre applicabilité tout le temps que vous verrez vos gris cheveux.* Il nous montra deux médailles, l'une de la reine Christine, et l'autre étoit un sicle des Juifs, qui représente d'un côté la verge de Moïse, et de l'autre une coupe, d'où sort une manière d'encens. Entre toutes les autres qualités, il prétendoit avoir celle de posséder en perfection la pharmacie ; et pour nous le prouver, il tira de plusieurs poches quantité de boîtes de toutes grandeurs, de confortatifs, et assez pour lever une boutique d'apothicaire. Il me donna un morceau de testicule de castor, et m'assura qu'il tiroit une huile admirable de la queue de cet animal, qui servoit à toutes sortes de maladies. Quand notre conversation fut finie, on nous reconduisit où nous avions été le jour précédent, où chacun, pour faire honneur au défunt, but considérablement ; et ceux qui purent, s'en retournèrent chez eux.

Nous demeurâmes à Torno, à notre retour de Laponie, pendant huit jours. Le mercredi et le jeudi se passèrent à l'enterrement ; le vendredi, le samedi et le dimanche ne furent remarquables que par les visites continuelles que nous reçûmes, où il falloit faire boire tout le monde. Le lundi, le bourgmestre nous donna à dîner, et le mardi, à la pointe du jour, le vent s'étant mis à l'ouest, nous fîmes voile. Le vent demeura assez bon tout le reste du jour ; la nuit, il fut moins violent ; mais le lendemain mercredi nous eûmes un calme : le jeudi ne fut pas plus heureux, et nous demeurâmes immobiles comme des tours. Nous jetâmes plusieurs fois la sonde pour donner fond, mais n'en trouvant aucun, il fallut faire notre route dans des appréhensions continuelles d'aller échouer quelque part. Le vendredi, le brouillard étant dissipé, nous fîmes un peu de chemin à la faveur d'un vent est et nord-est, et passâmes les petites îles de *Querken;* mais le lendemain, le vent s'étant fait contraire, nous fûmes obligés de retourner sur nos pas, et de relâcher dans un port appelé *Ratan :* nous y passâmes une partie de ce jour à chasser dans une île voisine, et le soir nous allâmes à l'église, éloignée d'une demi-lieue. Le prêtre nous y donna à souper; mais dans la crainte qu'il avoit que de jeunes gens frais revenant de *Lappemarch* n'entreprissent quelque chose sur son honneur, il s'efforçoit, afin que nous ne passassions pas la nuit chez lui, de nous faire entendre que le vent étoit bon, quoiqu'il fût fort contraire. Nous revînmes donc à notre barque passer toute la nuit, après avoir acheté un livre chez lui, et le dimanche matin le major du régiment de cette province nous envoya querir dans sa chaloupe par deux soldats : nous y allâmes, et nous trouvâmes tous ses officiers, qui nous attendoient avec un bon dîner. Il fallut boire à la suédoise, c'est-à-dire, vider les cannes d'un seul trait; et quand on en vint à la santé du roi, on apporta trois verres pleins sur une assiette, qui furent tous vidés. J'avoue que je n'avois pas encore expérimenté cette triplicité de verres, et que je fus fort étonné de voir qu'il ne suffisoit pas de boire dans un seul. Il est encore de la cérémonie de renverser son verre sur l'assiette, pour faire voir la fidélité de celui qui boit. Nous nous en retournâmes à notre vaisseau, et le lendemain, sur les dix heures, nous allâmes voir de quel côté venoit le vent : il étoit est, et l'ignorance de notre capitaine et de notre pilote leur faisoit croire qu'ils ne pouvoient sortir hors du port avec ce vent : je leur soutins le contraire, et je fis tant que je les résolus à se hasarder de sortir. Nous le fîmes heureusement, et sur le midi le vent se mît si fort nord-est, qu'ayant duré toute la nuit et le lundi suivant jusqu'à midi, nous fîmes pendant vingt-quatre heures plus de cent lieues ; mais le vent étant tombé tout d'un coup, nous demeurâmes à huit lieues d'*Agbon*, lieu où nous devions descendre pour aller par terre à *Coperberyt*. Nous ne le pûmes faire que le lendemain ; et ayant trouvé heureusement à la côte de petites barques qui venoient de la foire d'*Hernesautes*, nous vînmes coucher à *Withseval*, petite ville sur le bord du golfe Bothnique, et le lendemain nous prîmes des chevaux de poste, et fîmes une très-rude journée, soit par la difficulté du chemin, ou soit qu'ayant été long-temps sans courir la poste, nous en ressentions plus la fatigue. Nous nous égarâmes la nuit dans des bois ; et s'il est toujours fâcheux d'errer pendant les ténèbres, il l'est incomparablement davantage en Suède, dans un pays plein de précipices et de forêts sans fin, où l'on ne sait pas un mot de la langue, et où, quand on la sauroit, l'on ne trouve personne pour demander le chemin. Néanmoins, après avoir beaucoup avancé notre route pendant une pluie épouvantable, à la faveur d'une petite chandelle, plus agréable mille fois dans cette nuit obscure, que le plus beau soleil dans un des plus charmants jours de l'été, nous arrivâmes à la poste ; et le vendredi suivant, étant fort rebutés de la journée précédente, nous ne fîmes que trois lieues, et couchâmes à *Alta*. Le samedi fut assez remarquable par l'aventure qui nous arriva. Nous partîmes à six heures du matin pour faire quatre milles de Suède, qui font douze lieues de France ; et après avoir marché jusqu'à deux heures après midi, nous arrivâmes à une misérable cabane, que nous ne crûmes point être le lieu où nous devions prendre d'autres chevaux, et qui l'étoit néanmoins ; et n'ayant trouvé personne à qui parler, nous poursuivîmes notre route par des chemins qu'il n'y a que ceux qui y ont été qui en puissent concevoir la difficulté. Nous croyions être fort proche de la poste, et nous marchâmes jusqu'à quatre heures au soir sans rencontrer une seule personne pour demander le chemin, ni le moindre toit pour nous mettre à couvert. Par surcroît de malheur, la pluie vint en telle abondance, qu'il plut cette nuit-là pour trois mois qu'il y avoit qu'il n'étoit pas tombé une seule goutte d'eau. L'espérance qui nous flattoit que nous pourrions bien rencontrer quelque maison de paysan, faisoit que, malgré la lassitude épouvantable dont nous étions accablés, nous ne laissions pas de marcher; mais enfin la pluie vint si forte, et la nuit si noire, que nos chevaux rebutés, et qui n'avoient pas mangé non plus que nous depuis le matin, demeurèrent tout d'un coup, sans qu'il fût possible de les faire avancer davantage. Nous voilà donc tristement demeurés au milieu des bois, sans avoir quoi que ce soit au monde que le ventre des chevaux pour nous mettre à couvert, et on le pouvoit faire sans danger; car les pauvres bêtes étoient si accablées, qu'elles passèrent la nuit sans remuer, et sans manger non plus que leurs maîtres. Toute notre consolation fut que nous fîmes un bon feu qui nous échauffa un peu. Mais il n'y avoit rien de si plaisant que de nous voir dans cet équipage, tous extrêmement tristes et défaits, comme des gens qui n'avoient mangé depuis vingt-quatre heures, et qui baissoient languissamment la tête, pour recevoir la pluie qu'il plaisoit au ciel de faire tomber sur nous avec largesse. Ce qui acheva de rendre l'aventure plaisante, fut que le lendemain nous ne fûmes pas plus tôt à cheval à la pointe du jour, que nous découvrîmes à deux portées de mousquet une petite maison que nous avions tant cherchée, et dans laquelle nous allâmes boire un peu de lait. A quelque chose, comme on dit, malheur est bon ; car cet égarement fut cause que nous arrivâmes le lendemain dimanche à *Coperberyt*, où nous ne fussions arrivés que le jour d'après. Nous découvrîmes cette ville par la fumée qui en sortoit, et qui ressembloit plutôt à la boutique de Vulcain qu'à toute autre chose. On ne voit de tous côtés que fourneaux, que feux, que charbons et cyclopes affreux. Il faut descendre dans cette ville par des trous. Pour vous en faire concevoir l'horreur, on nous mena premièrement dans une chambre pour y changer d'habit, où nous prîmes un bâton ferré pour nous soutenir dans les endroits dangereux. Nous descendîmes ensuite dans la mine, dont la bouche est d'une largeur et d'une profondeur surprenantes. A peine voit-on les travailleurs, dont les uns élèvent des pierres, les autres font sauter des terres, d'autres font des feux pour détacher la mine, et chacun enfin a son emploi différent. Nous descendîmes dans ce fond par quantité de routes qui y conduisoient, et nous commençâmes pour lors à connoître que nous n'avions rien fait, et que ce n'étoit qu'une disposition à de plus grands travaux. Nos guides allumèrent leurs flambeaux, qui avoient bien de la peine à percer les ténèbres épaisses qui régnoient dans ces lieux souterrains. On ne voit de tous côtés, et à perte de vue, que des sujets d'horreur, à la faveur de certains feux sombres, qui ne donnent de lumière qu'autant qu'il en faut pour distinguer ces objets affreux; la fumée vous offusque, le soufre vous étouffe. Joignez à cela le bruit des marteaux et la vue de ces ombres, ces malheureux, qui sont tout nus, et noirs comme des démons, et vous avouerez avec moi, qu'il n'y a rien qui représente mieux l'enfer que ce tableau vivant, peint des plus noires et des plus sombres peintures qu'on se puisse imaginer. Nous descendîmes plus de deux lieues dans terre par des chemins épouvantables, tantôt sur des échelles tremblantes, tantôt sur des planches légères, et toujours dans de continuelles appréhensions. Nous aperçûmes dans notre chemin quantité de pompes qui élevoient l'eau, et des machines assez curieuses, que nous n'eûmes pas le temps d'examiner. Nous vîmes seulement quantité de ces malheureux qui travailloient à ces pompes. Nous pénétrâmes jusqu'au fond avec une peine terrible; mais quand il fallut remonter, le soufre nous avoit tellement suffoqués, que ce fut avec des travaux inconcevables que nous regagnâmes la première descente. Il fallut nous jeter à terre plusieurs fois, et les genoux nous manquant, on étoit obligé de nous porter sur les bras. Nous arrivâmes enfin, après d'épouvantables fatigues, à la bouche de la mine : ce fut là que nous commençâmes à respirer de la manière que feroit une âme qu'on tireroit du purgatoire. Un objet pitoyable se présenta pour lors à notre vue ; on reportoit un de ces malheureux, qui venoit d'être écrasé par une petite pierre, que la chute de très-haut avoit rendue dangereuse. Ces pauvres gens exposent leur vie à bon marché : on leur donne seize sous par jour ; et il y a environ six ou sept cents hommes qui travaillent continuellement à ces travaux. Je ne sais si l'on doit plus plaindre le sort des malheureux qui travaillent dans cet enfer, que l'avarice des hommes qui, pour entretenir leur luxe, déchirent les entrailles de la terre, confondent les éléments, et renversent toute la nature. Boëce avoit bien raison de dire de son temps :

> Heu ! primus quis fuit ille
> Auri qui pondera tecti
> Gemmasque latere volentes,
> Pretiosa pericula fodit ?

Et Pline dit que les Romains, qui avoient plus besoin d'hommes que d'or, ne voulurent point permettre qu'on ouvrît des mines qu'on avoit découvertes en Italie. Les Espagnols vont chercher en Guinée des malheureux qu'ils destinent à travailler à leur roc de Potosi ; et il y a des pays où l'on envoie ceux qui ont mérité la mort, et qui creusent tous les jours leurs tombeaux. On trouve dans cette mine de *Coperberyt* du soufre vif, du vitriol bleu et vert, et des *octaèdres* ; ce sont des pierres curieuses, taillées naturellement en figure octogone.

Nous partîmes le même jour pour aller à la mine d'argent qui est à *Salsberyt;* nous y arrivâmes le lendemain mardi. Son nom véritable est *Sala;* son aspect est un des plus riants de la Suède. Le jour suivant nous allâmes à la mine, qui en est distante d'un quart de mille. Cette mine a trois larges bouches, comme des puits, dans lesquels on ne voit point de fond. La moitié d'un tonneau, soutenu d'un câble, sert d'escalier pour descendre dans cet abîme. L'eau fait aller cette machine d'une manière curieuse; elle fait la roue, et tourne des deux côtés pour monter et pour descendre. La grandeur du péril se conçoit aisément : on est à moitié dans un tonneau, dans lequel on n'a qu'une jambe : un satellite, noir comme un diable, le flambeau à la main, descend avec vous, et entonne tristement une chanson lugubre, qui est faite exprès pour cette descente. Cette manière d'aller est assez douce, mais on ne laisse pas d'y être fort mal à son aise, quand on se voit au bout d'un câble, et que l'on conçoit que la vie dépend entièrement de sa force ou de sa foiblesse. Quand nous fûmes au milieu, nous commençâmes à sentir un grand froid, qui, joint aux torrents qui tomboient de toutes parts, nous fit sortir de la léthargie où nous étions. Nous arrivâmes enfin au fond de ce gouffre, après une demi-heure de marche; là nos craintes commencèrent à se dissiper; nous ne vîmes plus rien d'affreux; au contraire, tout brilloit dans ces régions souterraines, et après être descendus encore fort avant, soutenus par des échelles extrêmement hautes, nous arrivâmes à un salon qui est dans le fond de la mine, soutenu de colonnes de ce précieux métal; quatre galeries spacieuses y venoient aboutir, et la lueur des feux qui brûloient de toutes parts, et qui venoient frapper sur l'argent des voûtes et sur un clair ruisseau qui couloit à côté, ne servoit pas tant à éclairer les travailleurs, qu'à rendre ce séjour plus magnifique qu'on ne peut dire, et semblable aux palais enchantés de Pluton, que les poètes ont mis au centre de la terre, où elle conserve ses trésors. On voit sans cesse dans ces galeries des gens de toutes les nations, qui recherchent avec tant de peine ce qui fait le plaisir des autres hommes. Les uns tirent des chariots, les autres roulent des pierres, les autres arrachent le roc du roc; et tout le monde a son emploi. C'est une ville sous une autre ville : là il y a des cabarets, des maisons, des écuries et des chevaux; et ce qu'il y a de plus admirable, est un moulin à vent, qui va continuellement dans cette caverne, et qui sert à élever les eaux. On remonte avec la machine dans laquelle on est descendu, pour aller voir les différentes opérations pour faire l'argent. On appelle *stuf* les premières pierres qu'on tire de la mine, lesquelles on fait sécher sur un fourneau qui brûle lentement, et qui sépare l'antimoine, l'arsenic et le soufre d'avec la pierre, le plomb et l'argent qui restent ensemble. Cette première opération est suivie d'une seconde, et ces pierres sèches sont jetées dans des trous où elles sont pilées et réduites en boue, par le moyen de gros marteaux que l'eau fait agir. Cette boue est délayée dans une eau qui coule incessamment sur une planche mise en glacis, et qui, emportant le plus grossier, laisse l'argent et le plomb dans le fond sur une toile. La troisième sépare l'argent d'avec le plomb, qui fond en écume; et la quatrième sert enfin à sa perfection, et à le mettre en état de souffrir le marteau. On ne s'imagine pas qu'il y ait tant de dispositions pour avoir un métal qui n'est que l'excrément de la terre. Les Espagnols ne s'arrêtent point, au Potosi, à toutes ces différentes fontes pour purifier l'argent, depuis qu'ils ont trouvé la manière de l'épurer, avec le vif-argent, qui, étant ennemi de tous les autres métaux, qu'il détruit, excepté l'or et l'argent, les sépare de tout ce qu'ils ont de grossier et de terrestre, pour s'unir entièrement à eux. On trouve du mercure dans cette mine, et ce métal, quoique quelques-uns ne lui donnent pas ce nom-là, parce qu'il n'est pas malléable, est peut-être un des plus rares effets de la nature; car étant liquide et coulant de lui-même, c'est la chose du monde la plus pesante; et il se convertit en la plus légère, et se résout en fumée, qui, venant à rencontrer un corps dur ou une région froide, s'épaissit aussitôt, et reprend sa première forme, sans pouvoir jamais être détruit. La personne qui nous conduisit dans les mines, nous fit voir ensuite chez elle quantité de pierres curieuses qu'elle avoit ramassées de toutes parts; entre autres un gros morceau de cette pierre ductile, qui blanchit dans le feu loin de se consumer, et dont les Romains se servoient pour brûler le corps des défunts. Elle l'avoit trouvée dans cette mine, et nous en fit présent à chacun d'un petit morceau. Nous partîmes le même jour de cette petite ville pour aller à Upsal, où nous arrivâmes le lendemain mercredi d'assez bonne heure.

Cette ville est la plus considérable de toute la Suède, par son académie et sa situation : c'est là où l'on envoie étudier tous ceux qui veulent être de l'état ecclésiastique, dans lequel les nobles ne peuvent entrer; et c'est une politique de ce royaume, afin de ne pas diminuer le nombre des gentilshommes, qui servent ailleurs plus utilement. Nous vîmes la bibliothéque, qui n'a rien de considérable que le *Codex argenteus*, manuscrit, écrit en lettres gothiques d'argent, par un évêque nommé *Ulphila*, en Mésie, vers 370, trouvé dans le sac de Prague; et enlevé par le comte de Coningsmarck, qui en fit présent à la reine Christine. Nous allâmes ensuite dans l'église, où nous vîmes le tombeau de saint Eric, roi de Suède, qui eut la tête coupée. On nous donna à manier sa tête et ses os, qui sont tout entiers dans une caisse d'argent. On voit dans une grande chapelle derrière le chœur, le mausolée de Gustave Ier et de ses deux femmes, dont il y en a une armée d'un fouet, à cause de sa cruauté. On nous montra dans la sacristie une ancienne idole, appelée *Thor*, que les Suédois adoroient, et un très-beau calice, présent de la reine Christine. Il y a quantité de savants hommes; entre autres *Rudbekius*, médecin, qui a fait un livre très-curieux qu'il nous fit voir lui-même. Cet homme montre, par tout ce qu'il y a d'auteurs, comme Hérodote, Platon, Diodore de Sicile et autres, que les dieux viennent de son pays. Il en donne des raisons fortes; il nous persuada, par le rapport qu'il y a dans sa langue à tous les noms des dieux. Hercule vient de *Her* et *Coule*, qui signifie *capitaine*. Diane vient du mot gothique *dia*, qui signifie *nourrice*. Il nous fit voir que les pommes Hespérides, qui rendoient immortels ceux qui en avoient tâté, avoient été dans ce lieu. Il nous fit voir que cette immortalité venoit de la science, qui faisoit vivre les hommes éternellement. Il nous montra un passage de Platon, qui, parlant aux Romains, leur dit qu'ils ont reçu leurs dieux de Grèce, et que les Grecs les ont pris des barbares. Il s'efforça de nous persuader que les colonnes d'Hercule avoient été en son pays, et quantité d'autres choses que vous croirez, si vous voulez.

Nous vîmes dans son cabinet beaucoup d'ouvrages de mécanique. Un des *bâtons ruténiques* pour connoître le cours du soleil, que les Suédois, à ce qu'il dit, ont connu avant les Egyptiens et les Chaldéens. Toutes les lettres runiques sont faites en forme de dragon, qu'il dit être le même qui gardoit le jardin des Hespérides. Les lettres runiques, dont les Suédois se servoient, n'étoient que seize en nombre. *Ovenius* est encore un célèbre médecin. *Redeleius* et *Loxenius* sont renommés; le premier, pour les antiquités, et l'autre pour le droit. *Columbus* pour l'histoire; et *Scheffer*, qui a écrit des Lapons, étoit fort estimé pour la logique. On voit dans la vieille ville d'Upsal quantité d'antiquités, comme les tombeaux des rois de Suède, et le temple de *Janus Quadri-Front*, qui a donné lieu d'écrire à *Rudbekius*. Nous nous mîmes dans une petite barque qui partoit pour Stockholm, pour de certaines raisons; et le vent qui étoit bon s'étant changé, étant encore à la vue d'Upsal, nous marchâmes deux grands milles de Suède, qui valent cinq ou six lieues de France, et arrivâmes à la poste, où nous prîmes des chevaux qui nous conduisirent pendant toute la nuit jusqu'à Stockholm, où nous entrâmes à quatre heures du matin le samedi 27 septembre, où nous terminâmes enfin notre pénible voyage, le plus curieux qui fut jamais, que je ne voudrois pas n'avoir fait pour bien de l'argent, et que je ne voudrois pas recommencer pour beaucoup davantage.

VOYAGE
DE POLOGNE
ET D'ALLEMAGNE.

Nous partîmes de Stockholm le 3 octobre 1683, pour aller trouver notre vaisseau aux Dalles, qui étoit parti deux jours avant nous. Nous fûmes escortés de tous nos bons amis jusqu'à une lieue de la ville : là, prenant congé d'eux, nous marchâmes une bonne partie de la nuit, et arrivâmes le lendemain aux Dalles ; c'est le lieu où se payent les droits que le roi de Suède prend sur toutes les marchandises qui entrent ou qui sortent. C'est là où commencent les rochers dont Stockholm est environné, et dans lesquels il est assez difficile de marcher. Notre galiote n'y étoit pas encore, mais elle parut le lendemain sur le midi. Elle étoit de Stettin, qui appartient au roi de Suède, dans la Poméranie ; et qui donna pendant ces dernières guerres tant d'exercice aux troupes de l'électeur de Brandebourg, qui demeurèrent neuf mois devant les murailles, qui n'étoient défendues que des seuls bourgeois. Elle a depuis été rendue au roi de Suède, comme toutes les autres places qu'il avoit perdues, et que le roi de France lui a fait rendre. Nous partîmes le lendemain dimanche à la pointe du jour, poussés d'un assez bon vent, qui se changea bientôt après, et nous obligea d'aller relâcher à Landsor, proche du lieu d'où nous étions partis. Nous eûmes assez de peine à nous retirer entre deux rochers qui nous servirent d'abri; car la tempête étoit extrêmement violente, et pensa cent fois nous briser contre les pierres dont cette mer est toute pleine. Le quatrième jour d'octobre est célèbre pour nous en malheur; il y avoit trois ans que ce même jour, dédié à saint François, mon patron, nous fûmes pris des Turcs sur la Méditerranée, à la vue de Nice. Il est difficile d'oublier ces jours-là, lorsqu'ils se marquent dans notre mémoire avec des couleurs si vives et si fortes. Nous demeurâmes trois jours en cet endroit; et le vent étant un peu moins mauvais, nous mîmes à la voile, et vînmes jusqu'à la vue de Wisby, capitale de l'île de Gotland. Cette île, qui est la plus fertile de toute la Suède, a été donnée en apanage à la reine Christine, qui l'a échangée depuis avec celle d'Oëland, contre la ville et seigneurie de Norchopin dans.... On voit un livre des ordonnances de Wisby, dont on s'est servi pour compiler les ordonnances du négoce de mer.

La fortune qui sembloit ne nous être favorable que pour nous mieux faire sentir ses disgrâces, ne fut pas long-temps à nous faire éprouver ses caprices ordinaires : il s'éleva la nuit une tempête si horrible, qu'après avoir été fort long-temps dans des horreurs continuelles, nous fûmes contraints, sitôt qu'il fut jour, d'aller à toutes voiles relâcher encore une fois en Suède, à Westerwich, en la province de Smaland. Nous vîmes là deux choses dignes de pitié. La première fut la destruction générale de la ville, que les Danois avoient brûlée dans les dernières guerres, et qui étoit encore pleine de désolation : on commençoit à la rebâtir. L'autre étoit plus récente, et nous fit réfléchir encore davantage sur le péril que nous avions couru : nous vîmes les tristes débris d'un vaisseau anglois qui venoit de périr, chargé de sel, dont l'équipage avoit eu bien de la peine à se sauver.

Nous demeurâmes dans ce misérable endroit pendant six jours, que le vent contraire nous empêchoit de sortir : j'allai tous les jours passer quelques heures sur des rochers escarpés, où la hauteur des précipices et la vue de la mer n'entretenoient pas mal mes rêveries ; j'en ai écrit quelques-unes dans le voyage de Suède. Nous sortîmes enfin à la voile; mais nous n'eûmes assez de bon temps que pour nous porter en pleine mer, et nous mettre hors d'état de nous relâcher en quelque endroit que ce fût. La tempête nous prit avec tant de violence, que notre capitaine, des plus ignorants qui fût à la mer, eut cinquante fois envie de se laisser échouer sur quelque banc de sable.

Nous demeurâmes dans des appréhensions continuelles pendant plus de huit jours qu'un brouillard épais nous empêchoit de distinguer le jour d'avec la nuit; et enfin nous arrivâmes à la vue du fanal de Dantzick, où notre capitaine vint sottement mouiller, et s'approcha de si près, que, deux heures après, le vent s'étant fait nord-ouest épouvantable, il s'en vint nous donner une des chaudes alarmes que nous aurons de notre vie. Il entra dans la chambre où nous dormions, en pleurant et criant comme un désespéré, et nous assurant notre perte prochaine, et qu'il n'y avoit que Dieu qui nous pût délivrer du péril où nous étions. Il est fâcheux d'éveiller des gens qui dorment tranquillement, pour leur apprendre une nouvelle de cette nature; et il fut encore plus horrible, lorsque étant sortis sur le tillac, nous vîmes la mer en fureur, dont le bruit, se mêlant avec celui que faisoit le vent, ne nous présageoit rien que de funeste. Mais ce fut le comble de la désolation, lorsque le câble étant rompu nous vînmes échouer sur un banc de sable pendant la nuit la plus obscure. Il n'y a point de termes qui puissent exprimer le trouble d'un homme qui se trouve dans ce misérable état; pour moi, monsieur, je ne me ressouviens d'autre chose, sinon que, pendant tout le reste de la nuit, je commençai plus de cinq cents *Pater*, et n'en pus jamais achever aucun.

Enfin le jour vint le plus agréable que j'aie jamais vu de ma vie, et ayant mis bannière déployée pour témoigner le péril dans lequel nous étions, on nous vint chercher avec des chaloupes, et on nous mit dans la ville.

Dantzick est situé sur la mer Baltique, à l'embouchure de la Vistule. Les plus grands vaisseaux viennent dans les rues qui sont faites en canaux; son entrée est défendue par une très-bonne citadelle qu'on appelle *Mund*. Elle est sous la protection du roi de Pologne; mais quelque ostentation que ces messieurs fassent de leur liberté, ils n'en ont que le nom, et leur protecteur peut bien passer pour le maître. Ils ont depuis quatre ans perdu quantité de leurs priviléges, à l'occasion d'un certain docteur *Strof*, qui excita comme une espèce de sédition. Le roi y vint, et pour châtier les rebelles, il leur fit payer quantité d'argent. Les bourgmestres lui rendirent une starostie, appelée *Poschi*, qui étoit engagée pour vingt mille ducats. Il ordonna de plus que tous les procès qui excéderoient la somme de mille livres ressortiroient à la cour de Varsovie.

Dantzick est appelé *Gedanum* en latin, et le mot allemand est dérivé du mot de *Dantzen*, qui signifie *danser*. La cause de cette étymologie vient de ce que certains paysans s'assembloient ordinairement au lieu où elle est bâtie; et ayant dessein d'y bâtir une ville, ils demandèrent cette place à un évêque à qui elle appartenoit, lequel leur accorda autant de terre qu'ils en pourroient entourer en se tenant par la main, et faisant un rond en forme de danse.

Dantzick paye soixante mille écus ou environ au roi de Pologne : il y a des commis aux portes pour partager les douanes. Le gouvernement de la ville est triple. Le premier état est de quatre bourgmestres, qui sont tirés des familles patrices, et de treize conseillers. Les bourgmestres président l'un après l'autre, d'année en année, et le sont toute leur vie, aussi-bien que les conseillers. Le second est de vingt-quatre échevins, et le troisième de cent hommes.

Le trafic principal de cette ville est en blés, qui descendent de Pologne sur la Vistule; en cire, en acier et en ambre, qui se pêche sur son rivage jusqu'à Memel. Il est vrai que cette pêche appartient au marquis de Brandebourg, qui l'afferme plus de soixante mille écus. Lorsque le vent est grand, c'est alors que la pêche est meilleure, et c'est pour lors aussi que les gardes, que les fermiers entretiennent, rôdent sur la côte avec plus d'exactitude; et il est défendu sous peine de la vie d'en prendre le moindre morceau. Il est tendre quand il n'a pas pris l'air; et on y peut graver un cachet : il y a plusieurs morceaux dans lesquels on trouve des mouches. Je me suis étonné quand on m'a parlé du grand trafic qui se faisoit de cette marchandise ; et comme je m'en étois peu servi, je croyois que les autres n'en consumoient pas davantage que moi ; mais j'appris en même temps que le grand trafic des Hollandois aux Indes étoit en ambre, où il s'en consume furieusement. Un grand seigneur indien brûlera quelquefois dans une magnificence, pour plus de vingt mille écus d'ambre ; et l'odeur n'en est pas seulement agréable, elle est aussi fort saine, et très-bonne pour guérir les maux de tête.

Ils trafiquent aussi en cendres, en miel et en litharge.

Les fortifications de la ville sont fort bien entretenues, et servent autant à l'embellissement qu'à la défense de la ville. La porte appelée *Hædor* est d'une très-juste symétrie, et je n'en ai guère vu de mieux proportionnée. Nous remarquâmes dans la ville les rues qui sont assez larges, mais embarrassées par de grands balcons qui en occupent la moitié. On voit au milieu de la grande place une fontaine qui représente un Neptune de bronze. Les maisons sont fort propres et bien meublées.

L'arsenal est assez grand, et garni de plusieurs belles pièces de canon ; mais la grande église est un vaisseau également admirable par l'élévation de la voûte, comme par la charpente. Il y a un certain trou, dans lequel les luthériens ont jeté tous les saints et tous les ornements qu'ils trouvèrent dans l'église catholique, qu'ils appellent l'*enfer*.

Les catholiques ont trois ou quatre églises servies par des jésuites, des jacobins, des carmes et des carmes déchaux; et je ne fus jamais plus surpris que la première fois que j'entendis la messe. Lorsque le prêtre fut sur le point de lever Dieu, je fus plutôt instruit de l'action qu'il alloit faire, par le cliquetis des soufflets que se donnoient les assistants, que par le bruit de la sonnette qu'il étoit impossible d'entendre. Il y a fort peu de gens plus dévots en apparence que les Polonois; ils sont très-religieux observateurs des jeûnes commandés par l'Église : ils ne mangent point de beurre les jours maigres; mais seulement de l'huile de graine de lin. On ne peut avoir de viande les vendredis, et il y auroit du péril d'en manger en Massovie; et un Polonois croiroit faire une bonne action s'il tuoit un homme en cet état.

Il y a de remarquable à Dantzick le moulin à trente roues, qui rend un ducat toutes les heures à la ville. Dans la grande église est un tableau merveilleux d'un peintre flamand qui, allant à Rome, fut pris des corsaires turcs, et depuis repris des chrétiens. Il s'appeloit Jean du Chêne, d'Anvers :

il a si bien représenté le jugement, qu'on ne peut rien s'imaginer de plus fort; je n'ai jamais vu de peinture plus achevée : il est vrai que la justesse du dessin ne s'y trouve pas dans toute sa proportion. On dit qu'un électeur de Brandebourg en voulut donner cinquante mille écus. Nous montâmes au haut du clocher, d'où nous aperçûmes toute la ville, et la mer qui en est à une demi-lieue. Elle approche assez de la grandeur d'Orléans; mais les maisons y sont plus serrées, et il y a beaucoup plus de peuple.

Pour les dames, il faut leur rendre justice; je n'ai guère vu de pays où elles soient plus généralement belles. Elles y sont toutes fort blanches et ont beaucoup d'agréments. Les femmes de MM. Mathis sont des plus jolies, et particulièrement la jeune, qui peut passer pour une beauté achevée.

Nous remarquâmes la danse polonoise, qui est toute particulière. Les valets marchent devant, et les maîtres les suivent : ils ne font presque que marcher.

Il y a des bœufs en ce pays d'une grosseur et grandeur prodigieuses : ils viennent de la Podolie, qui appartient aux Turcs, ou de l'Ukraine, dont la meilleure partie leur appartient aussi. Cette province d'Ukraine est habitée par les Cosaques. Le pays est si bon, qu'il suffit d'y semer une fois pour trois ou quatre ans : ce qui tombe de l'épi en le cou-

pant suffit pour semer les terres, et ceux qui veulent les ensemencer deux fois recueillent de même;
il y a peu de meilleurs pays.

Nous apprîmes à Dantzick que M. de Béthune
étoit fort aimé des Polonois, et extrêmement généreux. Dans l'élection du roi d'à présent, pas un général de Lithuanie ne s'opposoit à sa promotion,
mais les autres vouloient le prince de Lorraine, ou
celui de Neubourg. Le prince de Lorraine a épousé
une princesse Marie, douairière, reine de Pologne:
mais il n'étoit pas porté pour la France.

Le roi Michel Coribut Wesnowiscky fut élu roi
comme par dépit de ce qu'on ne pouvoit s'accorder
avant que d'élire un roi. Il recevoit une pension de
cinq mille livres de la reine pour son entretien. Il
mourut fort à propos, car les Polonois étoient dé-
libérés de le déposséder. Ses funérailles furent faites
avec celles du roi Casimir, qui mourut à Paris.

On a proposé plusieurs fois M. le prince de Condé
dans les diètes pour être roi ; mais les Polonois le
craignent trop : ils appréhendent extrêmement qu'il
ne veuille entreprendre quelque chose sur la liberté
polonoise dont ils se tiennent extrêmement jaloux.
Le comte de Saint-Paul mourut deux jours trop tôt,
et n'eut pas le plaisir de se voir roi pendant sa vie.
Il avoit été reçu d'un commun consentement : mais
le ciel en avoit ordonné autrement. Les Polonois
firent quelque difficulté pour couronner la reine,

à cause que la douairière étoit encore vivante, et vouloient soulager l'état qui ne pouvoit pas entretenir deux reines ; mais le roi fit si bien, qu'elle fut couronnée peu de temps après lui.

Les starosties sont des gouvernements de province; le roi les donne aux gentilshommes, et ne peut les leur ôter.

Les villes envoient des députés aux diètes que le roi convoque quand il lui plaît ; et le moindre de ces gentilshommes et de ces envoyés peut rompre une diète : car il y a une loi en Pologne qui dit que les affaires s'y doivent faire *non pluralitate votorum, sed nemine contradicente*.

Les waivodies ou palatinats sont plus que les starosties : ils sont subdivisés en starosties.

La palatine de M. Vaubrenic, appelée *Boncoschi*, fut abusée par un gentilhomme polonois qui l'abandonna, et fut reçue et menée en France par lui. Madame la marquise de Bressoi, sa tante, fut chassée de la cour et éloignée de la ville par les menées de la reine, qui appréhendoit les engagements du roi, et qui sentoit quelques atteintes de jalousie : l'histoire dit que c'étoit *Seinkamer*, dite la *Wolget*.

Nous vîmes, le jour que nous partîmes, le grand M. Evelius, professeur en astronomie, un des savants hommes du siècle, et qui reçoit des pensions de quantité de princes, et particulièrement du roi très-chrétien. Cet homme nous fit voir tous les ouvrages que le feu avoit épargnés. Il nous raconta, les larmes aux yeux, les pertes qu'il avoit faites il y avoit deux ans, par un incendie terrible qui avoit consumé plus de quarante maisons, et qui avoit malheureusement commencé par la sienne.

Il y a près de cinquante ans que ce grand homme travaille et le jour et la nuit. La nuit il s'emploie à observer les astres sur le haut de la maison, avec des lunettes de plus de cent quatre-vingts pieds de longueur, et le jour à réduire en écrit ce qu'il a remarqué pendant la nuit. Entre plusieurs choses extrêmement doctes dont il nous entretint, nous apprîmes qu'il étoit de l'opinion de Copernic, et il nous dit que c'étoit une chose tout-à-fait absurde de croire que le ciel tournât autour de la terre, par plusieurs démonstrations dont il nous convainquit. Il nous montra à ce sujet un globe terrestre et céleste, qui prouvoit merveilleusement ce qu'il disoit. Il nous dit, pour une de ses meilleures raisons, qu'il remarquoit toujours en un temps une même distance entre la terre et les étoiles fixes, qui sont attachées, aussi-bien que le soleil, au firmament, et que dans un autre temps il s'en trouvoit beaucoup plus éloigné : ce qui lui faisoit connoître que le mouvement étoit dans la terre, et non dans les cieux; et là-dessus, lui ayant dit que cette opinion étoit condamnée parmi nous comme hérétique, il nous dit que le père........, confesseur de Sa Sainteté, lui avoit écrit à ce sujet, et qu'il lui témoignoit que l'Église condamnoit cette opinion jusqu'à ce qu'elle fût prouvée ; mais que lorsque quelqu'un l'auroit éclaircie, il ne trouveroit aucune difficulté à suivre l'opinion la plus probable. Dans les observations qu'il fit d'abord sur ce mouvement de la terre, et sur cette approche ou sur cet éloignement des étoiles, il crut s'être trompé, comme il nous dit, dans son calcul ; mais ayant pendant cinquante ans de suite remarqué la même chose, il ne faisoit aucun doute de son opinion.

Il nous dit aussi avoir trouvé la libration de la lune, que personne avant lui n'avoit connue, et nous assura que cette connoissance lui avoit été d'un très-grand secours pour tous ses ouvrages, dont la quantité surpasse l'imagination. Il en a dédié presque à tous les princes de la terre, pleins de planches faites de sa propre main : il nous les fit voir tous, et aussi quinze gros volumes, comme la vie des saints, pleins de lettres que les plus savants de l'univers lui avoient écrites sur quantité d'opinions.

La lune est un corps rond, plein de bosses et de concavités : il l'a dessinée plusieurs fois, et a donné des noms particuliers aux montagnes et aux endroits remarquables qu'il y a observés ; il y a même remarqué des mers, non pas qu'il y ait de l'eau dans la lune, mais une certaine matière qui paroît tout de même que de l'eau. Il travaille présentement à faire un nouveau globe sphérique, dans lequel il doit faire paroître toute la science qu'il s'est acquise pendant plus de cinquante ans : il est aidé par le roi, à qui il prétend le dédier. Il nous montra les plus beaux instruments de géométrie que j'aie jamais vus, et un morceau d'ambre sur lequel, aussitôt qu'il fut tiré de la mer, il a imprimé lui-même un cachet, lorsqu'il étoit encore assez mou pour souffrir l'empreinte ; car du moment qu'il a pris l'air, il demeure dur comme nous le voyons.

Le marquis de Brandebourg a fait présent d'une chaise d'ambre à l'Empereur, qu'on dit être la plus belle chose du monde, et à M. le Dauphin d'un miroir qui passe pour un chef-d'œuvre. Ce prince est sans difficulté le plus puissant de toute l'Allemagne. Son pays a plus de deux cents milles d'Allemagne d'étendue, et la seule province de Prusse, dont il n'a qu'une partie, lui rapporte vingt-six mille écus par mois. Il fit un festin cet été dernier, lorsqu'il étoit à Pirmont, dans lequel il dépensa, à ce qu'on dit, cinquante mille écus : il s'y trouva quarante personnes royales, c'est-à-dire de familles royales ou souveraines. Les deux reines de Danemark et le prince George s'y trouvèrent. Sa cour est plus splendide que pas une autre d'Allemagne ; et si la qualité de roi lui manque, le cœur, la cour et les revenus d'un roi ne lui manquent pas.

L'électeur de Brandebourg s'appelle Frédéric-Guillaume, grand chambellan de l'Empire, et a épousé Louise-Henriette, fille du prince d'Orange Frédéric-Henri. Il a un prince d'environ quinze ans, qu'on appelle *Court-Prince*; il est de la religion calviniste. Nous logeâmes à Dantzick chez Payen, *in Schyper Gulden Hans*. Nous y connûmes M. Macé, horloger, qui avoit long-temps demeuré à Constantinople, et qui y acheta sa femme qui est de Dantzick : l'histoire en est assez plaisante. Ce Polonois est nommé........ qui a son frère référendaire, et qui avoit été avec son père ambassadeur à la Porte.

Nous entretenions correspondance avec le transylvain Michel Apaffi, et la France lui donnoit beaucoup d'argent pour donner passage sur ses terres à soixante mille François, et autant de Tartares, qui faisoient diversion des troupes de l'Empereur, et que nous soudoyions dans ces dernières guerres. Le duc de Transylvanie est élu par les états du pays, et confirmé par le Turc, auquel il paye tribut. Il jure à son avénement qu'il maintiendra dans le pays l'exercice libre de cinq religions, qui sont les catholiques romains, les grecs, les luthériens, les calvinistes et les anabaptistes. Il reçoit tribut des princes de Moldavie et de Valachie.

Le défunt prince de Transylvanie s'appeloit Ragotski, du royaume de Hongrie, et son prédécesseur Bethlem-Gabor, qui épousa Catherine de Brandebourg.

Nous partîmes de Dantzick le mercredi 29 octobre pour Varsovie, dans une petite calèche couverte, pour vingt-quatre écus de la monnoie du pays, qui font environ vingt livres de France. Nous passâmes en sortant par un très-grand faubourg, d'une lieue d'Allemagne de long, qu'on appelle Schotland. Le chemin est très-beau, et le pays très-bon, et les hôtelleries fort misérables; mais on ne s'aperçoit point de cette misère, parce que c'est la mode en Pologne de porter tout avec soi, et même son lit; car on ne trouve dans les hôtelleries que ce qu'on y porte. Cette manière a sa commodité et son incommodité; ce qu'il y a d'incommode est le long attirail qu'il faut traîner après soi; mais aussi il y a cela de commode, que l'on mange toujours quelque chose de bon, et que l'on est toujours couché dans son lit; ce qui est une assez grande commodité pour un voyageur qui est bien aise d'avoir la nuit le repos, après avoir fatigué tout le jour; cette seule pensée lui adoucit les difficultés du chemin.

La raison pourquoi on ne trouve rien en Pologne, c'est que les gentilshommes viennent tout enlever chez le paysan, et le payent le plus souvent en coups de bâton. Tous les paysans sont nés esclaves, et la puissance des seigneurs est si grande, qu'elle s'étend même jusqu'au droit de vie et de mort; et lorsqu'un gentilhomme a tué un de ses paysans, il en est quitte pour payer le...... qui vaut environ sept francs de notre monnoie, et cela sert à le faire enterrer.

Les terres ne se vendent pas à l'arpent, mais par la quantité de paysans qui demeurent dessus. Ils sont obligés de travailler cinq jours la semaine pour leur seigneur, et le sixième pour eux et pour leur famille, qui est plus misérable qu'on ne sauroit dire. Il arrive bien souvent que les seigneurs ayant besoin d'argent, vendent la liberté à leurs vassaux pour une certaine somme d'argent; mais sans cela il ne leur est pas permis d'aller habiter ailleurs; et un paysan qui seroit trouvé en fuite, seroit infailliblement massacré par son maître. Cette domination s'étend sur les femmes comme sur les hommes, et même un peu plus loin; et si le paysan a une jolie fille, le gentilhomme ne manque pas de prendre le droit du seigneur.

Nous passâmes par Graudenz, ville assise sur la Vistule, le magasin des grains qui descendent sur cette rivière à Dantzick et à Culm, où nous entendîmes la messe le jour de la Toussaint, dans une fort belle église; et à Thorn, ville d'un aspect fort agréable, et qui pour cela est appelée *die Schenste*, la plus jolie.

Torn est une ville libre sous la protection du roi de Pologne, comme Dantzick, et elle est la capitale de la Prusse royale. Elle est presque dans le milieu du chemin de Dantzick à Varsovie. Le gouvernement est presque semblable à celui de Dantzick, excepté que les quatre bourgmestres s'y renouvellent tous les ans, quinze jours avant Pâques, au dimanche de *Judica*. Ces quatre bourgmestres sont élus; mais le burgrave, qui est le chef, est nommé par le roi de Pologne. Nous allâmes voir la maison-de-ville, qui est assez magnifique ; et dans la salle des magistrats sont les portraits des rois de Pologne, depuis Casimir IV, qui régna quarante-cinq ans. A celui-ci succéda *Joannes Albertus*, qui tint le trône huit ans, et fut suivi d'Alexandre, qui vécut cinq ans dans la royauté, et Sigismond Ier y resta quarante-un ans après lui. On élut ensuite Sigismond-Auguste, qui demeura roi pendant vingt-quatre ans; mais son successeur, Henri III, qui fut depuis roi de France, n'y fut que trois mois. Ce prince reçut deux couronnes, et avoit pour devise : *Manet ultima cœlo*, et d'autres changèrent *cœlo* en *claustro*. Après lui vint Etienne, qui régna dix ans, et Sigismond III, roi de Suède et de Pologne, lui succéda. Le premier royaume lui fut enlevé par Charles IX, son oncle, pendant qu'il étoit en Pologne. Ce prince fut élu roi de Suède, et s'obligea, dans son élection, de venir passer chaque cinquième année à Stockholm; mais n'ayant pu tenir sa parole, à cause des guerres continuelles qu'il avoit à soutenir contre les Turcs, les Tartares et les Moscovites, il délibéra d'y envoyer un sénat composé de quarante jésuites, qui représenteroit sa cour : ce sénat fut reçu magnifiquement à Dantzick, et s'embarqua pour Stockholm; mais la nouvelle étant venue, le conseil s'assembla, où présidoit Charles, oncle du roi, qui dissuada les Suédois de recevoir un gouvernement de prêtres; et le vaisseau étant à la rade, il alla avec une vingtaine de vaisseaux, sous prétexte de le recevoir; et ayant fait une salve un peu trop forte sur le vaisseau de la société, il le coula à fond, sans vouloir sauver aucun jésuite, dont il se moquoit en leur criant, *qu'ils fissent des miracles comme au Japon, et qu'ils marchassent sur les eaux.*

Sigismond perdit ainsi sa couronne de Suède, que son oncle recueillit; et sachant bien qu'il n'y a point de meilleur moyen pour fomenter une guerre que le manteau de la religion, il chassa tous les prêtres, et introduisit en leur place les luthériens. Il soutint une guerre en 1604, contre son neveu, qui dura deux ans; mais le roi de Pologne ne put rien faire à cause de la diversion qu'il falloit faire contre les Tartares, qui le pressoient vivement d'un autre côté.

Cela n'a pas empêché que les rois de Pologne, depuis Sigismond III, n'aient joui du titre de rois de Suède jusqu'à Jean-Casimir, dans sa dernière pacification, qui se fit à Oliva, proche de Dantzick, où il fut arrêté que Jean-Casimir, étant le dernier de sa branche, condescendroit à jouir seulement de ce titre durant sa vie envers tous les princes du monde, qui lui donneroient ce titre, à la réserve des Suédois.

Sigismond eut deux fils, qui tous deux succédèrent à la couronne : l'aîné étoit Uladislas IV, qui régna quinze ans. Ce fut sous son règne que se fit cette célèbre entrée des Polonois dans Paris, pour demander la princesse Marie pour leur reine. Uladislas étant mort, son frère Casimir fut élu en sa place, et épousa la veuve de son frère, et régna dix-neuf ans, au bout desquels il remit la couronne, et alla passer le reste de ses jours en France, où il est mort. A celui-ci succéda Michel-Coribut Wesnowiscky. Ce prince étoit trop bon ; et les gentilshommes le méprisèrent si fort, qu'ils lui mirent en tête de se retirer dans un couvent, comme il auroit fait, si la mort n'avoit prévenu ses desseins. La reine en étoit consentante, parce qu'elle devoit épouser le comte Saint-Paul, que la plupart souhaitoient pour succéder à la couronne. Ce fut sous lui que Sobieski, qui n'étoit pour lors que grand-maréchal, gagna la fameuse bataille de Cochin en Ukraine, entre le Niester et le Prut. Les Turcs étoient campés et bien retranchés sous la forteresse ; et les Polonois, étant au nombre de près de quatre-vingt mille hommes, ayant passé le Niester le dimanche, se vinrent camper les jours suivants presque à la vue des Turcs. Le jeudi et le vendredi se passèrent en quelques escarmouches, et le soir de ce même jour, les Polonois chargèrent les ennemis. Cette attaque dura toute la nuit, et le samedi matin la défaite commença et ne dura que deux heures, pendant lesquelles on tua plus de trente-huit mille Turcs, sans faire quartier à pas un.

Ussain Bacha, qui commandoit l'armée turque, eut bien de la peine à se sauver avec deux mille hommes, qui restèrent seuls de toute l'armée, composée de plus de quarante mille hommes, et qui évitèrent, par la fuite, d'avoir le même sort que leurs compagnons. Le butin fut grand, et on l'abandonna tout entier aux soldats, excepté la tente d'Ussain, qui fut gardée fort exactement et envoyée au roi. Il n'y avoit rien de si superbe que cette tente : elle paroissoit plutôt une ville qu'un pavillon de guerre, et tous les officiers y étoient logés. Ussain Bacha repassa la rivière avec près de six mille hommes ; mais le pont tomba lorsque toute l'armée étoit dessus, et plus de quatre mille hommes furent noyés, sans qu'il restât autre espoir à ceux qui évitoient la cruauté de l'eau, que d'être taillés en pièces par leurs ennemis.

Le roi Michel reçut cette nouvelle avec bien de

la joie, et cela causa sa mort, qui arriva huit jours après. Il y eut de grandes factions après sa mort, comme il arrive toujours en Pologne, en semblables occasions. Sobieski étoit pour lors grand-maréchal et grand-général, et fit jurer à toute l'armée, avant que de la quitter, qu'elle donneroit sa voix pour M. le Prince, quoiqu'il ne fût point aimé de la petite noblesse. M. de Bauvais fut envoyé de France, et soit que ce ne fût pas l'intérêt de la France que M. le Prince devînt roi, ou qu'il trouvât trop de difficulté dans l'esprit de la noblesse, il fit, en plein sénat, la plus belle harangue qu'on ait jamais entendue, faisant connoître à la république que, soit en reconnoissance des services passés, soit dans l'espérance de ceux qu'elle devoit recevoir dans la suite, rien ne lui étoit plus utile que l'élection de *Sobiesky*, qui en effet fut élu roi, et couronné ensuite à Cracovie, sous le nom de Jean III.

La douairière du roi Michel a depuis épousé le prince de Lorraine, qui avoit plus de part qu'aucun autre à la couronne de Pologne, si la brigue de France eût été moins forte, et s'il n'avoit pas été tout-à-fait de ses intérêts d'éloigner du trône ce prince, qui, par cette nouvelle puissance, auroit été en état d'entreprendre contre la France pour le recouvrement de son duché.

Quoique la Pologne soit liée d'amitié à la France,

sans avoir néanmoins beaucoup à démêler avec elle, il est plus de ses intérêts de se tenir bien avec l'empereur, dont elle appréhende l'accroissement en Hongrie. On a vu, il y a environ deux ans, que les Polonois n'ignoroient pas cette maxime, lorsque M. de Béthune étoit en cette cour pour fomenter la rebellion des Cosaques, à force d'hommes et d'argent. La reine fit arrêter des recrues que M. de Béthune faisoit passer chez les rebelles, vers les montagnes de Hongrie, par le palatinat de Russie, pour faire connoître par là que la Pologne n'avoit aucune part à tout ce qui se faisoit de ce côté-là, et que tout venoit de la part de la France, qui, par le défaut d'argent, laissa débander les troupes que commandoit M. de Guénégaut. Ces troupes étoient composées de quelques François, des Tartares, et de la plus grande partie des rebelles, qui, voyant qu'il y avoit près de deux ans qu'ils n'avoient reçu de paie, se mutinèrent contre les généraux, contre lesquels ils tirèrent, et les arrêtèrent prisonniers dans un village où ils vouloient les massacrer.

Cette action du palatin de Russie, faite par l'ordre de la reine, causa beaucoup d'altération dans l'esprit de M. de Béthune, qui fut un très-long temps sans aller à la cour, aussi-bien que madame la Marquise, qui ne se pouvoit pas bien accorder avec la reine. M. de Béthune ne voulut pas moins de mal au palatin de Russie, petit général de la Couronne, pour l'action qu'il avoit faite, et lui fit même comme un défi, en lui disant que, s'ils étoient l'un et l'autre à la tête de cinq cents chevaux, on verroit qui l'emporteroit : cependant ils se sont raccommodés ensemble, et le palatin a fait présent depuis d'un beau cheval turc à M. de Béthune.

M. de Béthune étoit fort aimé des Polonois ; il n'y a jamais eu d'homme qui ait mieux soutenu son caractère en Pologne que lui : il tenoit toujours une table ouverte, et avoit plus de cent personnes avec lui. Il logeoit au palais Casimir, bâti par la princesse Marie.

Les diètes se tiennent de trois en trois ans ; deux se tiennent à Varsovie et une à Grodno ou Wilna, les deux plus remarquables villes de Lithuanie. Cette province a les mêmes officiers que la Pologne, et le général Spas est grand de Lithuanie. Il se disoit dans le pays, qu'il pourroit bien arriver que les Lithuaniens en feroient un roi. Ils se voient méprisés des Polonois et du roi même, qui n'a pas pour eux les mêmes égards : on appréhende qu'ils ne se rendent aux Moscovites. Ils demandent la guerre dans toutes les diètes, mais eux, non plus que les Polonois, ne sont guère en état de la faire.

Quand la guerre est déclarée, vous voyez toute la petite noblesse monter à cheval et se rendre à l'armée : elle y demeure tant que durent leurs provisions, qui consistent en une centaine de petits fromages durs comme du bois, une tinette de beurre, et quelque autre chose de cette nature; et lorsque cela est consommé, et qu'ils ont mangé l'argent de leurs chevaux, ils s'en retournent chez eux, et sont ainsi fort peu en état de continuer la guerre.

La dernière diète s'est tenue l'année passée, et fut rompue par un petit gentilhomme, qui fut d'avis contraire. Ce fut pendant ce temps qu'arriva l'affaire de messieurs les ambassadeurs, qui, revenant du château, furent insultés par quelques Polonois, qui avoient voulu prendre l'épée d'un page; celui-ci mit l'épée à la main, et quelques gentilshommes des carrosses ayant mis pied à terre, entre autres M. le marquis de Janson, apaisèrent tout. Les Polonois allèrent chercher du secours, et revinrent, avec près de trois cents personnes, fondre de nouveau sur les gens des ambassadeurs, avec des aubouches et des bardiches, en criant : *zabi, zabi, fransleüt; tue, tue*. Ceux-ci sortirent du carrosse et entrèrent chez le palatin de Russie, où ils se défendirent le mieux qu'ils purent contre cette multitude, que la présence des ambassadeurs ne pouvoit arrêter, et qui n'empêcha pas que plusieurs des gentilshommes ne furent blessés, et quelques-uns demeurèrent comme morts sur la place.

Le roi vint le lendemain matin, incognito, chez messieurs les ambassadeurs, qui logeoient à Sainte-Croix, aux pères de la Mission, pour pacifier les choses. Le palatin de Russie y vint aussi, et offrit tous ses gens aux ambassadeurs, pour en faire telle justice qu'il leur plairoit. On envoie des envoyés de toutes parts à ces diètes : il y en avoit de Perse, de Turquie et de Moscovie. Le Moscovite étoit conduit dans le carrosse du grand-maréchal, attelé des chevaux du roi. Le Turc y étoit pour les limites qu'il fit planter, avec près de trente mille hommes, à sept lieues de Léopold, comme il voulut ; car on n'est pas en état de lui rien contester : cela fit bien du tort à plusieurs personnes qui avoient des biens de ce côté-là, qu'on promit de récompenser d'ailleurs. Cette manière est assez bonne de planter des limites à la tête d'une armée.

La première charge de la couronne est celle de général, possédée par le prince Nitre, neveu du roi, quoique plus âgé.

La seconde est celle de grand-maréchal, possédée par Lubomirsky.

Le palatin de Russie est petit-général.

Le chevalier de Lubomirsky est grand-enseigne.

M. de Morstain, grand-trésorier du royaume, sans être obligé à rendre compte : il est puissamment riche, quoiqu'il ait été très-mal à son aise il n'y a pas huit ans.

Toutes ces chargés se vendent par les possesseurs ; mais si elles viennent à vaquer par la mort, le roi en dispose.

L'archevêque de Gnesne, qui est aujourd'hui...... est primat et premier prince du royaume, légat-né, et gouverne tout l'état pendant l'interrègne qui dure une année. La monnoie se frappe à son coin.

Il n'y a presque plus dans l'Europe que le royaume de Pologne qui soit électif. Le roi proposa dans la dernière diète de faire accepter son fils pour successeur ; mais les Polonois dirent qu'ils ne le reconnoissoient que comme fils du grand-maréchal, et non pas du roi, parce qu'il naquit lorsque le roi n'étoit encore que grand-maréchal. Les troupes se lèvent et se paient aux dépens de la république, qui n'entretient pendant le temps de paix que cinq ou six mille hommes pour garder les frontières des incursions des Tartares. Ils ont quelques régiments de hussards, qui sont des gens armés d'une manière toute particulière. Il n'y a point de hussard qui ne coûte plus de deux mille livres à équiper. Ils ont de gros chevaux, et portent une peau de tigre sur l'épaule, les flèches et le carquois derrière le dos, la cotte de mailles sur la tête, le sabre, les pistolets et la demi-lance. Les valets de ces gens précédent l'escadron à cheval une lance à la main ; et ce qui est assez particulier, c'est qu'ils ont des ailes attachées au dos : ils vont fondre dans l'occasion au milieu des ennemis, et épouvantent leurs chevaux, qui ne sont pas accoutumés à ces visions, et font jour à leurs maîtres qui les suivent de près. La république a aussi quelques Tartares, qu'elle entretient en temps de paix, qui sont comme les Suisses, et se donnent à ceux qui les veulent soudoyer. Ce sont au reste les plus méchantes troupes du monde, et ils firent bien connoître que leurs chevaux étoient meilleurs qu'eux, lorsque apercevant les Suédois qui passoient la Vistule, ils aimèrent mieux les éviter que les attendre, et abandonnèrent le roi Casimir, qui n'eut que le temps de faire monter la reine en carrosse, qui voyoit de son château les Suédois qui passoient le fleuve et qui entrèrent dans Varsovie; et de l'autre les Polonois et les Tartares qui fuyoient plus vite que le vent. Ils ravagèrent toute la ville, conduits par Charles-Gustave, père du roi d'à présent, qui permit aux soldats qui vouloient emporter la belle colonne qui est à l'entrée de la porte de Varsovie, de le faire, s'ils pouvoient l'enlever sans la rompre.

Dans la dernière diète il fut résolu que l'on n'y allumeroit point de chandelle, afin que l'on ne vît point ceux qui dormoient, parce qu'il arrive bien souvent que comme les Polonois vont à la diète sur les trois ou quatre heures, en sortant de table, où ils ont bu plus que de raison, on prenoit, pour faire passer quelques articles, le temps de les proposer, lorsque ceux qu'on savoit d'un sentiment contraire dormoient; ce qui passoit, n'étant disputé de personne : c'est pourquoi ils ont voulu bannir la lumière de leur assemblée, pour y augmenter davantage la confusion, si elle peut être plus grande, et pour ne pas voir ceux qui dorment.

Varsovie est en Mazovie, capitale de la haute Pologne, et le lieu où se tiennent les diètes, de trois en trois ans. Cette ville est assise sur la Vistule, qui vient de Cracovie, et qui apporte bien des commodités de Hongrie, et particulièrement du vin le plus excellent qu'on puisse boire. Il n'y a rien de remarquable que la statue de Sigismond III, mise par son fils Uladislas, qui est à l'entrée de la porte, sur une colonne de jaspe sur laquelle les Suédois tirèrent plusieurs coups de canon. La figure est dorée de plus d'un ducat d'épais. La ville est très-sale et très-petite, et ne consiste proprement qu'en sa grande place, au milieu de laquelle est la maison-de-ville, et autour quantité de boutiques d'Arméniens, fort richement garnies d'étoffes et de marchandises à la turque, comme arcs, flèches, carquois, sabres, tapis, couteaux et autres. Il y a une très-grande quantité d'églises et de couvents. Nous vîmes le palais Casimir, bâti par la reine défunte, et présentement si délaissé, que tout y fond. Nous y vîmes plusieurs de ces chaises par le moyen desquelles on monte et on descend d'une chambre à l'autre. Ce fut de ce palais que la reine vit les Suédois passer la rivière qui en mouille les murs; et c'étoit là que demeuroit M. de Béthune.

Nous allâmes rendre visite à M. de Lubomirsky, grand-maréchal, qui est un des plus riches princes de Pologne. Son père étoit généralissime, et eut de grandes jalousies contre Potosky, autre général, qu'ils assoupirent néanmoins, par le mariage que fit Lubomirsky, de son fils avec la fille de Potosky. Elle est morte, et ce prince a depuis épousé la fille du chambellan. Lubomirsky, père de celui-ci, prit les armes contre son roi, et battit ses troupes plusieurs fois. Il étoit accusé de favoriser l'Autriche pour l'élection future, et d'appuyer ce grand parti de la confédération.

Ce seigneur nous fit voir toute sa maison avec une bonté particulière. Il l'a achetée depuis cinq ou six ans, et l'a eue à très-grand marché; elle s'appelle *Jesdoua*, et n'est qu'à une portée de canon de la ville. Ce prince fait travailler continuellement dans son jardin à des hermitages et à des bains qui seront très-beaux. Son palais est plein de quantité de très-beaux originaux, qu'il a amassés avec grand argent. Sa galerie est fort curieuse. Il nous fit voir une grande pièce qui lui étoit venue depuis peu d'Augsbourg, dans laquelle il y avoit une horloge, un carillon, un mouvement perpétuel, et quantité d'autres choses : le tout étoit fait en forme d'un grand cabinet d'argent.

Il nous fit voir l'endroit où son grand-père avoit remporté la première bataille contre les Turcs, à Choczim, où Osman étoit en personne, et où il demeura plusieurs milliers d'ennemis sur la place. Ce lieu est heureux pour les Polonois ; ils y ont remporté deux signalées victoires, et particulièrement la dernière, qui a beaucoup contribué à la paix.

Nous allâmes au château, qui n'a rien de beau que les chambres du sénat, et celle de marbre, où est dépeinte la prise de Smolensko par les Polonois sur les Moscovites, où ils firent un grand carnage, et prirent deux fils du grand duc, qu'ils amenèrent prisonniers à Varsovie, où ils sont morts, et on leur a fait bâtir une chapelle qu'on appelle encore *la chapelle des Moscovites*, qui est devant le lieu où nous logions. Il y a dans le château une très-belle tapisserie relevée d'or, qui fut apportée de France par le roi Henri. Une partie fut engagée aux habitants de Dantzick, par Casimir, pour subvenir aux nécessités de l'état.

Le palais de M. Morstain, grand-trésorier du royaume, est le plus superbe de tous, tant par la belle entente du dessin, que par la richesse des meubles qui l'ornent. Ce seigneur nous reçut chez lui avec toute l'affabilité possible ; il nous fit voir tous les appartements de son palais, et quantité de tableaux qui sont dans sa galerie. Nous saluâmes madame la trésorière, qui est Écossoise, que nous trouvâmes avec le général de Béarn, qui a servi la France en Hongrie. M. Morstain a acheté en France la terre de Montrouge, de M. le marquis de Vitry. Il prétend que son fils, qu'on appelle M. de Château-Vilain, et la reine, en dérision, Petit-Vilain, demeure en France, et possède tous les biens qu'il y a achetés; et ce qui restera en Pologne sera pour une grande fille qu'il a prête à marier. Il nous pria de manger chez lui.

On voit aussi la maison du palatin de Lublin.

Le général Spas est grand-général de Lithuanie; il s'opposoit fort à l'élection de Sobiesky; mais on le gagna à force d'argent.

Il est défendu de tirer le sabre pendant les diètes, sous de grosses peines, et de se battre en Pologne, à trois lieues loin, où sont le roi et le grand-maréchal.

M. de Beauvais ne proposa dans sa harangue que le prince de Neubourg pour être élu, et ne se soucioit pas qui fût roi, pourvu que ce ne fût pas le prince de Lorraine. Les élections des rois se font dans la campagne, où on bâtit une cahute de planches. On a vu, au couronnement du roi d'à présent, ce qu'on n'avoit jamais vu, et ce qu'on ne verra peut-être jamais, un roi suivre le corps de deux autres dans la sépulture du roi Michel et du roi

Casimir. Le couronnement se fait à Cracovie.

Le roi Michel étoit un petit génie ; il ne se plaisoit qu'à avoir des images et des montres, et demandant une montre à la reine, il dit qu'il voudroit en faire des boutons à son justaucorps. Quand il fut élu roi, la reine lui faisoit une pension de cinq mille livres; M. Serycant lui en prêtoit un tiers.

Les Polonois sont extrêmement fiers, et se flattent beaucoup de leur noblesse, qui la plupart est obligée de labourer la terre, tant elle est misérable. Un petit noble porte son sabre en labourant la terre, et l'attache à quelque arbre; et si quelque passant ne le traitoit pas de *mouche-panier*, et l'appelât seulement *panier*, qui signifie comme maître, il lui feroit un mauvais parti.

Au reste, ils sont fort civils, et ont toujours les premiers la main au bonnet. Ils sont grands observateurs des jeûnes, et font des abstinences plus qu'on ne leur en commande. Quelques Polonois ne mangent point de viande le lundi et le mercredi ; pour le vendredi, presque tous ne mangent point de beurre; et le samedi, rien qui ait été bouilli, mais seulement rôti. Cette dévotion s'étend aussi sur les animaux; et notre valet ayant donné quelque chose de gras à un chien un samedi, l'hôtesse vouloit le maltraiter, croyant faire une action méritoire.

Les Polonois font des dépenses considérables en

enterrements, et les diffèrent long-temps par magnificence. Il y a de grands seigneurs que l'on n'enterre que cinq ou six ans après leur mort, et ils sont en dépôt dans des chapelles ardentes qui coûtent beaucoup. Le jour de l'enterrement on fait entrer des hommes armés comme les anciens chevaliers, qui viennent comme à cheval dans l'église, et vont en courant rompre leur lance au pied du cercueil.

La maison des pères de la Mission, où les ambassadeurs logeoient, est assez étendue. Ils font bâtir une église qu'on appelle *Sainte-Croix*; mais elle demeure là jusqu'à ce que quelque honnête homme achève de ses deniers ce que les pères ont commencé. Ils furent établis avec des religieuses de Sainte-Marie par la reine défunte; ils se sont beaucoup agrandis, et l'évêque de Cracovie les établit présentement dans son diocèse. Le supérieur n'y étoit pas; nous y vîmes le père Mumasan.

Les rebelles de Hongrie se sont révoltés, au sujet de la religion, contre l'empereur, qui ne vouloit pas leur permettre liberté de conscience.

Michel Apaffi est prince de Transylvanie. Il jure à son avénement de maintenir quatre religions dans ses états. Le plus grand plaisir de ce prince est de boire, et qui le peut faire est sûr de faire auprès de lui sa fortune. La capitale de Transylvanie est Cuisvar.

Le jeune prince, de six ou sept ans, est élevé dans les inclinations de son père, et porte toujours une bouteille à son côté en forme de bandoulière. M. Acakias a été résident fort long-temps en ce pays; c'est présentement M. du Verdet. Le chevalier de Bourges, qui en venoit avec M. Acakias, qui étoit resté malade à Léopold, nous assura que dans un repas qu'il avoit fait au résident, il avoit fait attacher les cheveux à un esclave, et ayant passé un bâton au travers, il avoit pris plaisir, pour divertir la compagnie, de le faire brandiller pendant tout le repas. Il le fit ensuite courir tout nu pendant dix-huit lieues, à côté du carrosse de la princesse Telechi : c'est l'épouse du grand-ministre d'état, et par les mains de qui tout passe. Le prince n'ouvre pas seulement une lettre et ne songe qu'à boire. Ce Telechi est l'homme le plus barbare qui soit au reste du monde; il y a plus de fers dans sa maison que dans Marseille. Telechi est le chef de l'armée et celui qui entretient les rebelles. Ce prince de Transylvanie rend quatre-vingt mille écus de tribut au Turc. Il a payé cette année double tribut, à cause que quelques Turcs ont été tués sur les terres du Transylvain.

Bethlem-Gabor fut le premier qui se rendit tributaire de la Porte pour dix faucons. Son successeur Michel Basons fut obligé de payer dix mille écus, et Ragotzky en paya vingt, et celui-ci quatre-vingts.

Nous fîmes le chemin de Javarow à Javarouf en six jours; il y a quarante lieues ou environ. Javarouf est le lieu le plus vilain, non-seulement de la Pologne, mais de tout le monde. La cour y demeuroit cet hiver-là, à cause de la grossesse de la reine qui y devoit faire ses couches. La cour s'arrête peu en un lieu : elle voyage continuellement et le plus agréablement du monde ; car toute la Pologne est le plus beau pays de chasse que j'aie jamais vu, et ce voyage est une chasse continuelle. Nous eûmes l'honneur de saluer le roi, et de baiser la main de la reine. Ce prince nous reçut avec toute la bonté qui lui est ordinaire envers tout le monde, et particulièrement pour les étrangers. Il prit un plaisir singulier à nous faire réciter des particularités de notre voyage de Laponie, et ne cessoit point de nous interroger. La reine n'étoit pas moins curieuse, et s'informoit de toutes choses. Cette princesse est une des plus accomplies de l'Europe : elle a environ trente-huit ans ; et la nature a pris plaisir de lui faire part de tous ses dons. Elle est la plus belle personne de la cour, la mieux faite, et la personne du monde la plus spirituelle : il suffit de la voir pour le connoître ; mais on est encore bien mieux persuadé lorsqu'on a eu l'honneur de l'entretenir. C'est elle qui a mis la couronne sur la tête du roi, et l'ambition, qui est le noble défaut des grandes âmes, étoit dans cette princesse au souverain degré. Ce fut elle qui inspira au roi de tâcher à monter sur le trône ; et n'épargna pour cela ni argent ni promesses, et fit tant qu'elle en vint à bout, malgré les fortes brigues du prince de Lorraine : il est vrai que l'arrivée de M. de Beauvais n'y servit pas peu. Il arriva la veille qu'on devoit faire la diète, et proclamer le lendemain le prince de Lorraine roi. Il fit tant, dans le peu de temps qu'il avoit, il ménagea si bien les esprits, qu'on prolongea la diète pour quelques jours, pendant lequel temps il eut le loisir d'agir aussi heureusement qu'il a fait.

La famille royale est la plus accomplie qui se puisse voir. Le prince aîné s'appelle *Louis-Henri-Jacob*. Le roi de France, la reine d'Angleterre et son grand-père, l'ont tenu sur les fonts. Ce prince est sur sa quatorzième année, et promet tout ce qu'on peut espérer d'un grand prince : il est bien fait, danse bien, et parle quatre langues comme sa naturelle : l'allemand, le latin, le françois et le polonois. Il dit qu'il veut, pour satisfaire le roi, qui sait parfaitement ces langues, apprendre toutes les langues de l'Europe. La princesse, âgée de sept ou huit ans, est très-jolie, et a été couronnée dans le ventre de sa mère. Le prince Alexandre, âgé de six ans, est le plus aimable prince qu'on puisse voir ; il y a encore le prince Amour, âgé de trois ou quatre ans. La reine, qui est présentement enceinte, a eu quatorze enfants ; elle ne laisse pas d'être aussi fraîche qu'une femme de vingt ans, et se porte parfaitement bien. J'ai eu l'honneur de tenir le jeu du roi à l'hombre; de jouer avec lui, et pour comble de faveur, de manger avec lui à sa table, monsieur l'ambassadeur étant à sa droite, et moi à sa gauche. Le grand écuyer y étoit avec le *staroilat* de.... Nous accompagnâmes ce jour-là le roi à la chasse. La Pologne est un pays fait exprès pour ce divertissement : le mot le fait assez entendre; car *Poln*, d'où il vient, signifie *campagne* en langue esclavone. Mais les chasses ne se font pas comme en France. On fait une enceinte de filets qu'on borde de soldats pour faire sortir le gibier par l'ouverture qu'on a laissée. On fait entrer dans cette enceinte quantité de chiens et de piqueurs pour les appuyer, qui font sortir tout ce qu'il y a dedans. Chacun prend son poste, éloigné l'un de l'autre de deux portées de mousquet, et lorsqu'il paroît quelque chose, soit loup, renard, chevreuil, etc., on lâche tant de lévriers, qu'il faut que l'animal soit bien fin s'il les évite. Nous fîmes une très-grande chasse ce jour-là; en moins de quatre heures on prit plus de dix chevreuils, trois loups, cinq ou six renards, quantité de lièvres; mais ce qui rendit la chasse belle et sanglante, ce fut un sanglier de la grosseur d'un cheval, qu'on tua après qu'il eût tenu fort long-temps contre les chiens; il en tua quelques-uns et en estropia plusieurs, blessa des hommes et des chevaux ; mais enfin on lui tira un coup d'arquebuse dont il mourut. On l'amena sur une charrette au roi, et tout le monde avoua qu'on n'avoit jamais vu un si furieux animal. Il fallut un chariot pour reporter tous les chiens estropiés, comme on reporte les blessés après un combat.

Nous vîmes à la cour M. le marquis de Vitri, ambassadeur extraordinaire, qui nous reçut avec une bonté particulière. Nous n'eûmes point, pendant tout le temps que nous fûmes à la cour, d'autre maison ni d'autre table que la sienne. Nous vîmes chez lui M. de Valalé, son écuyer; M. Noblet, qui partit pour la France le lendemain que nous fûmes arrivés; MM. Pelissier et Devilles, secrétaires; M. le marquis d'Arquien, à qui la reine donne vingt mille livres par an; c'est le rendez-vous de tous les François pour le plaisir et pour le jeu; M. le comte de Matigny son fils, qui est capitaine de dragons, et à qui la reine donne deux mille écus. Nous vîmes dans la maison de M. d'Arquien, M. d'Alerac, M. de Valalé, etc.

La reine a trois gentilshommes françois, MM. de Ryon, des Forges, et de Villars, qui a été exempt des Suisses de Monsieur. Il a fait une course en France.

Nous connûmes à la cour M. le grand-écuyer, M. Jalonsky, vice-chancelier de la reine, homme d'esprit; M. Sarnosky, secrétaire du roi; M. Delanti, italien, secrétaire du roi ; M. Dumont de l'Espine, valet de chambre.

C'est la coutume en Pologne de faire des présents aux jours de fête. La princesse Radzivil s'appelle Catherine. Sa fête vint dans le temps que nous y étions ; la reine lui fit un présent, et voulut qu'on dansât le soir à la cour.

Ces sortes de danses ne finissent jamais, et depuis que l'on commence jusqu'à ce que l'on cesse, tout le monde danse ensemble, sans discontinuer, et le cavalier fournit avec la dame sans s'arrêter.

Ils ont une manière de danse à la russienne, qui est fort plaisante. M. le chevalier Lubomirsky, grand-enseigne du royaume, la danse parfaitement bien.

On ne danse jamais davantage qu'aux mariages, où le roi fait toute la dépense, pendant six ou sept jours que la femme ne demeure point chez son mari ; et le jour qu'on la lui met entre les mains il traite tout le monde.

Les Polonois sont fiers, se flattent beaucoup de leur noblesse, et emploient tout ce qu'ils ont pour avoir un beau cheval, un habit propre, et un sabre magnifique. Ils sont assez bien faits ; mais les femmes ne leur ressemblent pas : à peine en trouve-t-on à la cour deux qui soient supportables. Ils se plaisent dans la quantité de valets ; et les petits nobles qui n'ont pas de quoi vivre, s'attachent auprès des grands.

Les femmes ne sortent guère, et vont embrasser la cuisse de leurs maris lorsqu'ils rentrent dans la maison. C'est la manière de saluer la plus ordinaire en Pologne, et on ne salue point les femmes de qualité autrement qu'en leur embrassant la cuisse. Il y en a de qui les embrassades sont un peu fortes, et qui sont bien aises de sentir ce qu'ils embrassent. Elles sont fort superbes en habits, et portent toutes de l'or et de l'argent. Leur habillement est un justaucorps d'homme sans être boutonné, et une jupe; elles portent des bottes comme les hommes.

Il n'y a pas au monde un pays plus plat que la Pologne: nous l'avons presque traversée tout entière, sans avoir trouvé une seule montagne; ce qui fait qu'il y a peu de ruisseaux qui ne peuvent y couler, et que l'eau est fort rare; mais en récompense ils font de très-bonne bière, et particulièrement celle de Varca, qui est renommée dans le pays pour la meilleure. Toutes ces grandes plaines sont semées de blé, et en fournissent à une partie de l'Europe.

Il n'y a d'autre place fortifiée dans la Pologne que Léopold, qui confine aux Turcs; encore sont-ce des fortifications à la polonoise, que les François détruiroient de leurs regards. C'est par cette raison qu'ils prétendent assurer leur liberté; et n'ayant point de lieu pour se mettre à couvert, il faut qu'ils fassent des remparts de leurs corps. Ils sont sûrs de battre les Turcs quand ils voudront, comme ils ont toujours fait; mais avec cela, ils ne laissent pas de perdre leur pays contre eux. Les Tartares sont les ennemis qu'ils redoutent davantage. Ce ne sont point des gens qui cherchent la gloire dans les combats ; ils ne demandent que le butin dont ils vivent. Leurs troupes ne sont point en ordre : ils viennent fondre sur le camp des ennemis, prennent tout ce qu'ils peuvent, et au premier coup de tambour, que le capitaine a à l'arçon de sa selle, ils se retirent, et reviennent un quart d'heure après d'un autre côté ; en sorte qu'on les a toujours sur le dos, et par ce moyen ils désespèrent les ennemis, qu'ils molestent et arrêtent continuellement. Ils ont cela de particulier, qu'ils combattent en fuyant, et tirent des flèches par-dessus leurs têtes, qui vont retomber sur les ennemis. Ils font des courses fréquentes en Pologne, lorsqu'on ne leur paie pas les dix mille *cousuques* qu'on est obligé de leur fournir tous les ans, qui sont des robes faites de peaux de mouton. Les Tartares venant en course, feront des trente et quarante lieues en une nuit, mettant un petit sac plein de paille attaché à la tête de leurs chevaux, qui ne s'arrêtent point pour manger, et un morceau de viande qui cuit sous la selle; en sorte que n'étant point avertis de leurs marches, ils prennent tout ce qu'ils trouvent dans la campagne, hommes, femmes, enfants, qu'ils vont vendre ensuite à Constantinople, par la mer Noire ; mais ils ont cela, qu'ils n'attaquent jamais les lieux qui sont enclos ; et quarante mille Tartares n'attaqueront pas un méchant village, pourvu qu'il soit seulement fermé de planches, parce qu'ils appréhendent les embûches, et qu'ils ne veulent pas s'engager.

Les Polonois tâchent de ménager l'alliance des Tartares, et s'en servent, pourvu que ce ne soit pas contre le Turc, pour lequel ils se déclarent toujours, comme étant Mahométans, et s'étant rendus tributaires du grand-seigneur, à la charge que si la race ottomane venoit à manquer, le kan des Tartares succéderoit à l'empire.

Le roi Casimir en avoit plus de vingt mille, quand les Suédois entrèrent en Pologne ; mais ils n'attendoient pas l'ennemi, et du moment qu'ils le savoient à dix lieues seulement près d'eux, ils fuyoient comme s'ils l'avoient eu à dos.

La république entretient toujours sur les frontières sept ou huit mille hommes de troupes réglées, pour empêcher les courses des Tartares. Le roi n'entretient point ces troupes-là, mais seulement les éduques, les semelles et les janissaires. Les premiers sont habillés de bleu, avec de gros boutons et des plaques d'étain, et un bonnet de feutre en tête. Ils ont le fusil et la bardiche, qui est une arme qu'on dit être très-bonne. Les semelles sont d'autres soldats armés de même : mais tous les janissaires sont Turcs, habillés comme les janissaires, tels que j'en ai vu en Turquie. Il arriva pendant la dernière diète une chose assez particulière : une compagnie turque, de la garnison de Caminiek, déserta tout entière, avec les armes, son drapeau, les caisses et ses officiers, et vint offrir ses services au roi de Pologne. Le roi agit pour lors en grand prince, et avec son intrépidité ordinaire ; car, malgré les sollicitations de la reine et de tout son conseil, qui lui persuadoient de ne point prendre ces gens à son service, dans la conjoncture des affaires, y ayant pour lors un ambassadeur turc à la cour, ce qui faisoit appréhender, comme il y avoit bien du vraisemblabe, que ce ne fussent des espions (la suite a fait voir néanmoins qu'il étoit plus éclairé que tous les autres), il les a encore à présent et leur donne double paye. Mais c'est une chose fort extraordinaire, de voir une compagnie tout entière déserter avec les officiers.

La plus belle milice des Polonois sont les hussards, les tavaches et les pansars, qui sont tous nobles. L'armure des hussards a quelque chose de singulier. Le roi a encore une compagnie d'environ cent reyters, qui le suivent partout.

Nous vîmes, à Vauroni, M. Acakias, qui revenoit de Transylvanie, qui nous instruisit de ce pays : il nous dit qu'il étoit distingué en Transylvains et en Saxons; que les premiers étoient les maîtres, et que les autres étoient comme les esclaves. Les Saxons sont des gens venus du pays de Saxe, et qui sont là comme les Juifs, quoiqu'ils soient plus gens de bien que les autres. Les Transylvains voyagent sans donner un sou, en logeant chez les Saxons. Lorsqu'en chemin faisant les nobles Transylvains ont pris quelque gibier, ils envoient un de leurs valets au marché avec, et les maîtres demandent du gibier pour le repas. Le pauvre Saxon est obligé de l'aller acheter du valet de ces maîtres, et de le payer ce qu'ils veulent. Tout le monde presque parle latin dans ce pays.

La langue polonoise est esclavonne, comme en Moscovie et en Tartarie; et il y a autant de différence entre ces langues, qui n'ont pourtant qu'une même source, qu'entre l'espagnol et l'italien, qui dérivent du latin. Les langues vivantes dont on se sert dans l'Europe, peuvent se réduire à deux; car je ne parle point des langues mortes, comme la grecque, l'hébraïque et la latine. La langue arabique est en Asie ce qu'est la latine en Europe, et avec cette langue on peut aller depuis le Bosphore jusqu'aux terres des Indiens les plus reculées. Il n'y a donc que deux langues matrices qui ont leurs dialectes; et ces langues sont la teutonne et l'esclavonne. L'esclavonne est familière à Constantinople, et a pour principaux dialectes la russinique pour les

Moscovites, la dalmatique pour les Transylvains et pour les Hongrois, la bohémienne et la polonoise, et quelques autres qui ont cours chez les Valaques, Moldaves et petits Tartares.

La teutonne a trois principaux dialectes, le germanique, le saxon et le danois; et de ceux-ci sortent d'autres idiomes, comme l'anglois, le flamand, le suédois, etc. La langue grecque est morte, et moins corrompue que la latine; mais elle se parle encore dans les îles de l'Archipel, dans l'Achaïe et la Morée. Il y a plusieurs autres petites langues matrices, qui ont fort peu d'étendue; comme l'albanoise en Epire et en Macédoine; la bulgare pour la Servie, la Bosnie et la Bulgarie; celle des Cosaques ou petits Tartares, le long des rives du Tanaïs; celle des Finlandois et des Lapons; celle des Irlandois; la biscaïenne et la bretonne.

Nous partîmes de la cour après avoir pris congé de leurs majestés, le vendredi, et fûmes conduits par le sieur de Valalé. Nous passâmes le lendemain par Jéroslans, qui donne le nom à un duché dont la moitié appartient à la reine. Nous vîmes quelques petites villes qui n'ont rien de remarquable. Nous fûmes, pendant le chemin, attaqués par trois voleurs. Nous étions dans notre carrosse enfermés de toutes parts, à cause du vent : notre cocher, à qui ils dirent d'arrêter, n'en voulut rien faire et nous fit signe de prendre nos pistolets, ce que nous fîmes promptement, et sortîmes du carrosse le pistolet à la main, et le valet avec un bon fusil, qui les coucha en joue. Quand ils virent cette disposition, ils demeurèrent tout court, et nous regardèrent sans oser approcher. Nous continuâmes notre chemin à pied, le pistolet à la main, et comme il étoit tard, nous arrivâmes peu de temps après à l'hôtellerie, où ils envoyèrent deux de leurs compagnons, qui vinrent comme des passagers pour examiner notre contenance. Ils virent que nous apprêtions nos armes, et que nous fûmes toute la nuit sur pied. Nous ne les connoissions point pour ce qu'ils étoient, et comme il étoit déjà tard, nous n'avions pu les remarquer, à cause de l'obscurité. Ils sortirent deux heures avant le jour, et nous nous disposions à partir, quand le cocher nous dit qu'il les avoit vus se joindre à quatre autres, aux environs de la maison, et qu'ils avoient gagné le bois qui étoit à cent pas de là. Nous ne jugeâmes pas à propos de partir qu'il ne fût jour ; et nous attendions qu'il fît clair, quand nous entendîmes passer quatre chariots avec deux bœufs chacun. Nous nous servîmes de cette occasion pour passer dans le bois, et comme il faisoit clair de lune, nous fîmes prendre à tous les charretiers des bâtons blancs, qui paroissoient au clair de la lune comme si c'eût été des fusils. Nous passâmes ainsi sans qu'ils osassent nous attaquer, quoique nous entendissions siffler de tous côtés. On nous dit à la première ville, que ce bois en étoit tout plein, et qu'il étoit difficile d'y passer sans être volé.

Nous arrivâmes à Cracovie le jeudi matin: nous eûmes de la peine à trouver à nous loger, car il n'y a point d'hôtellerie. Nous trouvâmes un Italien qui nous mena chez lui. Cet homme nous étourdit d'abord de son grand bruit, comme tous ceux de sa nation; il ne nous parloit que par millions, et par son équipage, ses chevaux et sa calèche. Nous ne fumes pas long-temps à reconnoître le pèlerin pour le plus fourbe qui fut jamais. Sitôt que nous nous mîmes à table, il alla emprunter trois cuillers de bois chez son hôte, et nous dit qu'il avoit donné les siennes d'argent à blanchir. On parla de sortir après dîné, et lui demandant s'il n'avoit point d'épée, il nous dit qu'il étoit malheureusement tombé le jour d'auparavant, qu'il l'avoit cassée en tombant, et l'avoit donnée au fourbisseur. En considérant nos pistolets, il nous dit qu'il en avoit une paire qu'il avoit achetée à Amsterdam, qui tiroient deux coups, et qui étoient chez l'armurier pour être nettoyés. Il nous avoit dit qu'il nous meneroit dans sa calèche pour voir les mines; mais quand ce vint au fait et au prendre, il nous dit que sa calèche étoit peinte de frais, et qu'il y avoit quatre de ses chevaux qui étoient boiteux. Mais ce qui fut le plus plaisant, c'est qu'il ne cessoit pas de nous dire qu'il ne prétendoit aucun argent pour le temps que nous logerions chez lui; et quand il fallut aller au marché, il vint nous demander un écu, disant qu'il avoit changé tout son argent en lettres de change sur MM. Pessalouki de Vienne. Il avoit, disoit-il, un procès qui lui importoit, de dix mille francs, deux maisons dans la ville qui lui venoient de sa femme, et néanmoins il vouloit s'en retourner avec nous le jour suivant, sans dessein de revenir jamais. Et lui demandant pourquoi il quittoit un si beau bien et de si belles espérances : *Oh!* dit-il, *cela ne m'embarrasse pas; je ferai tout cela demain : je gagnerai mon procès, je vendrai mes maisons*. Nous reconnûmes fort bien toutes ses fourberies, mais nous voulûmes nous en divertir jusqu'au bout; et, pour pousser la raillerie plus loin, je lui demandai s'il vouloit me donner des lettres de change pour Vienne, que je lui donnerois de l'argent. A cette proposition, la joie commença à éclater sur le visage de notre fourbe; il se mit en devoir de faire les plus belles lettres de change que le plus célèbre banquier fît jamais : mais par malheur, il ne se trouva ni encre ni papier dans la maison. Je lui demandai ensuite à voir les chevaux. Mon coquin vit bien qu'il étoit pris pour dupe, et qu'il avoit affaire à des gens aussi fins que lui. Je n'ai jamais vu un homme si consterné; et nous prenions plaisir à nous servir des termes dont il usoit ordinairement : *Italiani non sono migra crilloni*; et nous disions *Francesi* au lieu d'*Italiani*. Nous lui remîmes en face une infinité de fourberies, de mensonges, de contrariétés, et nous eûmes le plaisir de confondre le plus grand fourbe du monde.

Cracovie est la première ville de la Haute-Pologne, infiniment plus belle, plus grande et plus marchande que Varsovie. Elle est située sur la Vistule, qui prend sa source assez près de là. Son académie est fort estimée; elle fut fondée, il y a environ trois cents ans, par Casimir Ier, qui demanda des professeurs aux colléges de Sorbonne de Paris, qui furent les auteurs de cette haute réputation qu'elle s'est acquise. La pièce la plus recommandable de Cracovie est le château, situé sur une petite colline. Il est de grande étendue, mais sans formes ni sans aucune architecture. Ses chambres sont spacieuses, et ses plafonds superbement dorés pourroient rendre ce séjour fort propre pour y loger un roi. On voit dans l'église du château les tombeaux des rois, qu'on n'enterre point qu'un autre ne soit élu. On enterra le même jour le roi Casimir et le roi Michel, quand le roi d'à présent fut couronné à Cracovie, où ils viennent tous prendre la couronne.

Le corps de saint Stanislas est dans une châsse d'argent au milieu de l'église, sous un baldaquin.

Ce saint, qui fut tué par un roi de Pologne, est cause que les Polonois vont la tête rasée, et qu'ils ne mangent point de beurre le vendredi, et quelques-uns le samedi : cela leur fut imposé pour pénitence, par un pape, pendant cent ans, et cette coutume s'est tournée en loi; car quoique le temps de la pénitence soit expiré, ils ne laissent pas d'observer toujours ce jeûne et cette coutume de se raser la tête.

Il y a peu de villes, je ne dis pas en Pologne, mais dans toute l'Europe, où il y ait plus d'églises, de prêtres, et particulièrement de moines, qu'à Cracovie. Ils n'y sont pas moins riches et moins respectés qu'en Italie ; c'est ce qui fait qu'il y en a tant. Pour les églises, il faut rendre justice aux Polonois, et dire qu'ils sont extrêmement jaloux qu'elles soient belles et bien desservies. L'or y reluit de tous côtés, et on s'étonnera de voir une église dorée jusqu'à la voûte, dans un méchant village où l'on n'aura pas pu trouver un morceau de pain. Les plus belles églises de Cracovie sont le Dôme, dédié à Sainte-Marie, qui est au milieu de la place ; les Jésuites en ont aussi une très-belle faite nouvellement à l'italienne; les Minimes et les Bernardins. La grande place est très-spacieuse, et les principales rues y aboutissent, particulièrement la grande, qui va rendre à Casimir, le séjour de tous les Juifs, qui ont là leur république, leur synagogue et leur justice. Ces messieurs ne sont pas moins maltraités en Pologne qu'en Italie et en Turquie, où ils sont l'excrément du genre humain, et l'éponge qu'on presse de temps en temps, et particulièrement lorsque l'état est en danger. Quand ils ne seroient pas distingués par une marque particulière, en Italie par un chapeau jaune, en Allemagne par l'habit, en Turquie par le turban, en Pologne par la fraise, il seroit impossible de ne les pas reconnoître à leur air excommunié et à leurs yeux hagards. Quelque riches qu'ils soient, ils ne sauroient sortir de cette vilenie dans laquelle ils sont nés, et qui fait horreur à ceux qui les ont vus, particulièrement en Pologne, dans les *carchemats* ou hôtelleries qu'ils tiennent dans toute la Russie Noire, où ils sont trente ou quarante dans une petite chambre : les enfants sont nus comme la main, et les pères et mères ne sont qu'à moitié habillés. Je ne crois pas qu'il y ait au monde une nation plus féconde ; on trouve dans une même boîte pleine de paille, dans un même berceau, quatre ou cinq enfants de la même mère, qui paroissent comme de petits corbeaux dans un nid, tant ils sont noirs et hideux.

Le tribut que les Juifs de Cracovie rendent à la république, est de vingt mille écus. Ils donnent outre cela tous les ans trois cents ducats au roi, deux cents à la reine, cent au prince, et quantité d'autres menues dépenses qu'ils sont obligés de faire tous les jours. Il y a quelques villes d'Allemagne où on ne les souffre point, et lorsque leurs affaires les y appellent, ils donnent un ducat pour la première nuit qu'ils couchent à la ville, deux pour la seconde, et trois pour la troisième.

Il en est de même à Varsovie, où ils n'ont permission de demeurer que pendant les diètes; mais il n'y a aucune sorte d'infamie qu'on ne leur fasse, et lorsqu'il s'en rencontre quelqu'un hors de ce temps, on lâche les écoliers dessus, qui ont droit sur leurs personnes; en sorte qu'il est aisé de s'imaginer s'ils passent bien leur temps entre les mains de ces messieurs.

Nous allâmes saluer M. le palatin de Cracovie, le premier du royaume, nommé Vicliposki, grand-chancelier de la couronne, et beau-frère du roi. Nous avions des lettres à lui remettre de la part de M. l'ambassadeur, et d'autres pour madame la grande-chancelière, de la part de la reine, et de M. le marquis d'Arquien son père. Ce seigneur nous pria de manger chez lui : on y servit quantité de beaux poissons, mais la plupart à l'huile, parce que c'étoit un samedi; sur quoi il faut remarquer que les Polonois ne trouvent point l'huile bonne si elle ne sent bien fort, et disent, lorsqu'elle est douce comme nous la voulons, qu'elle ne sent rien. La table des grands de Pologne est servie confusément. Les plats sont sans ordre et sans symétrie, et on les sert couverts. L'écuyer est au bout de la table avec une grande cuiller, qui sert tout le monde : il ne faut pas manquer d'avoir son couteau et sa fourchette dans sa poche, car autrement on court risque de se servir de ses doigts. M. le grand-chancelier a une fort jolie fille d'environ treize ou quatorze ans, et deux garçons qui la suivent de près.

Ce seigneur eut la bonté de nous envoyer un carrosse pour aller aux mines de sel de Vicliska; qui sont à une bonne lieue de Cracovie. Ce fut là où nous allâmes admirer les effets de la nature dans ses différentes productions. On voit au milieu de la place de la ville un hangard sous lequel on n'est pas plus tôt entré, qu'on aperçoit une grande roue que des chevaux font tourner, et qui sert à élever les pierrres qu'on tire de la mine. Proche de cette roue est un trou carré de la largeur d'un très-grand puits, et revêtu de toutes parts de grosses pièces de bois enclavées les unes dans les autres. Ce fut par là que nous descendîmes dans cet abîme; mais avant de faire ce voyage, on nous revêtit d'une manière de surplis. On remua quantité de cordes et de sangles qu'on attacha au gros câble les unes sur les autres. Cinq ou six hommes se disposèrent pour descendre avec nous, et allumèrent quantité de lampes, et d'autres entourèrent la bouche du trou; et commencèrent à chanter l'endroit de la passion où sont ces paroles : *Expiravit Jesus*, et continuèrent encore sur un ton plus effroyable le *De profundis*. J'avoue que pour lors tout mon sang se glaça : tous les préparatifs de cet enterrement vivant m'effrayèrent si fort, que j'eusse voulu être bien loin du lieu où je me trouvois ; mais les choses étoient trop avancées, il fallut s'enterrer tout vivant et descendre dans cette sépulture. Un de nos guides se mit au bout du câble la lampe à la main ; je me mis ensuite sur ma sangle au-dessus de sa tête ; un de ces fossoyeurs se mit au-dessus de moi ; mon camarade étoit au-dessus de celui-ci, et étoit surmonté d'un autre la lampe à la main ; celui-ci d'un autre : en sorte que nous étions plus d'une douzaine les uns sur les autres, enfilés à ce câble comme des grains de chapelet, dans une posture qui n'étoit point du tout agréable ; car non-seulement on court le risque que le gros câble rompe, mais encore on appréhende que les cordes qui vous portent ne viennent à manquer, et que celles des autres qui tomberoient sur vous, ne viennent à rompre.

Nous descendîmes bien cent toises de cette manière, et nous nous trouvâmes ensuite dans un lieu fort vaste et fort élevé, au milieu duquel nous trouvâmes une chapelle où l'on dit bien souvent la messe. On nous conduisit de là dans des routes sans fin, d'où l'on avoit arraché le sel, qu'on tire en grosses pierres que trois chevaux ont bien de la peine à traîner. Cette pierre est de couleur cendrée, et reluit comme les diamants. Elle n'est pas dure, et les petits morceaux qui sortent en la coupant, se mettent dans des tonnes, et sont ainsi vendus. Cette pierre est infiniment plus salée que notre sel de gabelle, et devient blanche lorsqu'on la pile : mais on fait du sel d'une eau qu'on tire dans des outres du fond de la mine, lequel étant cuit, devient le plus blanc et le plus beau qu'on puisse voir. Nous descendîmes de cette carrière dans une autre, car il y en a sept les unes sur les autres ; et quand nous fûmes près de la dernière, nous trouvâmes un ruisseau d'eau douce, la meilleure que j'aie jamais bue. C'est une chose des plus curieuses que j'aie vues de ma vie, de voir sortir et couler une eau sur des pierres de sel, sans en prendre le goût. On trouve aussi d'autres ruisseaux, mais les eaux en sont tout-à-fait salées. Après avoir bien descendu l'espace de deux heures, nous arrivâmes à la dernière carrière où l'on travailloit. On abattit pour nous une pierre que cinquante chevaux n'auroient pas traînée, et un seul homme arracha cette pierre du rocher d'une manière fort aisée. Quand cette pierre est tombée, ils la coupent en morceaux ronds de la figure d'une tonne, afin de la pouvoir rouler dans la carrière. Nous trouvâmes dans ce fond quantité d'hommes et de chevaux, qui travailloient à élever l'eau par le moyen des roues qui sont faites pour cela.

On trouve dans cette mine du sel de différents

prix, et des veines meilleures les unes que les autres. Le moindre s'appelle *ziclona*, le second *zibicoa*, et le meilleur de tous *ockavata*. Le premier se vend douze guldens de sckelons la tonne, qui pèse six cents livres; le second treize, et le dernier seize. Celui-là est semblable au cristal, et aussi transparent, et se coupe en petits carrés unis comme des glaces.

Nous fûmes près de quatre heures à marcher dans cette mine; et on nous assura qu'un homme ne pouvoit pas en parcourir tous les endroits en quinze jours de temps, tant elle a d'étendue. On voit pendre, tout le long des voûtes de cette carrière, de l'eau de sel pétrifiée comme des glaçons qui pendent aux gouttières; et lorsque cela a pris un corps assez dur pour être travaillé, on en fait des chapelets et d'autres petits ouvrages.

Nous remontâmes par le même escalier que nous étions descendus, et je fus encore plus incommodé en remontant qu'en descendant; car la corde qui me portoit n'étant pas bien attachée au câble, glissoit de temps en temps, et me causoit de grandes frayeurs; et sans faire le fin, j'avoue que j'étois fort mal à mon aise; et je promis de ne plus retourner dans ces lieux souterrains. C'est assez d'avoir fait ce voyage une fois en sa vie.

Nous demeurâmes trois ou quatre jours, après lesquels nous partîmes pour Vienne. Nous passâmes par *Zator-Ozviensin*, et autres places de Pologne. En sortant de ce pays, nous fûmes attaqués par trois voleurs, qui firent arrêter notre carrosse d'assez loin pour nous donner le temps de sortir le pistolet à la main ; et ayant vu notre contenance déterminée, ils s'arrêtèrent, et réservèrent à prendre mieux leur avantage. Le lendemain ils envoyèrent deux des leurs dans l'hôtellerie où nous passâmes la nuit, qui y vinrent comme des passagers ; et le jour suivant ils partirent deux heures avant le jour, et allèrent trouver leurs camarades qui les attendoient à deux pas de la maison. La servante les vit se joindre à quatre autres, et prendre le chemin du bois voisin. Elle nous en avertit, et nous ne laissâmes point de partir à la faveur de la lune, avec quelques charretiers qui passèrent par bonheur par là. Nous passâmes tout le bois à pied, le pistolet à la main.

VOYAGE D'ALLEMAGNE.

La première ville d'Allemagne que l'on rencontre en Silésie, est...., qui dépend d'un prince particulier, qu'on appelle le prince Balthazar. Nous vînmes de là à Olmutz, siége d'évêché. Le palais de l'évêque, qui est seigneur spirituel et temporel, est un des beaux édifices qui se voient en Allemagne. Nous remarquâmes que la principale occupation des écoliers est d'aller la nuit de rue en rue, chantant pour demander l'aumône. Cela est commun à tous les étudiants d'Allemagne.

Nous arrivâmes à Vienne le 20 septembre : une partie de la cour en étoit absente, et il n'y avoit que celle de l'impératrice douairière, qui est de la maison de Tyrol. L'empereur étoit à Oldembourg, où se tenoit une diète, à laquelle tous les palatins et grands seigneurs de Hongrie se trouvèrent, tant pour terminer les affaires des rebelles, qui durent depuis plus de quinze ans, que pour assister au couronnement de l'impératrice reine de Hongrie. L'empereur arriva deux jours après à Vienne, et nous revînmes avec lui de Hongrie. Il devoit passer tout l'hiver à Vienne, et de là à la diète de Ratisbonne.

Les Hongrois sont superbes et magnifiques en diamants. Le palatin de Hongrie, ou vice-roi, est le plus opulent : il a reçu depuis peu l'ordre de la Toison, du roi d'Espagne, vacant par la mort du président qui avoit épousé la princesse de Holstein, où je me suis trouvé, et où tous les gens de qualité font le rendez-vous. Il avoit administré long-temps les affaires de l'Empire, et depuis a été taxé et démis du ministériat. Abeley a pris sa place au gouvernement.

Les Hongrois ne sont pas grands, mais leur habit sert à les faire paroître de bonne mine, aussi-bien que les plumes de coq qu'ils portent sur leur tête. Ils en portent autant qu'ils ont abattu de têtes de Turcs à l'armée. Leur pays est le plus abondant du monde en blés, en vins, en pâturages, mais il est présentement ruiné : le vin de Tokai est estimé le meilleur.

Vienne est la capitale de l'Autriche, et le siége de l'Empire ; elle fut attaquée en .... par le grand Soliman avec une armée de cent mille hommes, qui fut obligée de lever le siége. Les armes du Turc, qui sont au-dessus de la tour de Saint-Etienne, font foi de leur belle résistance. Elles y ont été laissées, ou pour marque de cette action, ou par les articles de capitulation ainsi faits. La ville de Vienne n'est pas grande, mais fort peuplée, malgré le ravage épouvantable que la peste y fit il y a deux ans, et qui enleva plus de deux cent mille hommes. Les rues en sont belles, et particulièrement celles du quartier des seigneurs. Les églises y sont magnifiques, et surtout celle des Jésuites, qui y ont trois couvents, et qui sont les maîtres à Vienne. Ils ont un droit très-considérable à percevoir sur ceux qui entrent dans Vienne après huit heures en été et six heures en hiver : il faut donner quatre sous, et c'est un monopole furieux. Tout le beau monde s'assemble dans l'église Saint-Michel et Sainte-Croix ; les cavaliers se mettent d'un côté, et les dames de l'autre. Nous y vîmes la sœur de Montecuculli, la comtesse d'Arach....., et pour cavalier Nostiche Bouquin......

Les jours de gala sont chez l'empereur de certains jours de réjouissance, où tout le monde se trouve superbement paré. Les pierreries n'y manquent pas, et je ne crois pas qu'il y ait un lieu dans le monde où il s'en trouve davantage. Ce sont les jours de naissance de l'empereur, ou des impératrices, etc.

L'empereur est fils puîné de Ferdinand III. Son frère aîné mourut archiduc à l'âge de dix-huit ou vingt ans ; c'étoit un prince très-bien fait. L'empereur fut tiré des Jésuites pour être mis en sa place ; mais il étoit plus né pour le couvent que pour la cour.

Ferdinand III eut trois femmes. La première s'appeloit Marie, fille de Philippe III, roi d'Espagne, dont il eut trois garçons. Le premier, comme j'ai dit, mourut roi des Romains : le second est l'empereur d'aujourd'hui ; le troisième est mort évêque de Passau et de Breslau.

La seconde femme de Ferdinand étoit de la maison d'Inspruck, qui mourut en couche fort jeune, et dont on voit le tombeau aux dominicains.

La troisième, qui vit encore, et qu'on appelle l'impératrice Léonore, douairière, est de la maison de Mantoue, et tante de la duchesse d'York. Elle a deux filles : la première a épousé en premières noces Michel Coribut Wiénowieski, roi de Pologne, et a été depuis mariée au duc de Lorraine ; la seconde a épousé, il y a environ deux ans, le duc de Neubourg, beau-frère de l'empereur.

L'empereur s'appelle Léopold-Ignace, fils de Ferdinand III, et de Marie, fille de Philippe III, roi d'Espagne. Il naquit le 9 de juin 1640, et fut élevé à la dignité impériale en 1658. Il a eu trois femmes, comme son père. La première étoit infante d'Espagne, fille de Philippe IV, sœur unique de Charles II aujourd'hui régnant, et sœur de père de la reine de France aujourd'hui régnante. Elle a une fille qu'on appelle l'archiduchesse, âgée de quatorze ou quinze ans, qui est boiteuse.

La seconde étoit de la maison d'Inspruck.

La troisième est de la maison de Neubourg. Il y a environ quatre ou cinq ans qu'il épousa cette princesse, dont il a un fils âgé de quatre ans qu'on appelle l'archiduc.

L'archiduchesse espéroit bien épouser le roi d'Espagne ; on dit même qu'on la salua reine à la cour pendant quelque temps. Il y avoit toujours beaucoup de jalousie entre cette jeune archiduchesse et l'autre fille de l'impératrice douairière, qui a épousé le duc de Neubourg, comme ayant toutes deux les mêmes prétentions, et espérant l'une et l'autre épouser le roi d'Espagne ; et la vieille impératrice se trouva bien surprise apprenant le mariage du roi d'Espagne avec Mademoiselle, parce qu'on l'avoit flattée que, si elle faisoit déclarer l'empereur contre la France, sa fille seroit reine d'Espagne ; ce qu'elle fit avec succès, car elle a infiniment d'esprit.

Cette princesse, voyant ses espérances frustrées de ce côté-là, chercha une couronne ailleurs, et tâcha de faire négocier son mariage avec le roi de Suède ; mais la princesse de Danemarck étoit trop avant gravée dans son cœur pour pouvoir en être chassée : ainsi ne voyant plus de têtes couronnées, elle fut obligée d'épouser le duc de Neubourg, mais elle le traita avec des fiertés inconcevables.

L'archiduchesse d'aujourd'hui est nièce de cette princesse, et elles ont été souvent rivales. On ne voit point d'autre parti pour elle que le duc de Florence, la princesse de Saxe étant présentement mariée à l'électeur de Bavière.

L'empereur est archiduc d'Autriche, roi de Hongrie et de Bohême; il a le seul archiduché du monde, et ses enfants en portent le titre. On fléchit les genoux devant lui ; et l'empereur même, faisant la révérence à l'autel, fléchit les deux genoux, sans néanmoins les porter à terre.

Le conseil de conscience de l'empereur est composé d'un capucin nommé le P. Emeric, évêque de Vienne ; et du P. Richard, jésuite, Lorrain.

L'empereur est fort dévot ; il ne se passe guère de jours qu'il n'aille dîner chez des moines ou des religieuses. Quand il marche, c'est sans bruit, car il n'y a ni tambours ni trompettes. Ses gardes, appelés *Drabans*, au nombre de cent ou deux cents, la pertuisane en main, vêtus de noir, tous en manteau galonné de jaune, font une haie, au milieu de laquelle l'empereur passe dans son carrosse, qui est plutôt un coffre qu'autre chose. Il n'y a jamais personne à côté de lui, et l'impératrice se met dans l'autre fond.

Les chevaux sont harnachés avec des cordes, et le cocher est à cheval, depuis qu'il entendit sur son siège un secret qu'il alla révéler. Tous les cavaliers vont devant à cheval.

Avant que l'empereur soit élevé à la dignité impériale, il faut qu'il ait été élu roi des Romains, et il ne peut avoir ce titre qu'à l'âge de quatorze ans. Les empereurs sont élus et couronnés à Francfort, mais la couronne est à Aix-la-Chapelle.

L'empereur aime fort la chasse; je me trouvai à une qu'il fit au retour d'Oldembourg, où on tua quatre-vingts ou quatre-vingt-dix sangliers à coups d'épée. Ceux qui sont près de l'empereur les tuent d'une loge qu'on lui prépare. On traite l'empereur de Sacrée-Majesté. Il porte l'ordre de la Toison; mais il ne la donne point, et elle appartient seulement au roi d'Espagne.

Nous n'avons jamais d'ambassadeurs à Vienne, parce que l'Espagne auroit le pas, comme étant de la même maison. M. le marquis de Seleville étoit pour lors envoyé extraordinaire. Nous demeurâmes chez lui, et je jouai seulement avec la marquise; c'est une des plus spirituelles et des plus vertueuses dames que j'aie vues. Nous y connûmes M. de Saint-Laurent, cousin de madame la marquise Pigorre. Le comte de Stirum nous donna plusieurs fois à manger.

Le comte de Staremberg est gouverneur de la ville; il voulut faire une affaire à messieurs de Marsillac et d'Alincour, parce qu'ils n'avoient pas dit leurs noms à la cour.

Vienne tire son nom d'une petite rivière qui passe entre le faubourg d'Isalu et la ville, laquelle venant à se déborder, fait des ravages épouvantables. Le Danube y passe aussi. C'est le plus grand fleuve de l'Europe. Il prend sa source dans le....; et après avoir fait sept ou huit cents lieues de chemin, il va se jeter dans le Pont-Euxin par sept bouches. Son cours est contraire à tous les fleuves du monde, il va de l'occident à l'orient, et il n'y a que le Pô qui lui ressemble.

Le Louvre est un grand bâtiment carré, qui n'a rien de remarquable. Sa cour sert de manége. Les écuyers ont des degrés de bois pour monter à cheval.

LA PROVENÇALE,

OEUVRE POSTHUME.

AVERTISSEMENT.

Cette historiette est le récit des principales aventures que M. Regnard a eues dans le voyage sur mer où il fut pris par les corsaires, et fait esclave à Alger. Il s'est donné le nom de *Zelmis*; mais il me paroît qu'il n'a pas achevé le roman dans les formes, puisqu'il est mort garçon; et l'histoire dit qu'il alla retrouver sa Provençale après la mort de son mari, dans l'espérance de l'épouser. Il avoit sans doute dessein de commencer l'histoire de sa vie par cette aventure, puisqu'il dit à la fin qu'à la première occasion il racontera les voyages qu'il a faits dans la Laponie, et dont il est parlé légèrement dans cette historiette, à laquelle il n'a pas donné la dernière main.

LA PROVENÇALE,

OEUVRE POSTHUME.

Dans la saison la plus agréable de l'année, Clorinde et Céliane, charmées de la douceur du temps, se proposèrent d'aller passer quelques jours à une terre d'Eurilas qui n'est qu'à trois lieues de Paris : elles y joignirent une amie communément appelée Mélinde, de qui la moindre qualité étoit d'être parfaitement belle ; et pour rendre la partie encore plus parfaite, elles en avertirent Cléomède, qui étoit depuis peu en affaire de cœur avec Mélinde. Cléomède étoit trop intéressé à embrasser une si favorable occasion, où l'amour et le plaisir l'invitoient, pour ne pas accepter avec joie le parti qu'on lui proposoit : il le fit aussi ; et cette belle troupe arriva le lendemain chez Eurilas, où elle trouva Floride, Artemèse, Damon et Lycandre, qui ne contribuèrent pas peu à former l'assemblée du monde la plus charmante.

Les divertissements qu'on prend à la campagne, la pêche, la chasse, le jeu, la promenade, étoient les plaisirs qui partageoient agréablement leurs journées. Un jour, que cette belle compagnie se trouva sous un berceau de chèvrefeuille, qui est au bout du canal, attendant en ce lieu que la chaleur du jour fût passée, on se mit à parler d'abord des agréments de la campagne, quand on sort tout d'un coup de l'embarras et du tumulte de la ville. Le discours ensuite tourna sur les voyages : chacun en parla selon son goût; les uns n'aimoient rien tant que la variété des villes et des pays, et les autres étoient pour les aventures qui arrivent presque toujours à ceux qui voyagent. Céliane, là-dessus, joignant à sa satisfaction particulière le plaisir qu'elle feroit à toute l'assemblée, pria Cléomède de faire le récit des dernières aventures de Zelmis, qu'elle n'avoit jamais sues qu'imparfaitement. Zelmis étoit connu de cette belle assemblée; il étoit ou parent ou ami de tous ceux qui la composoient; ce qui fit que Cléomède, ne différant pas à les satisfaire, commença en ces termes :

Je suis assez ami de Zelmis, mesdames, pour me flatter qu'il ne m'a rien caché de tout ce qui lui est arrivé, et assez persuadé de sa bonne foi pour vous assurer qu'il n'entre rien de fabuleux dans ce que je vais vous dire; c'est ce qui me fait espérer que les événements singuliers que vous y trouverez, vous plairont infiniment davantage, puisque s'ils ne sont pas racontés avec toute la délicatesse possible, ils seront du moins soutenus de la vérité.

LA PROVENÇALE. 321

Zelmis revenant d'Italie, s'embarqua un soir assez tard sur un bâtiment anglois, qui passoit de Gênes à Marseille. Le vaisseau commençoit à faire route; et Zelmis triste et rêveur, la tête appuyée de son bras, regardoit fixement la mer, qui ne lui avoit jamais paru si agréable : elle n'étoit point dans ce calme ennuyeux qui ne la distingue pas même des étangs les plus tranquilles ; elle n'étoit pas aussi dans cette fureur qui la fait redouter; mais on la voyoit dans l'état que tout le monde souhaite, lorsqu'un vent modéré l'agite, et comme elle étoit quand elle forma la mère des Amours.

Il s'abandonnoit aux rêveries qu'inspirent ces vagues légères, qui venant à se briser contre le vaisseau, y laissent, pour marque de leur fierté, cette écume dont on le voit environné. Il songeoit à l'aimable Elvire, qu'il aimoit infiniment, et qu'il quittoit peut-être pour jamais. Ne pouvois-je, disoit-il en se plaignant, trouver dans ma patrie, si pleine de belles personnes, un objet qui pût m'arrêter? Falloit-il passer les mers pour aimer, et me faire si loin un engagement auquel il faut renoncer si tôt? Mais, reprenoit-il après quelques moments de silence, je n'y renoncerai jamais ; je vous aimerai toujours, belle Elvire ; et quand vous m'auriez oublié, je me souviendrai toute ma vie que vous êtes la plus adorable personne du monde.

Il fut interrompu dans ces rêveries par une voix

qui lui vint frapper les oreilles ; la personne dont il parloit étoit à la fenêtre de la chambre du capitaine, et chantoit tendrement un air provençal. Zelmis fut attentif à ce chant ; et quoique le bruit du vaisseau l'empêchât de distinguer une voix qui lui paroissoit si douce : Voilà, dit-il néanmoins en lui-même, l'accent de ma chère Elvire ; mais, hélas ! ce n'est pas elle : elle est bien loin d'ici, et je ne la reverrai peut-être de ma vie. Zelmis, qui n'étoit point encore entré dans la chambre du capitaine, eut envie de connoître la personne qui avoit tant de rapport à Elvire dans la voix. Il aperçut, en y entrant, une jeune dame d'une beauté extraordinaire : son esprit éclatoit dans ses yeux, et ses yeux vifs et pleins d'amour portoient dans le fond des âmes tous les feux dont ils brilloient ; les grâces et les ris voloient autour de sa bouche, et toute sa personne n'étoit que charmes.

Je ne puis exprimer la surprise de Zelmis, quand il se trouva si inopinément dans le même lieu où étoit la personne qu'il adoroit. Quel étonnement de se voir si près d'Elvire, quand il s'en croyoit si éloigné ! A peine en crut-il ses yeux ; mais ils avoient remarqué trop de charmes dans cette jeune personne pour s'y tromper. Zelmis n'avoit des yeux que pour elle, et il ne connoissoit dans le monde d'autres appas que les siens ; mais en la reconnoissant que de désordre ! que de trouble ! que d'agitation ! Quelle violence ne se fit-il point pour cacher en leur naissance tous les mouvements que cette rencontre imprévue lui causa, et que la présence d'un mari l'obligeoit à étouffer ! Quelle joie pour Elvire de retrouver Zelmis dans le temps qu'elle espéroit moins de le revoir, et quelle contrainte d'en cacher les transports à son mari ! Quel trouble pour ce mari qui reconnut Zelmis, que la jalousie lui avoit trop bien fait remarquer, et qui se souvint alors de tout ce qui s'étoit passé à Bologne, quand la passion de Zelmis pour Elvire commença !

Ce fut en effet ce lieu qui la vit naître ; et ce fut là que Zelmis commença à goûter les charmes d'un amour naissant. On y fit pendant le carnaval des courses de chevaux et des tournois qui sont renommés par toute l'Italie, où la noblesse des environs ne manque point de se trouver. Rien n'est plus galant que ces fêtes ; tous les cavaliers s'efforcent de s'y faire distinguer par leur magnificence et leur adresse ; et la présence des dames n'y excite pas une médiocre émulation. Le tournoi ne fut jamais plus superbe que le jour que Zelmis le vit, et les hommes y empruntèrent la figure des dieux pour le rendre encore plus célèbre. Neptune y parut suivi de ses Tritons ; on y remarqua le dieu de la guerre au milieu d'une troupe de combattants, qui s'étoit défait ce jour-là de sa fierté ordinaire pour plaire davantage aux dames. Pluton même s'y voyoit avec un équipage tout infernal, mais qui n'avoit rien d'effrayant.

Zelmis s'arrêta davantage à considérer une jeune personne qu'il reconnut Provençale à sa parole, et qui se trouva sur le même amphithéâtre où il étoit, qu'à regarder ce qui se passoit dans la carrière. C'étoit la charmante Elvire : la voir et l'aimer fut pour lui une même chose; et la fortune qui le favorisa dans ce moment, lui fournit l'occasion favorable de se faire connoître alors de cette jeune Provençale. Il y avoit sur le même amphithéâtre quelques personnes qui, en s'avançant pour voir avec trop de curiosité, empêchoient qu'Elvire ne vît commodément les cavaliers du tournoi. Zelmis s'approchant de ces gens-là, et leur ayant fait remarquer qu'ils incommodoient une dame qui étoit derrière eux, il les pria honnêtement de s'écarter et de laisser la place libre.

Zelmis, comme vous savez, mesdames, est un cavalier qui plaît d'abord; c'est assez de le voir une fois pour le remarquer, et sa bonne mine est si avantageuse, qu'il ne faut pas chercher avec soin des endroits dans sa personne pour le trouver aimable; il faut seulement se défendre de le trop aimer. Elvire le vit, elle le trouva bien fait, elle conçut de l'estime pour lui, et le remercia en des termes les plus obligeants du monde. Elle disoit les choses avec un accent si tendre, et un air si aisé, qu'il sembloit toujours qu'elle demandât le cœur, quelque indifférente chose qu'elle pût dire; cela acheva de perdre le cavalier. Quand la beauté de cette Provençale ne l'auroit pas charmé, ses paroles l'auroient rendu amoureux, et le je ne sais quoi, plus touchant encore que la beauté, le surprit; de sorte que sa passion naissante fut en ce moment-là au point où les plus fortes peuvent à peine arriver avec beaucoup de temps. Elvire ne fut guère moins troublée de cette nouvelle vue; elle étoit inquiète d'avoir vu Zelmis, parce qu'il ne lui avoit pas déplu; et elle le trouva aimable avant qu'elle sût qu'il l'aimoit.

Zelmis ne fut pas long-temps à ressentir les effets de l'amour; il s'abandonna d'abord à cette rêverie si naturelle aux amants, qu'il trouvoit agréable, en songeant qu'elle ne déplairoit peut-être pas à sa nouvelle maîtresse, si elle en savoit la cause. Il apprit qu'elle étoit arrivée depuis peu à Bologne avec son mari, et qu'elle alloit fort souvent chez la marquise Angelini, chez qui l'on faisoit tous les jours des parties de jeu et de plaisir. Zelmis connoissoit la marquise; tous les étrangers étoient fort bien venus chez elle; elle étoit de ces femmes qui font, pour ainsi dire, les honneurs de la ville. Il ne manqua pas de se trouver le lendemain chez elle : Elvire y vint aussi, mais elle y vint d'une beauté si achevée, que quand Zelmis n'auroit pas commencé à l'aimer dès le jour précédent, il n'auroit retardé sa passion que de quelques heures : il se mit auprès d'elle pour jouer, et il lui dit cent choses agréables, sur lesquelles elle eut occasion de faire paroître son esprit.

Il ne fut pas difficile à Elvire de s'apercevoir de la passion de Zelmis; elle s'en aperçut même avec plaisir. Ses yeux qu'elle rencontroit toujours, ses absences pour le jeu, ses paroles qui ne s'adressoient qu'à elle, lui disoient assez ce qu'elle eût été fâchée de ne pas apprendre.

On quitta le jeu, et on remit la partie au lendemain. Zelmis s'y rendit de bonne heure; mais comme il y vint dans une heure où il n'y avoit que fort peu de personnes, il s'entretint quelque temps dans l'antichambre avec un cavalier qu'il ne connoissoit point, et qu'il croyoit Italien. Il étoit dans cette conversation quand la belle Provençale entra. Elle arrêta les yeux de tous ceux qui étoient présents, par son air et par sa bonne grâce : elle étoit d'un air qui faisoit qu'on ne regardoit qu'elle dans les lieux où elle se trouvoit. Zelmis la salua; et la personne avec qui il étoit s'approchant de cette aimable dame, lui dit, en souriant, quelques paroles à l'oreille, auxquelles elle ne répondit que par un souris, et passa, sans s'arrêter, dans la chambre où étoient les dames.

Tout étoit faveur de la part d'Elvire; Zelmis

souffroit impatiemment qu'un autre que lui en
reçût, et s'approchant de ce prétendu rival : Que
vous êtes heureux, monsieur, lui dit-il, de connoître particulièrement la personne qui vient de
passer! qu'elle a de charmes! Vous l'aimez, monsieur, poursuivit-il; car il suffit de la voir pour
en être charmé, et elle vous a reçu d'une manière
à faire croire que vous ne lui êtes pas indifférent.
Vous ne vous trompez pas, répondit l'inconnu; je
l'aime, je suis même assez heureux pour pouvoir
me flatter d'en être aimé. Quel poison pour Zelmis
que les paroles de cet inconnu! elles le jetèrent
tout d'un coup dans un désordre qu'il n'est pas
aisé de se figurer. Il se sentit jaloux presque
aussitôt qu'amant, mais d'une jalousie si forte,
qu'on ne pouvoit bien la comparer qu'à son amour.
Il entra dans la chambre où on se disposoit à jouer;
mais il y entra avec un air si préoccupé, qu'on ne
vit plus sur son visage et dans ses actions cet
enjouement et cette liberté qui lui étoient si natu-
rels. Il joua pourtant auprès d'Elvire, mais avec si
peu d'attention qu'on s'aperçut aisément qu'il songeoit à tout autre chose. Ses yeux étoient presque
toujours attachés sur la belle Provençale; et la peur
qu'il avoit qu'on ne s'en aperçût, lui vendoit si
cher le plaisir qu'il en recevoit, qu'il ne le goûtoit
qu'en tremblant. Elvire craignoit aussi de rencontrer les regards de Zelmis, parce qu'ils ne lui plai-

soient que trop, et que son mari, qui l'observoit continuellement, étudioit ses actions même les plus indifférentes.

Après que Zelmis eut été long-temps tourmenté des différents mouvements que causent la vue d'une maîtresse et la présence d'un rival, il connut enfin, par le discours de toute la compagnie, et par les paroles et les manières d'Elvire même, que cet inconnu étoit son mari. Lorsqu'il en fut persuadé, ce fut un nouvel embarras qui acheva de le troubler. Il est vrai qu'il ne sentit plus dans ce moment une si cruelle jalousie; mais aussi la honte d'avoir fait l'aveu de son amour à la personne à qui il devoit le plus le cacher, quoiqu'il ne lui en eût pas beaucoup dit, le jeta dans une telle confusion, que, ne pouvant plus soutenir les regards d'Elvire et de son mari, il sortit dans le temps qu'elle se disposoit à s'en aller, pour leur faire connoître que, puisque c'étoit elle seule qui l'attiroit dans ce lieu, il n'y avoit plus que faire quand elle n'y étoit pas.

Zelmis revint le lendemain chez la marquise, mais il ne trouva pas ce qu'il y cherchoit. Elvire n'y vint point; son mari, qui ne pouvoit souffrir que d'autres que lui trouvassent sa femme belle, ne lui voulut pas permettre de s'y rencontrer. Cet homme étoit extrêmement défiant; les moindres apparences de galanterie lui donnoient d'étranges soupçons. Zelmis lui en avoit trop appris, et quand il ne lui auroit rien dit, la défiance de lui-même et la connoissance du mérite de sa femme le portoient assez à ne l'exposer dans le monde que lorsqu'il ne pouvoit absolument l'éviter.

Zelmis connut bientôt la cause de ce désordre; il en fut dans une douleur inconcevable, et il quitta la compagnie pour aller rêver en secret à l'aimable Elvire, puisqu'il n'avoit pas eu le plaisir de la voir. Il ne sortit le lendemain que pour aller regarder la maison où elle étoit renfermée, espérant que le hasard lui feroit peut-être trouver l'occasion de jouir de sa vue; mais ses espérances furent vaines. Il y vint le jour suivant avec aussi peu de succès : il apprit enfin quelques jours après qu'elle étoit partie pour Rome avec son mari, où elle alloit solliciter un grand procès qu'elle avoit pour une terre qui lui appartenoit dans le comtat d'Avignon. Il se mit aussitôt en chemin pour le même lieu, et il se fit un plaisir en y allant de suivre Elvire, et de passer sur les mêmes routes qui l'avoient vue quelque temps auparavant.

Zelmis ne fut pas plus tôt à Rome, qu'il s'informa avec soin d'Elvire : il se trouva à toutes les fêtes, et la chercha dans toutes les assemblées; mais de Prade (c'est ainsi que s'appeloit le mari de cette belle) avoit pris un logis dans un quartier de Rome si peu fréquenté que Zelmis n'en pût avoir aucune nouvelle.

Un jour que Zelmis se trouva sans être masqué à un bal que le marquis de Lienes, ambassadeur d'Espagne, donnoit à la princesse de Radzville, sœur du roi de Pologne, il fut abordé d'un masque magnifique, qui, contrefaisant sa voix, lui fit quelques questions en italien, et lui demanda si, depuis qu'il étoit à Rome, il n'avoit point fait quelque inclination. Zelmis répondit assez indifféremment, comme il faisoit à tous ceux qui ne lui parloient point d'Elvire. Mais cette personne masquée le pressant davantage : Les beautés romaines, continua-t-elle, n'ont-elles pas assez de charmes pour vous engager? et n'en peut-on point trouver une qui égale celle que vous rencontrâtes à Bologne? Hé! où est-elle? s'écria Zelmis plein du trouble que ces dernières paroles lui causèrent. Est-elle à Rome? est-elle ici? la connoissez-vous? apprenez-m'en des nouvelles. Vous aimez donc? reprit le masque assez froidement; et ces transports amoureux font bien voir qu'une autre passion trouveroit difficilement place dans votre cœur. Une autre passion! reprit Zelmis. Qu'il est aisé de voir que vous me connoissez mal! et que vous faites d'injure au mérite de la personne que j'aime! Tous les cœurs ensemble pourroient-ils l'aimer autant qu'elle est aimable? et vous me demandez s'il y a encore place dans le mien pour un autre amour! Cependant son embarras croissoit, et il examinoit la personne qui lui parloit, avec des yeux si curieux, qu'il l'auroit à la fin reconnue, si l'approche d'un autre masque qui l'emmena n'eût fait cesser cette conversation. Zelmis la suivit encore autant qu'il put; mais l'ayant perdue dans la presse, il lui fut impossible de la retrouver. Il sortit du bal avec l'inquiétude mortelle de n'avoir pu reconnoître la personne qu'il y avoit vue. Il ne savoit si ce n'étoit pas la marquise Angelini, qui étoit depuis peu à Rome, ou quelque autre dame de sa connoissance. Il crut aussi avec plaisir que c'étoit Elvire, que son cœur, par mille secrets mouvements, avoit reconnue plutôt que ses yeux; et dans cette croyance, tantôt il se louoit d'avoir fait connoître son amour à la personne qu'il aimoit, sans qu'il lui en eût coûté la peine qu'on souffre ordinairement à faire de pareilles déclarations; tantôt il craignoit d'avoir été trop indiscret, et d'avoir peut-être dit à une autre ce qu'il n'eût voulu dire qu'à Elvire. Il étoit enfin dans le cruel désespoir de n'avoir aucunes nouvelles certaines, lorsque revenant quelques jours après de faire cortége au duc d'Estrées, ambassadeur de France, qui avoit eu audience du Pape ce jour-là, et se promenant avec quelques François dans la belle salle du Carrache, en attendant le dîner, il vit entrer la personne qu'il cherchoit depuis si long-temps, et que ses affaires particulières avoient appelée ce jour-là chez l'ambassadeur. Elvire reconnut d'abord

Zelmis, avec un désordre qu'elle eut de la peine à cacher; et Zelmis aperçut Elvire avec un trouble que répandoient sur son visage les sentiments de son cœur. Ils furent quelque temps à choisir un moment favorable pour se parler, parce que tous ceux qui étoient dans la galerie étoient venus pour faire compliment à Elvire sur sa beauté. Mais Zelmis prenant le temps qu'elle étoit un peu écartée de la compagnie : Quelle agréable aventure vous conduit ici, madame? lui dit-il en l'abordant. Qu'il y a long-temps que je vous cherche ! et que je serois heureux si l'empressement que j'ai eu pour vous trouver avoit fait ce que le hasard fait aujourd'hui! Je ne crois pas, repartit Elvire, que personne se soit jamais beaucoup mis en peine de me chercher; et si quelqu'un l'avoit pu faire, je vous soupçonnerois moins que tout autre, puisque vous n'avez pas dû chercher ce que vous aviez trouvé. Hé! où vous ai-je donc trouvée? reprit Zelmis. Je ne vous ai jamais vue qu'à Bologne, et je me veux mal d'avoir vécu si long-temps, et de vous avoir connue si tard. Il est vrai que depuis ce moment-là vous m'avez toujours été présente dans le cœur: mais enfin je ne me souviens pas d'avoir été assez heureux pour vous revoir. Et moi, repartit Elvire, je me souviens fort bien de vous avoir vu depuis ce temps-là. Seroit-il possible, madame, interrompit Zelmis, que n'ayant des yeux que pour vous, ils m'eussent trompé dans l'occasion où j'en avois le plus de besoin? N'étiez-vous pas au bal chez l'ambassadeur d'Espagne? reprit la Provençale en souriant. N'y fûtes-vous pas abordé d'un masque? Ne vous dit-il rien, ce masque? Que vous semble-t-il de cette personne? la connûtes-vous? la prîtes-vous pour Elvire? Ah, madame! que me dites-vous? répliqua Zelmis plein de trouble et de confusion. Que je veux de mal à mes yeux de m'avoir trahi, et de ne vous avoir pas reconnue! Il parloit encore quand monsieur l'ambassadeur parut, lequel ayant fait compliment à cette belle dame, passa dans une salle voisine pour se mettre à table. Zelmis bientôt après fut obligé de le suivre. Mais avant que de quitter l'aimable Provençale : J'ai donc été bien malheureux, madame, lui dit-il, de vous avoir rencontrée sans vous reconnoître; mais je le suis encore plus, aujourd'hui que je vous connois, de vous perdre si tôt, après vous avoir cherchée si long-temps. Il la conduisit ensuite à son carrosse, et apprit de Mélite, sa femme de chambre, qui étoit pour lors avec elle, la demeure de sa belle maîtresse.

Il y avoit trop long-temps que Zelmis aspiroit à voir Elvire, pour ne pas chercher toutes les occasions de se rencontrer avec elle. Il la vit le plus souvent qu'il lui fut possible, et toutes les fois que ces deux personnes se trouvoient ensemble, c'étoit toujours avec ces émotions que fait naître l'amour à la vue de ce qu'on aime. Elvire commença dès lors à s'apercevoir que ce qu'elle croyoit estime pour Zelmis étoit quelque chose de plus. Elle eût bien voulu que le mot de *bonté* eût été assez fort pour exprimer ce qu'elle sentoit pour lui, mais elle ne pouvoit avec justice appeler cela d'un autre nom que d'*amour*. Elle eut de la confusion de s'être si tôt rendue; elle en frémit; mais voulant s'excuser à elle-même, elle en attribua plutôt la faute au mérite de Zelmis qu'à sa foiblesse. Elle employa pourtant tous ses soins à cacher sa défaite aux yeux de Zelmis; elle ne lui parla plus qu'avec froideur pour l'empêcher de concevoir aucune espérance, et mêla dans toutes ses actions un air de sévérité. Mais Zelmis, qui a peut-être été aimé plus d'une fois, connut les véritables sentiments d'Elvire, malgré toutes ses feintes et ses déguisements : et pour peu qu'on eût eu de pénétration, il n'eût pas été difficile de s'en apercevoir. Il faut plus d'art à cacher l'amour où il est, qu'à le feindre où il n'est pas; et l'on remarquoit toujours dans les fausses rigueurs d'Elvire plus de contrainte que de naturel: quelque étude qu'elle apportât à détourner ses regards de l'endroit où il étoit, quand elle sortoit de cette continuelle application, ses yeux, qui n'étoient pas toujours d'intelligence avec son cœur, cherchoient Zelmis de tous côtés, et étoient sans cesse inquiets jusqu'à ce qu'ils se fussent arrêtés sur lui.

Zélmis étoit au comble de sa joie, lorsqu'il reçut des lettres de France qui lui apprirent que des affaires de la dernière importance l'y appeloient. Ces nouvelles le jetèrent dans un chagrin qu'il n'est pas aisé de se figurer. Il ne put se résoudre à quitter Elvire dans le temps qu'il avoit le plus de raisons de demeurer près d'elle, et il crut que ses affaires les plus importantes étoient celles de ses amours. Il étoit dans cette résolution quand de nouvelles lettres, beaucoup plus pressantes que les premières, l'avertirent de se rendre au plus tôt à Paris, s'il ne vouloit pas ruiner entièrement sa fortune. Ah! quelle fortune? s'écria-t-il en les lisant. Puis-je en attendre autre part qu'auprès d'Elvire? Avec elle ai-je rien à désirer? et sans elle me reste-t-il quelque chose à espérer? Eh bien! je partirai, continuoit-il, puisque tu le veux, cruel destin! mais au moins auparavant que de partir je veux découvrir tout mon cœur à Elvire; elle connoîtra l'excès de mon amour, elle verra la violence du sort qui m'arrache d'auprès d'elle, et qui me force de la quitter: mais que dis-je? je ne la quitterai jamais.

Zelmis ne songea plus dès ce moment-là qu'à trouver l'occasion de revoir sa belle Provençale. Il avertit Mélite de son départ et du désir extrême qu'il avoit de parler à sa maîtresse. Mélite lui promit toutes sortes de secours; elle le flatta quelques jours après de l'espérance de parler le lendemain à Elvire en l'absence de son mari, et ajouta même, soit que cela vînt d'elle ou de la connoissance qu'elle eut des sentiments de sa maîtresse, qu'elle n'en seroit pas fâchée. Il n'en fallut pas davantage pour élever Zelmis au comble de la joie; mais comme il ne faut rien pour flatter ou désespérer un amant, et que, suivant ses différents caprices, il s'afflige et se réjouit souvent de la même chose, il craignit aussi que cette facilité d'Elvire à le voir ne fût une marque de son indifférence et du peu de risque qu'elle couroit en le voyant.

Il se trouva néanmoins le lendemain au lieu et à l'heure indiqués par Mélite, qui ne manqua pas aussi à sa parole; elle le conduisit par un degré dérobé à la chambre de sa maîtresse; mais on ne peut dire les craintes et les irrésolutions de Zelmis quand il fut sur le point d'y entrer, résolu d'aimer Elvire en secret sans oser rien entreprendre qui lui pût déplaire. Il parut enfin, plein de cette timidité que donne l'amour, dans le lieu où étoit Elvire; et en l'abordant d'un air plein de respect : Pardonnez, madame, lui dit-il en se jetant à ses genoux, pardonnez à un emportement dont vous êtes seule la cause, et à un crime que l'amour me fait commettre. Quand je ne vous dirois pas présentement que je vous aime, mes yeux et mes actions vous l'auroient pu faire connoître il y a déjà long-temps;

mais quelque connoissance que vous ayez de cet amour, vous ne pouvez savoir jusqu'à quel point je vous aime : vous ne sauriez, madame, inspirer de médiocres passions ; et connoissant bien que je vous aime infiniment plus qu'on n'a coutume d'aimer, je suis au désespoir de ne vous le dire que comme tout le monde le dit. Elvire, feignant que cette visite imprévue et ce discours de Zelmis la surprenoient étrangement : Il n'est pas malaisé, monsieur, répondit-elle avec une feinte rigueur, de juger de la violence de votre amour par l'action hardie que vous venez d'entreprendre. Ah ! madame, repartit Zelmis, n'achevez point, je vous prie, de m'accabler : j'avoue que vous avez sujet de vous armer contre moi de tout votre courroux ; mais, quelle que puisse être votre indignation, je ne sais, madame, s'il est quelque chose de plus funeste pour moi, que le mortel déplaisir de vous taire que je vous adore. Peut-être néanmoins que le respect qui m'a fait balancer si long-temps à vous faire une pareille déclaration, m'auroit encore retenu aujourd'hui, si la nécessité ne m'y contraignoit. Je vous aime, et je pars. Ces paroles firent oublier à Elvire toute la rigueur avec laquelle elle avoit commencé à lui parler. Vous partez ? reprit-elle : eh ! que vous sert-il donc de m'aimer ? et que vous serviroit-il qu'on eût quelque bonté pour vous, et peut-être quelque penchant à ne pas vous haïr ? Non, belle

Elvire, répliqua Zelmis, un peu rassuré par ces paroles, je ne demande point que vous m'aimiez ; je n'aspire point à un état si heureux : accordez-moi seulement la grâce de revenir dans peu auprès de vous sans vous déplaire ; et si vous voulez me permettre quelque chose de plus, souffrez que je vous aime tout le reste de ma vie. Aimez-moi, j'y consens, reprit Elvire, et croyez que je ne suis pas insensible à votre passion, et que je ressens quelque chagrin de votre absence. Ah! madame, s'écria Zelmis les larmes aux yeux, connoissez-vous les peines d'une absence, vous qui ne savez pas ce que c'est qu'une passion ; vous, madame, qui ne devez aimer que vous-même, et qui portez toujours où vous êtes tout ce qu'il y a d'aimable au monde? Mais quelque bruit qui se fit à la porte obligea Zelmis à se retirer promptement par le même degré qui l'avoit conduit, et où Mélite l'attendoit. Il sortit tout charmé de ce qu'il venoit d'entendre : il repassoit dans son esprit toutes les paroles d'Elvire, il les examinoit dans tous les sens avantageux qu'on leur pouvoit donner : il craignoit quelquefois de n'avoir pas dit de sa passion tout ce qu'il auroit dû dire ; quelquefois il appréhendoit d'avoir paru trop hardi : enfin, il demeuroit toujours aussi mécontent de lui qu'il étoit satisfait de l'aimable Provençale. Elvire, de son côté, s'abandonna aux larmes et aux regrets quand elle ne vit plus Zelmis ; elle fit des plaintes à Mélite de l'avoir exposée à une vue si chère et si dangereuse. Car enfin que veux-je faire? lui disoit-elle. Veux-je aimer Zelmis? veux-je oublier mon devoir? Je sens que je ne puis le voir sans l'aimer, et je ne puis l'aimer sans crime. Je dois ma tendresse à mon époux, et j'appréhende que Zelmis ne me fasse oublier ce que je lui dois. Que je me veux de mal, continuoit-elle, d'avoir paru si foible, et de ne l'avoir pas reçu avec toutes les froideurs que je devois ! Mais il est parti, poursuivoit-elle ; je ne le verrai plus, et je ne serai plus exposée aux dangereux combats que me livrent l'amour et le devoir.

Zelmis partit avec tout l'ennui que cause une cruelle séparation ; mais il n'alla pas loin : le chagrin et la fatigue du voyage l'arrêtèrent à Florence, où il fut attaqué d'une fièvre si violente, que ceux qui connoissoient la cause de son mal crurent que cette maladie en seroit la fin. Il fut en peu de jours dans un extrême péril ; mais la nature, aidée des remèdes, eut en lui tant de force, que, contre l'opinion de tout le monde, il recouvra la santé au bout de quelques mois, et cette maladie ne servit qu'à augmenter sa première vigueur. Tandis que Zelmis reprenoit ses forces, Elvire ayant terminé heureusement ses affaires à Rome, revenoit en France ; la fortune la conduisit à Gênes dans le même temps que Zelmis y arriva. Ils s'embarquèrent, comme j'ai dit, sur ce vaisseau anglois; et ce fut là que Zelmis reconnut l'aimable Provençale dont il se croyoit bien éloigné.

On ne peut exprimer quels furent les sentiments de ces personnes lorsqu'elles se trouvèrent ensemble. Que la vue de Zelmis ralluma de feux dans le cœur d'Elvire! qu'elle y fit revivre d'ardeur! Quand on aime bien, on doute souvent de ce qu'on croit le plus. Cette jeune personne ne pouvoit se persuader que Zelmis, qu'elle croyoit en France, se trouvât si près d'elle. Zelmis ne pouvoit comprendre quel bonheur lui faisoit retrouver Elvire: ils eurent cent fois la bouche ouverte l'un et l'autre pour se témoigner leurs transports de joie, et la présence d'un mari leur faisoit toujours dire tout autre chose qu'ils ne vouloient. Mais ils eurent beau se contraindre, de Prade, que la jalousie rendoit pénétrant, s'en figuroit toujours plus qu'il n'en voyoit, et en voyoit encore davantage qu'il n'en paroissoit; les actions les plus ordinaires, les paroles les plus indifférentes d'Elvire et de Zelmis, qui n'auroient rien dit à tout autre, étoient pour le mari des preuves convaincantes de leur intelligence. Quand Zelmis jetoit les yeux sur Elvire, de Prade entroit aussitôt dans des emportements terribles, dont à peine étoit-il le maître. Quand Zelmis les en retiroit, il savoit si bien qu'on étoit accoutumé à regarder sa femme quand on se trouvoit avec elle, que qui ne la regardoit pas y entendoit du mystère.

Les conversations ayant néanmoins duré jusque bien avant dans la nuit, le capitaine céda son lit à Elvire et à son mari, et il en donna un autre à Zelmis dans la même chambre. Je ne vous assurerai point, mesdames, si la joie qu'eut Zelmis de se sentir auprès de sa maîtresse fut plus grande que le dépit qu'il eut de la savoir si proche de son mari : ce qu'il y a de certain, est qu'il passa la nuit dans des agitations terribles. La joie d'avoir rencontré Elvire, la crainte de la perdre bientôt, le plaisir imaginaire de se trouver couché auprès d'elle, la jalousie qu'il sentit en la voyant entre les bras d'un autre, tout cela le mit dans des inquiétudes qui ne lui permirent pas de reposer un moment. La belle Provençale, de son côté, ne passa guère plus tranquillement la nuit ; elle rouloit dans son esprit cent pensées différentes. Quelle bizarrerie du sort ! disoit-elle : je commence à jouir du repos que l'éloignement de Zelmis me fait goûter ; je ne songe plus tant à lui, je tâche à l'oublier, je quitte Rome où je crains qu'il ne revienne, et cependant je le retrouve, en le fuyant, plus aimable que jamais. Mais qui peut l'avoir retenu si long-temps en Italie, quand des affaires de la dernière importance l'appellent en France ? Une passion nouvelle ne l'a-t-elle point arrêté ? Ah ! je suis trahie, se disoit-elle en ce moment : Zelmis ne m'aime plus; l'ingrat m'a oubliée. Mais que me soucié-je de sa constance ou de sa légèreté? veux-je l'aimer? Non, il faut l'oublier pour jamais, et que son infidélité serve à mieux rompre des engagemens que la raison et le devoir devroient avoir déjà brisés.

De Prade étant un homme tel que je vous l'ai dépeint, vous vous imaginerez aisément qu'il passa une aussi mauvaise nuit auprès de sa femme, qu'un autre y en auroit passé une agréable; et quoique ces trois personnes eussent des intérêts bien différens, ils étoient tous néanmoins tourmentés de la même passion. De Prade étoit jaloux par tempérament, Elvire par amour, et Zelmis par occasion. Zelmis ne pouvoit sans jalousie être témoin du bonheur d'un autre; Elvire ne pouvoit penser, sans être agitée de cette même passion, qu'une autre qu'elle eût pu engager Zelmis; et de Prade, travaillé de pareils sentimens, souffroit avec dépit que Zelmis fût si proche de sa femme. Mais ce lui fut le jour suivant un mortel chagrin d'avoir sans cesse devant les yeux un objet aussi insupportable que lui paroissoit Zelmis. Qu'il eût bien souhaité pour son repos être encore dans le port de Gênes! mais il en étoit bien éloigné; et le vaisseau avoit déjà passé les îles de Corse et de Sardaigne, quand celui qui faisoit le quart aperçut deux voiles qui portoient le cap sur le bâtiment anglois.

Il n'y a point de lieu où l'on vive avec plus de défiance que sur la mer : la rencontre d'un vaisseau n'est guère moins à craindre qu'un écueil. Zelmis, qui étoit auprès de la belle Provençale quand il apprit cette nouvelle, ne fit aucune réflexion au péril qui le menaçoit ; et comme il ne connoissoit d'autre malheur que celui de ne la pas voir, il crut qu'il n'avoit rien à craindre tant qu'il seroit avec elle. Le capitaine, qui n'étoit point amoureux comme lui, s'inquiétoit davantage ; il appréhendoit avec raison que les vaisseaux qu'on découvroit ne fussent les mêmes Turcs qui lui avoient donné la chasse tout un jour en revenant depuis peu d'Alep, et qui l'avoient obligé à relâcher à Malte. Il vouloit, dans cette crainte, prendre terre à Nice ou à Villefranche, d'où il n'étoit pas beaucoup éloigné ; mais le pilote, homme fier et ignorant, fut d'un avis contraire, et persista dans son dessein avec tant d'opiniâtreté, qu'on continua la route de Marseille. Cependant la nuit vint, et les vaisseaux qu'on avoit aperçus suivirent si heureusement l'anglois à la faveur de la lune, qu'ils se trouvèrent le lendemain, à la pointe du jour, à la portée du canon. Tout le monde fut extrêmement surpris à cette vue, et d'autant plus qu'il ne fut pas difficile de reconnoître que ces vaisseaux étoient véritablement turcs, armés l'un et l'autre de quarante pièces de canon. Les plus timides alors se laissèrent saisir de crainte, les plus résolus coururent aux armes, et les plus expérimentés jugèrent que tout cela seroit inutile. Zelmis fut de ceux qui connurent mieux la grandeur du péril : il ne s'en étonna point, il se proposa au contraire d'en sortir, ou de mourir les armes à la main pour défendre la liberté d'Elvire et la sienne, et prenant le temps qu'elle étoit seule dans la chambre du capitaine : Dans le malheur qui nous menace, madame, lui dit-il avec assez de précipitation, je dois encore rendre grâces à la fortune de m'avoir si long-temps arrêté par une dangereuse maladie, pour me faire trouver dans ce moment auprès de vous, et y défendre votre liberté. Il n'est plus temps de vous dire que je vous aime : si je ne l'avois pas déjà fait voir par mes paroles, vous le connoîtriez aujourd'hui par mes actions. Mais enfin, madame, sur le point de vous perdre pour jamais, permettez-moi de vous dire, peut-être pour la dernière fois, qu'en quelque endroit du monde où la fortune ait destiné de me conduire, je n'y vivrai jamais que pour vous.

L'état des choses ne demandoit pas un plus long discours ; et Zelmis, sans attendre de réponse, sortit aussitôt de la chambre pour faire tout disposer pour le combat. Tandis que tout le monde s'y employoit, ces corsaires se divertissoient par le changement de leur pavillon ; ils le firent d'abord de France, qu'ils relevèrent ensuite de celui d'Espagne; ils ôtèrent celui-ci pour y mettre à sa place un hollandois, qui fut suivi d'un vénitien et d'un maltois; ils abordèrent enfin, après tous ces jeux, l'étendard de Barbarie, coupé en flammes au croissant descendant, et accompagnèrent cette dernière cérémonie de la décharge de toute leur bordée. L'anglois leur répondit de même, et ces premiers coups furent suivis d'un bruit épouvantable d'artillerie. On ne distinguoit plus la mer d'avec le ciel, tant l'épaisseur de la fumée les avoit confondus; et cette première attaque fut si rude, que les Turcs, s'apercevant qu'en présentant le flanc ils étoient extrêmement incommodés du canon des Anglois, changèrent de bord, et remontèrent assez haut pour les venir charger en poupe. Ils revinrent avec plus de chaleur. Ce fut pendant ce combat que la belle Provençale, ne pouvant plus retenir l'impétuosité de son courage, sortit de la chambre du capitaine, où l'on avoit eu toutes les peines imaginables à l'arrêter, pour venir sur le tillac partager la gloire et le péril. Sa présence donna une nouvelle vigueur à tout le monde, et particulièrement à Zelmis, qui se signala par-dessus tous les autres. On n'attaqua jamais avec plus d'ardeur, et jamais on ne se défendit avec plus de courage. Le capitaine anglois, faisant le devoir d'un brave homme, fut coupé en deux par un boulet à deux têtes, qui blessa encore plusieurs personnes. Ce spectacle effrayant ne diminua rien de l'ardeur des combattants : au contraire, la résistance des chrétiens, qui voyoient couler leur sang, alloit jusqu'à la fureur. Lorsque tous les officiers du vaisseau et la plupart des Anglois furent tués ou mis hors de combat, le peu de monde qui restoit ne laissoit pas de faire tout ce qu'on peut attendre de gens de cœur : mais le combat étoit trop inégal pour pouvoir empêcher les Turcs de venir à l'abordage. Zelmis courut aussitôt à l'endroit où étoit Elvire, et, secondé de quelques matelots, il soutint encore long-temps sur le pont l'effort des infidèles : mais enfin, accablé d'un nombre d'ennemis, il céda sans se rendre, et laissa les Turcs maîtres du vaisseau.

Mustapha, l'un des capitaines de ce vaisseau, vint le premier considérer ses captifs et son butin. Elvire lui paroissant charmante, il s'informa d'elle-même en italien, qui elle étoit. Elvire lui répondit sans s'étonner, qu'elle étoit Françoise, et que tout son regret étoit de n'avoir pu suivre ceux qui étoient morts dans le combat ; qu'elle les estimoit bien heureux d'avoir perdu la vie plutôt que la liberté. Elle dit cela d'un air qui n'étoit point de captive, sans larmes, sans soumission, sans prières; quoique, malgré sa fierté, sa grâce et sa douceur priassent assez pour elle. Mustapha estima son orgueil, il admira sa constance, et voulut qu'elle fût traitée, tout le reste du voyage, dans sa chambre, avec des manières très-honnêtes et qui n'avoient rien de turc.

Dispensez-moi, mesdames, je vous prie, de vous dire ici les sentiments de ces personnes infortunées, quand elles se virent dans un état aussi déplorable que celui où elles étoient tombées : il faudroit qu'elles-mêmes vous en fissent le récit ; car qui n'a point senti de pareilles afflictions, ne peut jamais bien les exprimer. Je ne m'étendrai point là-dessus, pour vous apprendre plus tôt que les Turcs, après avoir erré plus de deux mois en faisant le métier de pirates, résolurent enfin de prendre le chemin d'Alger, pour s'y rendre, s'ils pouvoient, au temps du *Bahiram*, qui est la Pâque de ces infidèles. Le vent fut si favorable, que huit jours après qu'ils eurent formé ce dessein, ils y rendirent le bord à l'entrée de la nuit, dans le temps qu'on allumoit sur les mosquées les lampes qui brûlent pendant toutes les nuits du Ramazan.

Je ne suspendrois pas ici, mesdames, les sentiments de pitié que vous inspire l'état malheureux d'Elvire et de Zelmis, par une légère description d'Alger, si le démêlé que nous avons depuis peu avec ces pirates, ne me faisoit croire que vous ne serez pas fâchées d'apprendre quelque chose de particulier de cette ville.

Alger est la capitale d'un royaume de même nom, qui en a trois autres sous lui ; celui de Trémissen ou Telesin, celui de Bugie et celui de Constantine. C'est presque la dernière place de la côte de Barbarie, qui relève du grand-seigneur; les royaumes de Fez et de Maroc, faisant l'empire des chérifs, qui s'en sont emparés sous le prétexte de la religion, et qui, se disant de la race de Mahomet, ont pris comme tels le nom de chérifs, qui veut dire illustres, ou sacrés.

Les géographes ne sont pas bien d'accord du nom ancien de cette ville; mais ils avouent tous que les Sarrasins et les Arabes, s'étant débordés en Afrique, et ne pouvant souffrir qu'il restât aucun monument qui publiât la grandeur de l'empire romain, lui ôtèrent son nom pour lui donner celui d'Algezair, qui signifie *île* en arabe, à cause qu'elle est voisine d'une petite île, sur laquelle on a bâti depuis une forteresse qui défend le port.

Alger est situé sur le penchant d'une colline que la mer mouille de ses flots du côté du nord. Ses maisons, bâties en amphithéâtre et terminées en terrasse, forment une vue très-agréable à ceux qui y abordent par mer. Si je ne craignois, mesdames, de retarder votre curiosité, je vous parlerois du gouvernement de cette ville; je vous dirois qu'Ariden Barberousse, fameux corsaire, y régna autrefois avec souveraineté, conjointement avec son frère Chéridim; que, bien qu'elle soit tombée depuis sous la domination des Turcs, le grand-seigneur

n'en est pas si absolument demeuré le maître, que la
milice ne se soit réservé une espèce d'autorité souveraine : ce qu'on peut voir dans les traités et déclarations qui sont toujours conçus en ces termes :
*Nous, grands et petits de la puissante et invincible
milice d'Alger, avons résolu et arrêté que*, etc.
Mais il vaut mieux vous apprendre le sort de nos
captifs, et vous dire que la prière du matin étant
finie, on conduisit les nouveaux esclaves devant
le roi, qui a droit de prendre la huitième partie de
tout le butin qui se fait. Ce prince, appelé Baba-
Hassan, étoit doux, civil et généreux au-delà de
tous ceux de sa nation. Il n'avoit rien de barbare
que le nom, et la nature avoit pris plaisir à former
en Afrique un naturel aussi riche qu'elle eût pu
faire en Europe. Il trouva Elvire, au moment qu'il
la vit, telle que tout le monde la trouvoit, c'est-
à-dire pleine de charmes. Il remarqua sur son visage
les restes d'une beauté touchante, que les fatigues
de la mer et les approches de la captivité n'avoient
pu tout-à-fait effacer; et ses beaux yeux, au travers
de quelques larmes, jetèrent des feux qui passèrent
jusqu'à son cœur. Baba-Hassan s'approcha d'elle; il
la pria en des termes obligeants de ne se pas affliger :
il lui dit que la servitude où elle étoit tombée
seroit si douce que la liberté l'étoit moins. Il la fit
conduire à l'instant par un officier à l'appartement
de ses femmes, qui ne purent voir sans une jalousie

extrême les charmes de cette jeune odalisque. Le malheureux Zelmis fut présent à ce triste spectacle; il crut voir Elvire pour la dernière fois, en la voyant entrer dans un lieu d'où l'on sort difficilement : mais quelle que fût sa douleur, je ne sais s'il n'aima pas autant la voir entre les mains de Baba-Hassan qu'au pouvoir de son mari, qui fut acheté presque aussitôt d'un nommé Omar. Zelmis fut vendu comme les autres. Il tomba entre les mains d'Achmet-Thalem, de la race de ces Maures appelés Tagarims, qui se répandirent sur la côte d'Afrique lorsqu'ils furent chassés d'Espagne. Cet Achmet étoit connu pour l'homme le plus cruel qui fût dans toute la Barbarie; mais Zelmis sut vaincre sa cruauté, en lui promettant pour sa rançon tout ce qu'il souhaita de lui. Cette prompte composition lui donna bientôt la liberté d'aller par toute la ville et d'y exercer la profession de peintre, ayant passé pour tel sur le Batistan, lieu où se vendent les esclaves.

Zelmis n'eut pas plus tôt cette liberté, qu'il employa tous ses soins à savoir des nouvelles de la belle esclave. Avant qu'il en pût avoir de certaines, il apprit confusément que le roi avoit beaucoup de bonne volonté pour sa nouvelle maîtresse, et qu'il faisoit tout ce qui lui étoit possible pour gagner son cœur. Ce bruit paroissoit encore plus vraisemblable à Zelmis qu'à tout autre; il savoit trop bien qu'on ne pouvoit voir Elvire sans l'aimer, ainsi il n'eut pas de peine à y ajouter foi : mais il en fut entièrement persuadé par un eunuque, nommé Mehemet, qui avoit soin du dehors du palais, et que Zelmis avoit gagné avec quelques ducats que les Turcs avoient oublié de lui prendre. Cet homme lui apprit tout ce qui se passoit dans le palais, et l'instruisit de la passion du roi pour Elvire, et de ses complaisances pour elle. Il l'avertit même qu'elle devoit sortir dans quelques jours pour aller au bain, qui étoit vers la porte de la Casserie, et qu'il ne lui seroit pas difficile de la voir.

Ces nouvelles donnèrent beaucoup à songer à Zelmis; la passion du roi lui fit désespérer de revoir Elvire en liberté, et lui fit envisager le dernier des malheurs, qui étoit de la perdre pour jamais. Il crut que le soin que Baba-Hassan prenoit d'envoyer sa captive au bain, étoit une marque certaine qu'étant las et rebuté des froideurs de son esclave, il vouloit se servir de toute la puissance qu'il avoit sur elle; les Turcs prenant presque toujours la précaution d'envoyer leurs femmes au bain lorsqu'ils veulent les honorer de leurs caresses. Cette pensée le fit presque mourir de douleur; il ne laissa pas pourtant de se trouver tous les jours à la porte du bain pour y rencontrer Elvire. Elle en sortit un jour, et l'apercevant la première : Ah ! monsieur, s'écria-t-elle, je suis perdue, secourez-moi. Qu'êtes-vous devenu? et que deviendrai-je? Hélas! nos puissances sont limitées, un grand bruit nous rend sourds, une grande lumière nous éblouit, une grande douleur nous rend insensibles. Zelmis en fut si fort accablé qu'il ne put répondre : il lui serra seulement les mains entre les siennes ; mais il ne jouit pas long-temps de ce plaisir, car elle lui fut bientôt arrachée par les femmes qui l'accompagnoient. Il la suivit des yeux autant qu'il put ; mais, hélas ! qu'il acheta cher cette vue ! quels mouvements confus ne produisit-elle point en lui ! De l'amour il passa à la jalousie, de la jalousie à la crainte, de la crainte à la joie, de la joie à la tristesse ; ou, pour mieux dire, il sentit toutes ces passions en un même temps. Elvire sortoit du bain, son visage n'étoit que charmes, ses beaux yeux, noyés de pleurs, brilloient encore davantage. Qui ne l'eût aimée en cet état ? mais qui n'eût été jaloux en la voyant au pouvoir d'un homme qui étoit en droit de tout entreprendre ? Quelle joie pour Zelmis de la voir si belle ! quel déplaisir de la voir si affligée ! Que mon malheur est grand ! disoit-il. Elvire, la belle Elvire me demande du secours, et je ne puis que la plaindre. Je m'abandonne à la douleur, quand je devrois me livrer pour elle aux plus grands périls. Tantôt il plaignoit son sort, tantôt il envioit celui de Baba-Hassan. Faut-il, reprenoit-il, que tu tiennes en ton pouvoir la personne du monde la plus aimable ? Faut-il que tu sois en droit de tout prétendre d'elle ? Arracheras-tu par la violence ce que tu ne peux obtenir par la douceur ? Arrête, barbare ; respecte du moins la vertu et l'innocence de ta captive, si tu n'as pas de compassion pour son malheur.

Je m'aperçois, mesdames, que vous tremblez pour Elvire. Ce mot de Turc vous effraie, cette disposition de bain vous alarme : mais ne craignez rien, cette belle est en sûreté, et Baba-Hassan, qui possède toutes les qualités d'un parfait honnête homme, n'a pas moins de respect que de tendresse pour elle ; et laissant à part le pouvoir du souverain, il essaie à se faire aimer par toutes les voies dont un amant se sert pour y arriver.

Zelmis fut pourtant en proie aux plus funestes chagrins dont un cœur soit capable : la beauté d'Elvire, qui n'avoit jamais été si éclatante, l'appréhension de cette jeune personne, conforme à la sienne, cette précaution de bain; tout le faisoit trembler. Mais Mehemet le jeta encore quelque temps après dans un nouvel embarras ; il le vint trouver un jour qu'il étoit employé à peindre la poupe d'un vaisseau qu'Achmet, son patron, faisoit faire ; et sans l'instruire du sujet de sa venue, il lui dit que le roi le demandoit. Cet ordre surprit extrêmement Zelmis ; il n'en pouvoit deviner la cause, et Mehemet ne lui en dit point la raison, quoiqu'il la sût. Zelmis le suivit au palais ; mais Mehemet ne le voulant pas laisser plus long-temps dans la crainte et dans l'erreur où il le voyoit, le rassura en lui disant que le roi, ayant appris qu'il étoit peintre, lui commandoit de dessiner des fleurs sur des voiles qu'il lui donna. Zelmis apprit, en les recevant, que ce qu'il alloit faire n'étoit pas pour d'autres personnes que pour Elvire, qui, voulant charmer ses ennuis et se divertir à broder, avoit prié le roi que ce fût lui qui donnât les dessins de sa broderie.

La joie n'est jamais plus grande que lorsqu'elle est imprévue. Zelmis en sentit pour lors une si forte, qu'il ne songea plus aux malheurs de sa captivité. Il se flattoit, avec raison, qu'Elvire songeoit encore à lui, et il se faisoit un si grand plaisir à faire quelque chose pour elle, qu'il s'estima même heureux d'être esclave en ce moment, puisque cet état lui donnoit occasion de travailler pour la personne qu'il aimoit le mieux. Il fit ce que le roi, ou plutôt ce qu'Elvire lui avoit commandé; il ordonna les dessins, il les remplit de fleurs dont la couleur pâle avoit quelque rapport à son amour; ce n'étoit partout que pensées, que soucis, que violettes; si l'on y voyoit quelques boutons de roses, ils étoient presque étouffés sous les épines qui formoient une chaîne, dont deux cœurs, placés au milieu du mouchoir, étoient étroitement unis. Sitôt que Zelmis eut achevé son travail, il le porta chez le roi. Ce prince le trouva fort à son gré, et parfaitement bien entendu ; et Zelmis lui fit entendre que n'ayant pu marquer avec la plume les différentes couleurs dont les fleurs devoient être nuées, il étoit nécessaire qu'il parlât à la personne qui devoit les broder, pour lui faire concevoir la manière dont elle le devoit traiter. Baba-Hassan, qui ne savoit rien de l'inclination de Zelmis pour la belle Provençale, et qui cherchoit toutes les occasions de marquer sa complaisance à sa jeune esclave, ne fit aucune difficulté d'accorder à Zelmis ce qu'il lui demandoit, et donna ordre à Mehemet de le conduire à l'heure même à l'appartement des femmes. Vous remarquerez, s'il vous plaît, ici, mesdames, que, bien que l'on voie difficilement les femmes en Turquie, cette sévérité n'est pas si grande pour les esclaves que pour les Turcs ; et vous verrez, par la suite de ce discours, qu'il est fort ordinaire que les chrétiens demeurent même dans la maison de leurs patronnes.

Zelmis entra en tremblant dans un lieu où il n'y avoit que des femmes ; il y trouva Elvire dans un état capable d'embraser les plus insensibles, et quoiqu'elle fût mêlée avec quantité d'autres personnes parfaitement belles, ses yeux la reconnurent aussi aisément parmi cette belle troupe, que son cœur la distinguoit du reste des créatures. Elle étoit vêtue ce jour-là comme les femmes du pays, c'est-à-dire qu'elle étoit presque nue ; sa gorge, toute découverte, inspiroit mille feux, et ses beaux cheveux noirs, renoués d'une écharpe couleur de feu, tomboient sans ordre sur des épaules qui éblouissoient par leur blancheur. Zelmis n'en put soutenir l'éclat, et cette vue le mit tellement hors de lui, qu'il demeura quelque temps immobile, oubliant le sujet qui l'amenoit auprès d'elle. Cette belle personne l'aperçut, et ne croyant pas voir ce qu'elle voyoit : Est-ce vous, monsieur? s'écria-t-elle en se levant toute transportée de joie. Hé! que venez-vous m'apprendre? Peut-il y avoir encore au monde quelque disgrâce à m'arriver? Oui, madame, c'est moi, répliqua Zelmis; c'est une personne qui vous adore, et qui a ressenti si vivement votre disgrâce, qu'il n'y a eu que la consolation de respirer le même air auprès de vous, et de se trouver dans le même état que vous, qui l'ait empêché de mourir de douleur. Oui, madame, je ne vis que parce que je vous aime, et si vous ne voulez pas que je cesse de vivre, permettez-moi de continuer à vous aimer. Zelmis, en disant ces paroles, lui fit voir les voiles qu'il portoit, et faisant semblant de lui montrer avec la main la manière dont elle devoit nuer les fleurs qui y étoient dessinées : C'est le roi, madame, continua-t-il, qui m'envoie ici, et c'est l'amour, comme vous voyez, qui m'y a ouvert un chemin de fleurs ; mais, madame, rien ne m'a-t-il fermé celui que je me flattois d'avoir fait à votre cœur? Hé! dit Elvire, songez-vous à moi au milieu de vos fers? N'avez-vous pas assez de vos malheurs? Pourquoi tâchez-vous à vous en faire encore de nouveaux? Non, madame, répliqua Zelmis, il n'y a d'autre malheur dans la vie, que d'être éloigné de vous, et d'autre bonheur que de vous aimer, s'il se peut, autant que vous êtes aimable; hors cela je ne connois dans le monde ni bien, ni mal, ni joie, ni tristesse, et tout le reste m'est indifférent. Mais, madame, qui ne plaindra votre sort? Vous êtes dans les fers, vous qui êtes née pour régner. Vous êtes captive, vous qui devez être toujours victorieuse. Toute ma mauvaise fortune ne vous est pas encore connue, reprit Elvire : ma captivité seroit moins à plaindre si elle étoit moins heureuse, et si mon cruel sort ne m'avoit pas mis entre les mains d'un homme qui m'aime éperdument, et qui fait tout pour se faire aimer. Je ne puis, par toutes sortes de raisons, répondre à ses tendresses ; je l'évite, je le fuis, il s'en plaint ; mais qui me répondra qu'enfin cet amour outragé ne se changera point en fureur? Non, madame, interrompit Zelmis, ne craignez rien; vous portez sur votre visage des caractères qui inspirent en même temps l'amour et le respect, et Baba-Hassan est trop bien payé de son amour par le seul plaisir de vous aimer. Quelle plus grande faveur peuvent espérer ceux qui vous aiment? Pour moi, le ciel m'est témoin si je..... Hé! de grâce, interrompit Elvire, changez ces sentiments d'amour en des mouvements de compassion et pour vous et pour moi. Moi, changer, madame! moi, que je ne vous aime plus! Hé! voulez-vous m'arracher tout ce qui me reste au monde? Je n'ai plus rien, je ne suis pas à moi-même, et ce n'est qu'en vous aimant que je peux me mettre au-dessus des coups de la fortune. Elle peut me rendre malheureux, mais elle ne pourra jamais faire que je ne vous aime pas. Il parloit encore quand Baba-Hassan entra; mais comme ils parloient françois, sa présence ne les empêcha point de dire encore tout ce qu'un amour malheureux peut inspirer de tendre. Elvire demanda des nouvelles de son mari, et Zelmis lui en ayant appris, se retira plus passionné que jamais.

Il sortit d'auprès de la belle Provençale pour être encore plus avec elle qu'il n'y avoit été. Il ne se crut pas tout-à-fait abandonné, puisqu'au milieu de ses disgrâces, le ciel avoit fait pour lui ce qu'il n'eût osé même espérer. Ce petit rayon de fortune lui en fit entrevoir une plus grande, et il s'imagina que rien ne lui seroit impossible, quand il seroit secondé par l'amour. Il avoit remarqué, étant chez le roi, que la mer mouilloit le pied des murs du palais, et que même le vaisseau où j'ai dit qu'il travailloit, n'en étoit éloigné que de quelques pas. Cette disposition lui fit croire qu'il ne lui seroit pas impossible de voir quelquefois Elvire. Dans cette pensée, il la fit avertir par Mehemet qu'il étoit tous les jours au pied de son appartement, et que, sous prétexte de vouloir prendre le frais sur la terrasse du palais, elle pouvoit le voir, si sa vue ne lui déplaisoit point. Elvire, avertie du voisinage de Zelmis, monta le lendemain sur cette terrasse qui avançoit sur la mer. Elle n'y fut pas long-temps sans être aperçue de Zelmis, qui n'avoit d'autre plaisir que de regarder toujours le lieu où étoit sa belle maîtresse. Il jouit quelque temps de son bonheur, il la vit avec joie; mais cette joie étoit mêlée du déplaisir que lui causoit l'état où il la voyoit, et un autre que lui se fût peut-être contenté de la vue d'un objet qu'il aimoit si tendrement sans en espérer rien davantage; mais ce n'étoit pas assez pour lui. Il savoit que la fortune favorise les grandes entreprises; et il voulut que cette même fortune, qui avoit eu pour lui des revers si funestes, eût aussi en échange des retours extraordinaires. Ce petit succès enfla tellement ses espérances, qu'il ne se proposa rien moins que d'enlever Elvire d'entre les mains des Barbares, et de la remettre en France. Il ne jugea rien de plus proportionné à son amour que cette entreprise hardie, et dès ce moment il disposa tout pour cette action. La difficulté étoit de faire savoir son dessein à la belle Provençale. Il ne vouloit pas déclarer à Mehemet une affaire de cette importance, ni la confier au hasard d'une lettre. Cet obstacle l'arrêtoit; mais comme l'amour est ingénieux, il ne fut pas long-temps à trouver le moyen d'attacher un billet à une flèche qu'il jeta sur la terrasse du palais, dans le temps qu'Elvire s'y promenoit. Il étoit conçu en ces termes :

« On seroit coupable, madame, de vous voir dans
« les fers sans essayer à vous en retirer. Quelque
« difficile qu'en soit l'entreprise, elle ne l'est pas
« tant qu'elle paroît; et je ne trouve rien d'impos-
« sible au monde que de ne vous aimer pas. Nous
« vous attendrons jeudi au soir à l'entrée de la nuit,
« au pied de vos murailles : une pareille flèche que
« celle qui vous a porté ce billet, vous portera un
« fil au bout duquel sera attachée une corde à la
« faveur de laquelle vous descendrez. Les choses
« sont assez bien disposées pour faire espérer que
« l'entreprise réussira. Il y auroit de l'injustice si
« vous étiez plus long-temps esclave : ce désordre
« et cette violence ne peuvent durer plus long-temps
« dans la nature; et l'on peut se flatter d'un heureux
« succès quand l'amour est de la partie, et qu'on
« travaille de concert avec lui pour la plus aimable
« personne du monde. »

Ce billet fut le lendemain suivi d'une réponse attachée à une pierre qu'Elvire jeta de sa terrasse dans le vaisseau où Zelmis travailloit. Elle ne put avoir ni encre ni plume dans le palais; mais la vivacité de son imagination répara ce défaut : elle passa une partie de la nuit à piquer avec la pointe d'une aiguille, sur du papier, tous les caractères qui composoient cette lettre. Zelmis l'ayant mise sur un fond noir, la lut fort distinctement. Elle étoit conçue en ces termes :

« Je ne sais si c'est l'espérance de la liberté, ou
« le désir de vous revoir, et mon époux, qui me
« fait trouver votre entreprise si agréable ; mais
« j'avoue que l'idée flatteuse que je m'en fais par
« avance, me fait oublier les peines de ma captivité.
« Il est vrai que de mes maux l'esclavage n'est peut-
« être pas le pire ; j'aime, et c'est tout mon mal. Je
« ne sais qui m'arrache cette parole : mais n'en pro-
« fitez point, Zelmis ; c'est de mon mari que je
« veux parler. Qu'il soit avec vous, je vous en
« prie ; ou bien, si cela ne se peut, et que vous y
« veniez sans lui, n'y venez point avec tous vos
« charmes. Adieu. Je vous attends à l'heure que
« vous m'avez marquée. »

Cette lettre porta autant d'amoureux traits dans le cœur de Zelmis, qu'il y avoit de piqûres qui la composoient. Qu'il eut de plaisir à la baiser et à la tremper de ses larmes ! Qu'il sentit de joie à la relire cent fois, cette aimable lettre, où il trouvoit tant de douceurs, tant de charmes, tant de rapport à son amour ! Il interprétoit en sa faveur les feintes d'Elvire, ses déguisements, ses peines d'avouer une chose qu'elle ne pouvoit dissimuler ; et il ne songea plus dès lors qu'à la grande affaire qu'il alloit entreprendre. Il s'assura encore mieux des gens qui devoient être de la partie : il les trouva tous dans les mêmes sentiments avec lesquels il les avoit laissés, et il leur donna ordre de se rendre le jour marqué, deux heures avant qu'on fermât les portes de la ville, dans le vaisseau où ils savoient qu'il travailloit.

L'affaire fut si bien conduite, que le jeudi au soir il ne manqua personne de tous ceux qui devoient s'y rendre. La première chose qu'on fit, fut de se saisir du nègre qui gardoit le vaisseau, de lui mettre un bâillon dans la bouche et de le descendre à fond de cale. L'on n'eut pas de peine ensuite à rompre la chaîne qui tenoit la chaloupe attachée; et, ayant pris les morceaux de bois et les voiles qui étoient les plus nécessaires, on fit approcher la barque des murailles avec le moins de bruit qu'il fut possible. Zelmis fit connoître son approche à la belle Provençale par quelques étincelles qu'il fit sortir d'un caillou, à quoi elle répondit avec une pierre qu'elle jeta dans la mer, et qui apprit à Zelmis qu'elle l'avoit prévenu au rendez-vous. Il fut si heureux que la flèche à laquelle le fil dont je vous ai parlé étoit attaché, tomba du premier coup sur la terrasse où étoit Elvire ; et il étoit impossible, qu'étant animé par ce dieu qui les sait si bien lancer, il n'adressât pas d'abord où ses yeux, ses pensées et son cœur visoient continuellement.

On ne peut exprimer quels furent les sentiments de Zelmis pendant le peu de temps qu'Elvire fut à se disposer pour descendre. On ne peut représenter ses transports, ses appréhensions, ses alarmes, ses frémissements : tout le fait espérer, tout le fait craindre : le péril le rend presque immobile ; les horreurs de la nuit l'épouvantent ; il frémit, il tremble, il espère, il craint.

Cependant Elvire descend, son approche dissipe les ténèbres ; elle chasse les craintes de Zelmis, elle relève ses espérances. Mais la joie en ce moment le transporte à un tel excès que ce n'est plus lui, ce n'est plus ce même Zelmis qui un peu auparavant animoit l'un, exhortoit l'autre, disposoit la voile, prenoit le gouvernail. On ne sait plus ce que sont devenues ses ardeurs ; sans le secours de ceux qui étoient avec lui dans la chaloupe, il auroit oublié ce qu'il y venoit faire. Il se crut déjà trop bien payé de ses peines par la seule joie de posséder Elvire : quoique l'obscurité de la nuit lui ôtât le plaisir de la voir aussi bien qu'il l'eût souhaité, il ne cessoit néanmoins de la regarder avec tant d'opiniâtreté et d'application, qu'il ne s'aperçut pas que deux de ses gens, s'étant mis sur la chaîne qui fermoit le port, avoient déjà fait passer la barque par-dessus ; mais sitôt qu'il fut un peu revenu du profond assoupissement où cette joie inespérée l'avoit mis : Est-ce vous, madame ? s'écria-t-il. N'est-ce point une illusion? et la fortune que nous trouvons présentement si propice ne feint-elle point un visage riant pour se démentir bientôt? Mais n'importe, qu'elle se déchaîne maintenant contre nous autant qu'elle voudra, il n'est plus en son pouvoir de me causer une affliction pareille à la joie que je ressens. Vous êtes libre présentement, madame, et quand vous n'auriez que peu de temps à l'être, le ciel m'a choisi pour être l'auteur de cette courte liberté. Je ne suis pas si libre que vous pensez, reprit Elvire en soupirant; je laisse encore la moitié de moi-même dans les fers, et mon mari n'est pas avec moi. Hé! de grâce, madame, reprit Zelmis, n'empoisonnez point une joie aussi pure que celle que nous pouvons goûter en ce moment. Ne soyez point ingénieuse à vous former de nouveaux sujets de peine. Laissez, madame, laissez au ciel le soin de votre mari; il a fait naître des personnes pour vous arracher des mains de Baba-Hassan, il en suscitera d'autres pour tirer votre époux de la puissance des Barbares.

Cependant la barque vole vers les îles Majorque et Minorque. Les vagues, quoique assez tranquilles, semblent s'abaisser encore pour la laisser passer avec plus de vitesse, et les Zéphyrs, secondés des Amours, enflent les voiles avec tant de prospérité, que tout faisoit espérer un heureux succès. La joie éclate sur le visage de tous ces illustres fugitifs, et ils avoient déjà fait plus de vingt milles quand le jour commença à paroître. Le brouillard, qui s'élève ordinairement le matin sur la mer, fut par malheur si épais ce jour-là, qu'ils ne purent apercevoir un petit brigantin, sous la proue duquel ils se trouvèrent inopinément. Ils le virent quand ils ne purent plus l'éviter : ils tâchèrent en vain de changer de route pour s'échapper à la faveur des ténèbres; mais le brigantin, en les apercevant, fit force rames sur eux, et comme il n'en étoit pas beaucoup éloigné, il ne fut pas long-temps à les joindre. Je ne veux point, mesdames, vous exprimer le désespoir de ces infortunés, quand ils reconnurent que ce brigantin étoit d'Alger, lequel y retournoit après deux mois de course. On ne peut se représenter un si grand changement sans ressentir une partie des douleurs de ces malheureux. Combien de fois Zelmis fut-il sur le point de se jeter dans la mer pour y finir ses malheurs avec sa vie! De quels yeux regarda-t-il Elvire! que ne dirent-ils point dans ce moment, ces yeux, ces mêmes yeux où la joie venoit d'éclater, et dans lesquels alors la douleur étoit peinte! Il n'exprima son affliction que par son silence et par quelques soupirs entrecoupés. Elvire parut la moins émue ; elle entra la première dans le brigantin ; Zelmis la suivit avec les autres, et le vent s'étant aussitôt mis au frais, ils se trouvèrent quelques heures ensuite à la vue d'Alger, et peu de temps après dans le port.

La nouvelle du retour de la belle esclave, dont l'évasion avoit déjà été sue de tout le monde, ne fut pas long-temps à se répandre dans toute la ville; l'on accourut de toutes parts pour la voir rentrer; et le capitaine du brigantin, appelé Turquille, la reconduisit au palais, comme en triomphe. Baba-Hassan ne s'emporta point à la vue de cette belle fugitive; il la reçut au contraire avec tous les sentiments dont l'âme la mieux née puisse être capable. Si j'eusse cru, madame, lui dit-il, que votre condition vous eût paru si dure, je vous aurois évité, en vous rendant la liberté, les risques que vous avez courus pour la recouvrer; mais je m'étois imaginé que l'amour que j'ai tâché de vous faire paroître en adouciroit les peines. Vous fuyez cependant, madame; mon amour n'a pu vous arrêter; et je veux un mal mortel à Turquille de vous avoir remise entre mes mains, puisque vous y revenez apparemment avec les mêmes sentiments que vous aviez quand vous en êtes sortie. Bien loin de faire aller sur vos pas, je m'estimois heureux de n'avoir plus devant les yeux une personne si belle et si sévère, et je suis au désespoir que votre vue, si contraire à mon repos, renoue des liens que votre éloignement auroit rompus. Je n'attendois pas moins de générosité de votre part, seigneur, répondit Elvire, et je suis confuse des bontés que vous avez pour votre captive; mais permettez-moi de vous dire que plus ma captivité paroît douce, plus elle m'est insupportable. Vous m'aimez, seigneur, et ma loi, ma raison, mon devoir, tout me défend de vous aimer. Heureuse si le ciel en m'ôtant la liberté, m'eût ôté en même temps les appas qui vous ont charmé! Vous m'aimez, répéta-t-elle encore, et n'ai-je pas lieu d'appréhender que vous vous lassiez de mon indifférence, et que cette bonté insultée ne se change enfin en un juste dépit dont vous ne serez peut-être plus le maître ? Non, madame, interrompit Baba-Hassan, ne craignez rien des emportements de ma passion; ce n'est point en amour qu'on se sert de son pouvoir; et je serois de tous les hommes le plus malheureux, si, ne pouvant mériter votre estime, je m'attirois votre haine. Baba-Hassan se retira après ces paroles; Elvire rentra dans le palais, et Zelmis retourna chez son patron, qui ne le reçut pas avec la même civilité que Baba-Hassan avoit eue pour la belle Provençale; il essuya au contraire tout ce que la colère, mêlée de vengeance et d'intérêt, peut faire ressentir d'emportements, et il fut resserré dans son logis avec beaucoup de rigueur. Il est vrai qu'il eut dans cette solitude la compagnie de quatre belles femmes, qui parloient toutes fort bien espagnol; mais il fut insensible à leurs appas. Il ne voyoit rien quand il ne voyoit point Elvire; et cette compagnie, qui auroit été pour un autre un sujet de consolation, lui en fut un de mille occasions périlleuses.

L'amour, chez les Turcs, n'est point armé de traits ; il est couvert de fleurs : on ne sait ce que c'est que d'y mourir des cruautés d'une belle ; et les dames ont le même scrupule en ce pays-là de faire languir un amant, que quelques-unes ont en celui-ci de le favoriser. Elles font toutes les avances : la loi de la nature est la première, qu'elles suivent préférablement à celle de Mahomet, parce qu'elles sont femmes avant que d'être turques ; et elles donnent de la tendresse et des faveurs en retour des services que les hommes leur rendent : enfin, on y est heureux avant qu'on n'y soit amant. Les quatre belles personnes avec qui Zelmis demeuroit, avoient naturellement un grand penchant à l'amour, et la nature, en leur donnant ce cœur tendre, ne leur avoit pas refusé les avantages qui font aimer. Elles étoient toutes charmantes, et elles retenoient dans leur air quelque chose de cette fierté que nous remarquons dans les statues grecques ou romaines. Leurs habillements et leurs manières inspiroient assez de tendresse : elles n'y étoient que trop portées, et Zelmis étoit le seul qui ne brûloit point au milieu de tant de feux. Il ne fut pas long-temps à s'apercevoir de la disposition du cœur de ses belles maîtresses ; et il connut sans peine qu'elles souhaitoient de lui quelque chose de plus que les services ordinaires que rendent les domestiques.

Immona, la plus belle et la plus jeune de toutes, fut celle qui lui fit paroître le plus d'amour. Elle avoit tout ce qui peut former une aimable personne, le front élevé, l'œil brillant, la bouche pleine de ces agréments qu'on ne peut exprimer : des cheveux noirs accompagnoient l'éclat de son visage avec tant d'avantage, qu'il sembloit qu'elle ne les eût reçus de la nature que pour cet effet seulement : ses manières étoient les plus engageantes du monde. Zelmis auroit sans doute mieux répondu à son amour, s'il y eût eu place dans son cœur pour une autre passion. Cette belle Africaine fut charmée des qualités de son esclave; elle fit tout ce qu'elle put pour s'en faire aimer : mille gestes amoureux, cent regards passionnés, une infinité de souris capables d'enflammer les plus glacés, étoient les armes ordinaires dont elle se servoit pour abattre sa fierté; mais il payoit les emportements d'Immona de tant de froideurs, qu'on voyoit aisément qu'il s'estimoit malheureux de recevoir des douceurs d'une autre que d'Elvire, de qui les rigueurs lui auroient été cent fois plus agréables que toutes les faveurs des plus belles personnes du monde.

Immona ne fut pas la seule qui eut de la bonne volonté pour Zelmis : Fatma, qui ne lui cédoit point en beauté, prétendit quelque part à son cœur; et elle n'avoit jusqu'alors dissimulé sa passion, que pour mieux connoître les sentiments de sa rivale, qui lui avoit fait confidence de son amour. En les connoissant, elle apprit aussi ceux de Zelmis; et sachant qu'il rendoit à sa passion une indifférence cruelle, elle s'imagina que le peu d'appas de sa rivale étoit cause de cette froideur : dans cette vue, elle crut que le mépris que Zelmis faisoit de son cœur, étoit une marque certaine qu'il soupiroit pour une autre, et comme nous sommes naturellement portés à croire ce que nous souhaitons, elle se flatta avec plaisir d'avoir allumé cette passion. Elle ne songea plus, dans cette pensée, qu'à employer tous ses charmes, pour lui donner, si elle pouvoit, autant d'ardeur qu'elle en avoit pris. Ses paroles, ses manières, ses regards, tout étoit plein d'amour et d'artifice; et elle en montra bientôt plus que Zelmis et Immona n'en vouloient savoir. Immona vit naître avec horreur l'amour de cette rivale; elle ne l'étudia pas long-temps pour connoître les sentiments de son cœur. Ses soins, ses inquiétudes, l'indifférence de Zelmis pour elle, tout lui disoit ce qu'elle eût bien voulu ne pas apprendre. Le dépit s'empara aussitôt de son âme : elle se déchaîne, elle s'abandonne à la rage; et avant que de faire éclater sa vengeance, elle exhala son dépit par ces paroles qu'elle adressa un jour à Zelmis : C'est donc une autre que moi qui t'a su charmer, ingrat ? Ce n'étoit point assez pour moi du mortel chagrin de ne l'avoir pu faire; il falloit encore, pour accroître mes ennuis, que je visse une rivale en venir à bout ! Cette indifférence que je te croyois naturelle, ne s'étend pas sur tout le monde, et ce n'est que pour moi que tu gardes des froideurs ! Ces paroles, dites d'un ton plein d'aigreur, épouvantèrent Zelmis; et croyant la fléchir en lui faisant l'aveu de son amour : Ah ! madame, lui dit-il avec un profond respect, il est vrai que j'aime, et que je suis épris de la plus belle passion dont un cœur soit capable; je porte des fers si doux, que j'en mourrois s'ils étoient rompus. Vous avez plus de charmes qu'il n'en faut pour engager les plus insensibles, mais vous n'en avez pas assez pour me faire commettre les infidélités les plus criminelles. J'aurois pour vous, madame, des sentiments d'amour réciproques, si j'étois maître de mon cœur, et si l'amour ne s'y étoit pas rendu si absolu, qu'il est présentement impossible de l'en chasser. Va, ingrat, interrompit Immona avec des yeux enflammés de colère, tu m'en apprends trop, et tu cherches en vain à t'excuser; tu ne m'aimes pas, et cela me suffit pour te trouver criminel. Va, et souviens-toi que, si je n'ai pu te plaire, je pourrai te persécuter.

Elle se retira en disant ces paroles, pleine de dépit et de rage; et, persuadée de l'amour de Zelmis pour Fatma, elle ne songea plus qu'à le perdre.

Elle étoit dans cette funeste résolution, quand son amour combattit encore quelque temps les sentiments de sa vengeance. Rien ne détermine plus tôt une femme à favoriser un amant, que la concurrence d'une rivale; et comme il arrive souvent que ce qui devroit éteindre le feu le rend plus âpre, les froideurs de Zelmis ne servirent qu'à irriter davantage les ardeurs d'Immona. Cette femme, voyant qu'elle ne pouvoit fondre les glaces de ce cœur insensible, se résolut à faire un dernier effort, et à arracher par force des faveurs de cet indifférent. Elle ne demandoit pas tant le cœur de Zelmis, que Zelmis même. Et un jour qu'Achmet étoit allé à la mosquée, et que toutes les autres femmes étoient sorties (il n'étoit resté qu'un nègre), elle appela Zelmis dans sa chambre. Zelmis y monta sans savoir ce qu'elle souhaitoit de lui. Il la trouva couchée demi-nue sur un magnifique tapis de Turquie : un de ses bras lui servoit d'oreiller; et l'autre nonchalamment étendu, relevant l'extrémité d'une gaze noire qui lui servoit de caffetan, laissoit voir une partie du plus beau corps que la nature ait jamais pris plaisir à former. Qui n'eût été sensible à cette vue? A peine aussi Zelmis fut-il maître des transports qu'elle lui causa. Il étoit tellement hors de lui en voyant tant de beautés, qu'il demeura long-temps immobile à regarder cette belle personne, sans songer qu'elle ne l'appeloit pas pour regarder seulement. Elle s'aperçut aisément de son trouble. Que te faut-il donc, ingrat? s'écria-t-elle d'un ton le plus passionné du monde. N'ai-je donc point assez de charmes, et ne comprends-tu point encore l'excès de mon amour? Qu'attends-tu? que souhaites-tu? que crains-tu? Parle. Mais tu es immobile, ton silence te condamne; tu ne m'aimes point! Va, cruel, que le ciel, pour me venger, puisse un jour t'inspirer autant d'amour qu'il m'en a donné, pour te faire souffrir autant que je fais en ce moment! Que je suis malheureuse! continuoit-elle après quelques moments de silence, pendant lesquels elle avoit laissé couler quelques larmes; que je suis malheureuse d'avoir prodigué des faveurs à un ingrat qui en sait si mal user! Ces paroles étoient prononcées d'un ton de voix si touchant, que Zelmis en fut presque ébranlé; et peut-être sa fidélité, qui n'avoit jamais été exposée à une si rude épreuve, n'auroit pas tenu encore long-temps contre tant de charmes, si Achmet, qui revenoit de la mosquée, et qui se fit entendre par sa voix, n'eût bientôt fait changer de situation à tous deux. Le trouble que Zelmis sentit pour lors, ne se peut bien comparer qu'à celui d'Immona. Elle se désespéroit, Zelmis ne savoit quel parti prendre, quand, pour comble de malheur, Achmet, de qui l'on pouvoit facilement entendre toutes les paroles, demanda où étoit Immona.

Ce coup de foudre acheva de les terrasser. Que faire dans cette extrémité? où se mettre? où se cacher? Le temps presse, les délibérations sont hors de saison ; et déjà Achmet monte, quand Immona, conservant encore quelques restes de présence d'esprit, fit mettre Zelmis avec précipitation dans un de ces matelas qui servent de lit aux Turcs, et qui sont roulés pendant le jour à un coin de la chambre. Zelmis étoit dans cette violente situation, quand Achmet entra. Il remarqua le trouble d'Immona, sans en pouvoir deviner la cause. Il lui en demanda plusieurs fois le sujet, et elle se sauva toujours le mieux qu'elle put. Je ne vous dirai point si l'émotion que sentit Immona ajouta quelques nouveaux charmes à sa beauté ; mais il est certain qu'Achmet n'eut jamais plus de tendresse pour elle qu'en ce moment-là. Elle ne fut jamais à ses yeux ni plus belle, ni plus animée ; et il ne se sentit jamais ni plus amoureux, ni plus enflammé : il la caressa plus qu'à l'ordinaire. Le doux bruit des baisers dont il accabloit Immona, venoit même jusqu'aux oreilles de Zelmis, qui avoit des frayeurs mortelles que son maître ne le découvrît, quand Cid-Haly, père d'Achmet, entra tout d'un coup avec grand bruit dans le logis. Il appela son fils avec tant de précipitation, pour aller acheter des chrétiens nouvellement arrivés au port, qu'il fut obligé de le venir joindre dans le moment. Il est impossible de vous exprimer la joie que ce libérateur causa à Zelmis et à Immona, quelles grâces ils lui rendirent secrètement, pour être venu si à propos les tirer de l'abîme où ils étoient, et quels serments fit Zelmis de ne se trouver de ses jours dans une bonne fortune où il y avoit tant à risquer.

L'amour si violent est voisin de la haine, et quand on a aimé avec emportement, il faut qu'on haïsse avec fureur. Immona outragée, et persuadée de l'amour de Zelmis pour Fatma, ne respire plus que rage et que cruauté, et ne songe qu'à perdre Zelmis. Les moyens ne lui manquoient pas : elle avoit sur son esclave un plein droit de vie et de mort, et elle en eût été quitte pour rendre à Achmet ce que Zelmis lui avoit coûté ; mais comme cette violence auroit fait beaucoup d'éclat, elle s'abandonna à une vengeance plus cachée et plus conforme à sa haine. Elle voulut, par un plus illustre emportement, immoler deux victimes à l'amour, et sacrifier en même temps et Zelmis et sa rivale. Elle n'a pas plus tôt formé ce dessein, qu'elle instruit Achmet des secrètes intelligences qui étoient entre Zelmis et Fatma ; et pour mieux assurer ce qu'elle avance, elle lui promet de l'en convaincre le lendemain de ses propres yeux. Elle donna tant de couleur de vérité à cette trahison, qu'Achmet donna dedans, et entra aussitôt dans une rage et dans un désir de vengeance si furieux, qu'il eut de la peine à en retenir les transports jusqu'au lendemain. Le jour venu, il ordonna secrètement à Kalisia et à Kamer, ses autres femmes, d'aller au lieu de la sépulture des Turcs, et d'emmener les nègres avec elles, en sorte qu'il ne restât dans le logis que les personnes nécessaires à cette tragédie, Fatma, Achmet, Zelmis et Immona. Achmet fit semblant de sortir à l'heure ordinaire pour aller à la mosquée, et demeura dans une galerie qui étoit à côté de la porte. Immona resta en bas, et Fatma monta dans sa chambre, comme elle avoit accoutumé. Toutes ces choses ainsi disposées, Immona commande à Zelmis de porter quelque chose sur la terrasse ; et dans le temps qu'il est sur l'escalier, elle avertit Achmet de rentrer et de monter en haut, s'il vouloit être témoin de ce qui se passoit entre Zelmis et Fatma. On ne peut dire avec quels transports de colère Achmet monta pour surprendre Zelmis, qui, ne songeant à rien moins qu'au piège qu'on lui tendoit, revenoit tranquillement d'où Immona l'avoit envoyé. Achmet le rencontra près de l'appartement de Fatma, devant lequel il falloit de nécessité passer pour aller à la terrasse ; et il lui sembla même, tant il étoit préoccupé, les entendre parler ensemble. Il n'en falloit pas davantage, et c'en étoit même trop pour convaincre un homme qui étoit déjà disposé à tout croire; et sans examiner davantage les choses, il se jeta sur Zelmis, les yeux étincelants de colère, et l'auroit percé de mille coups, s'il ne l'eût réservé à une plus célèbre vengeance. Fatma ne fut pas mieux traitée que Zelmis, et elle porta sur le visage des marques de l'emportement d'Achmet. Immona monta à ce bruit, faisant l'ignorante de tout ce qui se passoit, et triomphant dans l'âme de l'heureux succès de sa fourberie. Elle interpose son crédit; elle feint de vouloir calmer le courroux d'Achmet; mais rien ne le put apaiser. Il court dans le moment avertir des officiers pour conduire ces criminels en lieu de sûreté. Zelmis connut bientôt l'auteur de cette trahison. Il avoit remarqué que, depuis ce qui s'étoit passé avec Immona, elle ne le regardoit plus qu'avec des dédains mêlés de fureur, et qu'elle ne voyoit plus Fatma sans faire éclater son ressentiment. Il vit bien que tout ce qui étoit arrivé n'étoit conduit que par ses artifices; et la regardant avec des yeux d'indignation : Tu triomphes, cruelle, lui dit-il, tu triomphes : tu immoles deux innocentes victimes à ta vengeance; mais tu ne profiteras point de ton crime : je te haïrai partout; et je suis assez vengé, puisque tu m'aimes, et que tu ne me reverras jamais. Il ne lui en put dire davantage. On le conduisit aussitôt au château de l'empereur, qui est hors de la ville, et Fatma fut menée aux prisons des femmes publiques. Zelmis vit avec horreur le péril où il étoit. Il savoit les lois des Turcs, qui veulent qu'un chrétien trouvé avec une mahométane expie son crime par le feu, ou se fasse musulman. Il avoit beau protester de son innocence; Achmet, qui avoit juré la perte de son esclave, vouloit l'immoler à son ressentiment. Il y étoit animé par Immona, en sorte que les affaires de Zelmis étoient pour lors en un très-fâcheux état.

Cependant le consul (1) de la nation françoise apprend tout ce qui se passe : il interpose son autorité; il va trouver Achmet, qui se rend d'abord implacable. Le consul ne se rebute point : il lui représente que rien n'est quelquefois plus faux que les apparences; que, quand la chose seroit vraie, il auroit peu de gloire à faire paroître sa puissance contre son esclave ; et il lui fit connoître enfin, qu'en le perdant, il perdoit en même temps une somme considérable qui étoit arrivée depuis peu pour son rachat. Cette raison fut beaucoup plus forte que toutes les autres; et comme il n'y a rien que les Turcs ne sacrifient à leur intérêt, Achmet se laissa un peu abattre. Quand les premières fougues de sa colère furent passées, il retira Zelmis des mains du divan ; et il avoua devant les juges que ce n'étoit que sur un simple soupçon qu'il avoit

---

(1) M. Dusault.

agi, et que le crime de son esclave n'étoit confirmé par aucune preuve.

Il ne faut qu'un moment pour changer la face des affaires les plus désespérées, et la fortune ne se plaît que dans ces grands et soudains changements. Dans le temps que Zelmis est le plus accablé d'infortunes, c'est dans ce même temps-là qu'il est élevé au comble du bonheur, et qu'Achmet lui rend la liberté, après avoir reçu chez le consul le prix de sa rançon.

Il n'y avoit pas deux heures que Zelmis étoit libre, et il se promenoit dans une galerie avec le consul, tout plein de la joie que lui causoit le nouvel état où il se trouvoit. Il songeoit à l'aimable Elvire, dont il n'osoit demander des nouvelles : il le voulut faire plusieurs fois ; la crainte qu'il avoit d'apprendre quelque chose de fâcheux, lui faisoit toujours dire autre chose qu'il ne souhaitoit. Il étoit dans cette inquiétude, quand il vit tout d'un coup entrer une dame qu'il reconnut chrétienne par le voile dont elle avoit la tête couverte. Le consul la voyant approcher : Voilà, dit-il à Zelmis, une dame qui ne vous est pas inconnue : elle n'a pas moins souffert que vous ; mais enfin les maux de sa captivité sont finis aussi-bien que les vôtres ; je vous laisse avec elle, pour aller finir quelques affaires pressées. Zelmis ne reconnut point d'abord cette dame ; mais quelle surprise fut la sienne quand il vit l'aimable Provençale ! Les grandes passions ne se marquent point par des mouvements ordinaires : Zelmis ne s'emporta point aussi à des signes d'une joie commune ; mais ayant regardé quelque temps Elvire avec des yeux interdits : Pardonnez, madame, s'écria-t-il en se jetant à ses pieds, pardonnez à des transports dont je ne suis plus le maître. Ils ne purent alors retenir quelques larmes ; mais ces larmes n'étoient pas de celles que la joie seule d'avoir recouvré leur liberté leur faisoit répandre ; elles étoient mêlées de cette douceur et de ce charme qui ne se trouvent que dans l'amour. Zelmis cependant ne pouvoit se rassasier de regarder Elvire ; elle ne lui avoit jamais paru si charmante ; et les larmes dont son beau visage étoit trempé, lui causoient une certaine langueur, qui, se confondant avec cette vivacité que répand ordinairement la joie, formoient la beauté du monde la plus touchante. Zelmis rompant enfin le silence : C'est donc vous, madame, que je vois, lui dit-il ; c'est vous ! Vous êtes libre ; et je n'ai en rien contribué à votre liberté ! Faut-il que je vous voie hors des fers avec quelque chagrin, puisque je n'ai pas eu la gloire de vous en tirer ? Ah ! monsieur, reprit la belle Provençale, je ne me souviens qu'en frémissant de ce que vous avez hasardé pour moi ; mon mari n'est plus, et la cause de sa mort ne vient sans doute que de ma fuite avec vous. Ces paroles, qui furent suivies d'un débordement de larmes, surprirent extrêmement Zelmis : il ne savoit rien de la mort de de Prade; et quoique la douleur d'Elvire l'affligeât au dernier point, il eut néanmoins de la peine à dissimuler la joie que cette nouvelle lui causoit, puisque de Prade étoit le plus dangereux rival qu'il eût.

La perte d'un mari est quelque chose de si sensible, continua Elvire, après avoir donné quelques moments de trêve à sa douleur, qu'il est impossible de l'exprimer. S'il y a pourtant quelque chose qui puisse tempérer ce chagrin, c'est une joie pareille à celle que je ressens aujourd'hui : je vous vois, je suis libre, vous n'êtes plus dans les fers ; et vous pouvez juger de la joie que j'ai de votre liberté, puisque après celle de mon mari, pendant qu'il vivoit, c'étoit ce que je souhaitois avec le plus d'ardeur. Vos intérêts et les siens m'étoient presque communs; je les confondois même souvent ensemble; et je ne sais si je ne suis pas criminelle d'en avoir fait si peu de distinction. Cette vertueuse personne rougit à ces paroles, et elle voulut, en cachant son beau visage, dérober à Zelmis le plaisir que lui causoit cette aimable confusion ; mais Zelmis relevant doucement le coin du voile dont elle se cachoit: Ne m'empêchez pas, madame, lui dit-il, de vous admirer dans un état si charmant. Que vous devez me paroître divine avec cette rougeur ! Et comment peut-on entendre ces paroles engageantes de votre belle bouche, et ne pas expirer de plaisir à vos yeux? C'est trop de joie pour un seul jour, madame, et mon cœur ne peut la contenir. Ils passèrent le reste de la journée dans un épanchement de cœur qu'on ne peut exprimer; ils se dirent tout ce qu'un violent amour peut inspirer de plus tendre. Elvire apprit à Zelmis que son mari avoit été emporté depuis trois mois de la peste, qui avoit fait d'étranges ravages dans la ville. Elle lui dit ensuite que le roi, ne pouvant être heureux dans ses amours, avoit fait connoître la pureté et la délicatesse de sa passion, en lui rendant la liberté par une générosité vraiment royale. Zelmis de son côté informa sa maîtresse de tout ce qui s'étoit passé depuis leur retour, des différents risques qu'il avoit courus, de l'impossibilité de lui faire savoir de ses nouvelles et de recevoir des siennes, et de la manière dont il avoit recouvré la liberté.

Ce fut pendant ce temps-là que la permission qu'avoit Zelmis de voir la belle Provençale autant qu'il le souhaitoit, rendit son ardeur plus vive : il reconnut encore plus de charmes dans son esprit, qu'il n'avoit remarqué de perfections dans sa personne; et quand quelquefois cette belle veuve, s'échappant à la joie, oublioit pour quelque temps l'idée de son mari, elle faisoit éclater un enjouement si spirituel, que Zelmis n'auroit pu lui refuser son cœur, s'il n'en eût pas déjà été amoureux.

Enfin ce jour, cet heureux jour souhaité par tant de vœux, demandé avec tant de larmes, ce jour auquel Elvire et Zelmis devoient sortir d'Alger, arriva. Ils s'embarquèrent après avoir pris congé du consul, et sitôt qu'ils furent dans le bord, on mit à la voile. Le vaisseau n'étoit pas encore sorti du port, que Zelmis, qui étoit resté sur le tillac pour voir appareiller, entra dans la chambre du capitaine, où étoit Elvire : il la trouva couchée sur un de ces petits lits qui sont sur les vaisseaux, désolée, et capable de percer de douleur les plus insensibles. Hé bien ! madame, lui dit-il en s'approchant de son lit, vous voulez donc toujours vous affliger; n'est-il pas temps enfin que ces larmes tarissent ? et ne pouvez-vous jouir du repos, après de si longues traverses ? Vous sortez des fers; vous rentrez dans votre patrie; les vents les plus favorables vous y portent, et tout ce qui devroit vous élever au comble de la joie ne sert qu'à vous jeter dans un abîme de tristesse. Vous ne dites rien, madame, poursuivit Zelmis en levant le coin du mouchoir dont elle essuyoit ses beaux yeux ; regardez-moi du moins, je vous prie, et n'achevez pas de me désespérer par le mortel chagrin que me cause votre tristesse. Elvire ne répondit que par un soupir; et Zelmis, ne pouvant plus soutenir la présence de cette belle désolée, sortit de la chambre pour n'y pas rentrer si tôt : mais il ne fut pas long-temps à revenir près d'elle. Ses larmes étoient un peu essuyées, et comme elle avoit passé, dans un moment, de la tristesse que lui causoit le souvenir de la mort de son mari ; à la joie que lui donnoit la vue de Zelmis, elle le regarda avec des yeux tout brillants de bonté, et qui lui portèrent encore mille nouveaux feux dans l'âme. Non, mon cher Zelmis, lui dit-elle en le voyant : non, je ne veux plus m'affliger. Le ciel, en m'ôtant mon mari, vous a conservé : cela suffit pour me consoler ; et vous me tenez lieu de tout. Zelmis ne put répondre à de si tendres paroles ; mais se jetant à ses genoux, et prenant une de ses mains, il y attacha sa bouche toute de feu avec un si grand transport qu'il en demeura hors de lui. Il n'eut pas la force de se lever, mais regardant Elvire avec les yeux les plus passionnés du monde : J'ai eu assez de résolution, madame, lui dit-il, pour souffrir ma disgrâce, et je n'ai pas assez de force pour soutenir ma bonne fortune. Pardonnez-moi, belle Elvire ; les joies immodérées agitent d'abord avec trop de violence, et ma joie suffiroit à faire plusieurs heureux.

Pendant le temps que ces amants furent à repasser en France, ils ne se quittèrent presque pas un seul moment ; ils ne rencontrèrent, en faisant leur route, qu'un vaisseau de Marseille, qui portoit à Alger quelques religieux, lesquels y alloient racheter des captifs : ils avoient été surpris d'un gros temps, qui ne servit qu'à les porter plus vite où ils vouloient aller. Ils arrivèrent enfin à la Cioutat, où on leur donna le lendemain des gardes de santé pour les conduire à Marseille, et y faire quarantaine au lazaret.

Ce fut dans ce lieu-là qu'ils eurent tout le temps de se dire ce qu'ils sentoient l'un pour l'autre. Quel plaisir pour Zelmis de se voir avec Elvire ! Plus de mari, plus de jaloux, plus de témoins. Quelle satisfaction pour Elvire de se voir continuellement avec Zelmis, après de si cruelles séparations ! On ne se formera jamais qu'une imparfaite idée du bonheur de deux personnes que la fortune a conduites au comble du contentement par des ressorts si cachés et si extraordinaires. Non, madame, lui dit Zelmis, un jour qu'il se trouva le plus passionné de sa vie, et qu'il devoit le lendemain sortir du lazaret, quand vous ne seriez pas la plus aimable personne du monde, et que je serois assez malheureux pour ne vous pas aimer plus que toutes choses, j'y serois forcé malgré moi. Il y a quelque chose de si nouveau et de si engageant dans notre destinée, qu'il est impossible que nous ne soyons pas nés l'un pour l'autre. Nous nous sommes rencontrés en tant d'endroits, nous nous sommes vus ensemble en des états si différents, qu'il sembloit que le hasard ne nous unissoit que pour nous séparer, et ne nous éloignoit que pour nous rejoindre. La première fois que je vous vis, je vous aimai ; en vous revoyant je fus charmé : j'ai été dans les fers avec vous; je vous y ai adorée. Nous sommes libres présentement ensemble. Hé! que dois-je espérer, madame? s'écrioit-il en embrassant ses genoux. Zelmis animoit ces paroles d'un ton de voix si passionné qu'Elvire en fut émue ; le feu sortoit de ses beaux yeux, et tout son visage se couvrit d'une aimable rougeur. Elle n'eut pas la force de répondre, et Zelmis ne lui put rien dire davantage. Mais tout leur entretien, qui n'étoit alors qu'un langage muet, étoit plus éloquent mille fois que les plus tendres paroles : c'étoient les yeux, les larmes et les soupirs qui parloient, et qui ne se faisoient que trop bien entendre ; quand Zelmis prenant la parole : Vous ne dites rien, madame, lui dit-il. Hé! que dois-je juger de votre silence? Avez-vous de la confusion à avouer que vous m'aimez? ou appréhendez-vous de me désespérer en me disant que vous ne m'aimez pas? Parlez, madame, et ne me laissez pas plus long-temps en proie à tant de différentes pensées qui me tourmentent : ne souffrez pas qu'il y ait tant de désordre en un cœur où vous régnez si absolument. Que voulez-vous que je vous dise? reprit foiblement Elvire. Ce que je veux que vous disiez! interrompit Zelmis, ce qu'on dit quand on aime, que rien ne pourra troubler mon amour, qu'un prompt engagement unira votre sort au mien par des nœuds qui dureront toujours : car enfin, madame, tant que votre mari a vécu, je vous aimai, sans intéresser votre austère vertu dans cet amour; présentement qu'il n'y a plus de devoir à écouter, il n'y a que l'amour à suivre. Vous ne vous souvenez donc plus, reprit Elvire, de ce que vous m'avez dit tant de fois, que vous ne demandiez pour prix de votre amour que la seule gloire de m'aimer; et vous me parlez présentement d'hymen? Cette pensée me fait frémir; le souvenir encore récent de mon mari n'en est pas tout-à-fait la cause; je craindrois en possédant votre cœur de ne pas posséder votre estime. Vous vous êtes flatté, peut-être, que j'ai été susceptible de quelque tendresse pour vous dans le temps que je la devois toute à mon mari ; ne craindriez-vous point, avec une espèce de raison, qu'ayant pu succomber à une première foiblesse, je ne fusse encore capable d'une seconde lorsque je serois votre femme? Ne trouveriez-vous pas dans cette vue trop de facilité à dégager avec plaisir un cœur à qui la possession auroit déjà ôté tout le goût de l'amour? Je tremble quand je pense à cela : je ne connois que trop de quel prix il est, ce cœur; je mourrois de douleur si je ne le possédois pas présentement tout entier : que deviendrois-je, hélas! si je le perdois étant votre épouse? Ah! madame, que vous avez de tendresse! s'écria Zelmis, et qu'une personne qui peut aimer aussi délicatement que vous est peu capable de foiblesse! Non, madame, je serois toute ma vie si fort persuadé de votre fidélité, que si j'étois un jour assez heureux pour devenir votre époux, je crois que je vous verrois sans jalousie entre les bras d'un autre. Je croirois, madame, ou que vous l'auriez pris pour moi, ou que je vous aurois prise pour une autre, et je me défierois plus de la fidélité de mes yeux que de la vôtre. Mais, madame, ne vous faites point de ces vaines terreurs que mon amour ne peut prendre que pour d'honnêtes refus. Ne me pressez point tant, je vous prie, repartit Elvire; je sens que je ne vous pourrois rien refuser. Je vous dois tout par reconnoissance, et mon cœur même n'est pas exempt de cette obligation. Ah! madame, que me dites-vous? Ne m'aimez point plutôt si vous ne m'aimez que par reconnoissance et parce que je vous aime; je veux tout devoir à votre inclination. Il faut que ce soit un penchant insurmontable qui vous entraîne à m'aimer même malgré vous. Que vous êtes pressant, Zelmis! reprit Elvire. On ne peut trouver d'accommodement avec vous, et vous n'êtes point content si on ne vous accorde tout ce que vous voulez. Dois-je songer à de nouveaux engagements sitôt après la mort de mon mari, et puis-je..... Ah! madame, interrompit Zelmis, puisque vous n'êtes plus que sur le temps, je suis heureux. Il viendra, madame, cet heureux jour, ou je mourrai de joie par avance en l'attendant. Mais promettez-moi ce que vous me dites, et que cette belle main soit le gage précieux du bien que vous me faites espérer. Elvire à ces paroles laissa doucement tomber sa main, que Zelmis reçut dans les siennes, et qu'il essuya de ses baisers, après l'avoir trempée de ses larmes.

Ils étoient l'un et l'autre dans un contentement qu'on ne peut exprimer quand ils sortirent du lazaret. Cette joie s'accrut le jour qu'Elvire arriva à Arles, où elle fut reçue de tous ses parents, qui étoient les premiers de la ville, avec des signes d'une joie extrême. On oublia aisément la mort de de Prade, pour ne songer qu'au plaisir que causoit le retour d'Elvire : on ne parla que de divertissements et de parties de plaisir, où Zelmis étoit toujours invité. Il ne fut pas difficile de s'apercevoir bientôt de l'inclination qui étoit entre ces deux personnes : on la vit même avec joie ; leur passion fut celle de tout le monde ; leurs désirs furent suivis de ceux de tous les autres, et chacun approuva une union qu'il sembloit que le ciel eût pris plaisir de former. Zelmis fut obligé d'aller à Paris pour mettre ordre à ses affaires ; il n'y demeura que le moins qu'il put ; mais il y fut assez pour trouver à son retour plusieurs rivaux, qui tâchèrent de profiter de son absence. Il n'y avoit presque personne à qui les manières honnêtes et engageantes de cette belle veuve ne fissent concevoir beaucoup d'espérance; mais ceux qui la connoissoient le mieux espéroient le moins, et jugeoient aisément que cet air libre étoit plutôt un effet de son tempérament que de l'inclination de son cœur.

Zelmis revint plus amoureux qu'il n'avoit jamais été, il trouva aussi sa belle Provençale encore plus aimable qu'il ne l'avoit laissée; il ne s'aperçut d'aucun changement dans le cœur de sa belle maîtresse, il lui sembloit au contraire que l'absence avoit rendu son ardeur plus vive, et il ne lui fut pas difficile d'écarter par sa seule présence tous ceux qui auroient pu lui nuire.

Il attendoit avec impatience le temps qui devoit bientôt le rendre heureux; il vivoit cependant content de son sort, quand il fut accablé du plus cruel revers de fortune qu'on puisse éprouver. Zelmis étoit un jour chez sa belle veuve avec quelques-uns de ses amis, quand un laquais d'Elvire vint avertir sa maîtresse que deux religieux, qui venoient d'Alger, souhaitoient lui parler. On les fit monter, et ils entrèrent dans la salle où étoit la compagnie, suivis d'un homme qui étoit en fort misérable équipage. La surprise de tous ceux qui étoient présents fut grande à l'abord de ces gens qu'on ne connoissoit point; elle fut extrême quand on vit que cet homme si mal vêtu vint se jeter au cou d'Elvire;

mais elle fut telle qu'on ne la peut exprimer, lorsqu'on remarqua que cet inconnu, après s'être détaché de ses violents embrassements, étoit de Prade, qu'on croyoit mort depuis plus de huit mois. Jamais on ne vit un moment pareil, tout le monde devint immobile. Elvire regardoit de Prade sans rien dire. Zelmis considéroit Elvire sans parler, et de Prade jetoit les yeux tantôt sur sa femme, et tantôt sur Zelmis. Il regardoit l'une avec joie et l'autre avec jalousie, et étudioit toujours dans leurs yeux les sentiments de leurs cœurs. Zelmis et Elvire, comme les deux plus intéressés dans cette aventure, en examinèrent plus soigneusement les apparences; mais cette recherche ne servit qu'à leur persuader ce qu'ils voyoient, et le témoignage des religieux acheva de les convaincre. Ils apprirent à la compagnie ce qui s'étoit passé dans le rachat de de Prade. Ils dirent que Baba-Hassan avoit acheté de Prade d'Omar son patron, pour l'éloigner d'Alger dans le temps qu'Elvire étoit encore sa captive, et pour faire courir plus facilement le bruit de sa mort, afin que la nouvelle en venant à Elvire, elle ne fît plus difficulté de se rendre à ses ardentes prières; qu'enfin n'ayant pu rien gagner sur le cœur de cette vertueuse esclave, et désespérant d'en jamais rien obtenir, il lui avoit généreusement donné la liberté, et qu'elle n'avoit pas été plus tôt partie, qu'il avoit rappelé de Prade des montagnes où il l'avoit envoyé avec l'armée qui étoit allée faire payer tribut aux Maures. Les religieux ajoutèrent encore, que s'étant trouvés au retour de de Prade dans Alger, où ils avoient racheté plusieurs captifs, Bâba-Hassan avoit absolument voulu qu'ils le rachetassent, s'imaginant bien que cet esclave, qu'on croyoit mort à son pays, ne seroit jamais racheté autrement.

Croyez-vous, mesdames, qu'il soit possible de représenter les différents effets que produisoit cette aventure, et de vous en donner une idée assez forte? Les cœurs de tous ceux qui étoient présents se partagèrent alors, et tous les mouvements dont ils sont capables se firent sentir, et furent peints alors sur le visage de ceux qui composoient cette assemblée. La joie, la tristesse, l'étonnement, la crainte, le dépit, la jalousie, le désespoir, tout parut en ce moment; et il n'y eut presque personne qui ne fût agité de plus d'une passion. De Prade, appréhendant qu'il ne fût venu trop tard, étoit combattu de crainte, et ressentoit de la joie et de la jalousie. Elvire étoit partagée entre la joie et la tristesse. La vue de son mari, réveillant dans son cœur un amour qui étoit déjà dans le cercueil, lui donnoit quelque plaisir; et cette même vue, qui devoit étouffer ou du moins partager les sentiments d'amour qu'elle avoit pour Zelmis, mêloit cette joie d'amertume. Zelmis demeura interdit, désespéré, confus, accablé; et voulant s'en imposer à lui-même, il cherchoit des raisons pour ne pas croire ce qu'il voyoit. Mais il fallut enfin céder à la vérité; et quand il en fut entièrement persuadé, il s'approcha d'Elvire, après avoir été long-temps immobile, et n'ayant plus de ménagements à garder, il ne se soucia pas de dissimuler plus long-temps. Vous ne serez donc point à moi, lui dit-il d'une voix qui marquoit assez le serrement de son cœur : vous ne serez point à moi, et pour comble de malheurs, mon désespoir va m'entraîner en des lieux où je ne vous reverrai jamais, et où je vais finir les restes d'une vie pleine de disgrâces. Pour vous, madame, vivez heureuse : le ciel n'a pu voir vos larmes sans pitié, ni mon bonheur sans envie; il vous a rendu cet époux que vous pleuriez tant, et me prive du bien qui devoit me rendre parfaitement heureux. Ce m'est encore assez de joie pour tout le reste de ma vie, de me souvenir que vous avez pu m'aimer un moment, pour me faire souffrir avec joie toute sorte de malheurs. Zelmis ne put rien dire davantage, et Elvire ne répondit que par des larmes. De Prade se figura avec plaisir que c'étoit la joie qui les faisoit répandre; mais ceux qui connoissoient mieux la disposition de son cœur, crurent qu'un sentiment contraire en pouvoit être la cause. Zelmis enfin ne pouvant plus soutenir la présence de toutes ces personnes, dont chacune lui faisoit sentir un supplice particulier, sortit d'auprès de sa belle Provençale, résolu de ne la plus voir.

Elvire, de son côté, étoit dans un étonnement qu'il n'est pas aisé de se figurer. Quelque joie qu'elle affectât de faire paroître, on voyoit toujours au travers de cette feinte quelque altération qu'elle ne pouvoit dissimuler; et quand elle fut un peu revenue de cette grande surprise, et qu'elle put faire réflexion au bizarre état où elle se trouvoit : Tu crois donc, cruelle fortune, disoit-elle en elle-même, qu'on puisse changer aussi souvent que toi, et suivant tes différents caprices prendre différentes passions? et toi, sévère devoir, penses-tu pouvoir rentrer dans un cœur toutes les fois qu'il te plaira? Ne sais-tu pas quelle violence je me suis faite pour ne pas aimer Zelmis plus tôt que je ne l'ai dû? Puis-je ne le plus aimer quand j'ai pu une fois le faire sans crime? Non, je l'aimerai toujours : il n'est que trop aimable, et je ne suis que trop disposée à l'aimer. Je dois, il est vrai, toute ma tendresse à mon époux; si je la partage, je lui fais un larcin dont le devoir s'offense; le ciel me l'a rendu, je dois lui rendre mon cœur. Mais Zelmis n'est-il pas, pour ainsi dire, mon époux? et après lui avoir donné la foi, quand je le pouvois, puis-je la lui ôter sans injustice? Il a droit de prétendre à ce que je lui ai promis, et je ne lui ai rien promis que je n'aie été en droit de lui accorder. A quels malheurs ne suis-je point exposée ! Faut-il oublier mon mari ? Dois-je ne plus aimer Zelmis ? Mais aimons-les tous deux, puisque je l'ai pu : aimons de Prade par devoir, et Zelmis par inclination. Donnons la personne à l'un, et le cœur à l'autre ; que le premier rentre dans ses droits, que le second n'en sorte point ; et concilions enfin dans un même cœur deux amours que personne ne peut condamner.

Le retour de de Prade auprès d'Elvire fut célébré par de nouvelles noces. Zelmis ne voulut point être présent à cette cruelle cérémonie, dont il auroit dû être le sujet : il ne trouvoit d'autre consolation dans ses malheurs que de croire qu'il ne pouvoit plus lui en arriver. Il partit, et sans prendre de routes certaines, il se trouva en Hollande : ce pays, qui est l'asile de tant de gens, n'en fut pas un pour lui ; il y porta son amour et son désespoir. Il demeura quelques mois à Amsterdam : et y ayant appris que le roi de Danemarck étoit à Oldembourg, il entreprit ce voyage autant par chagrin que par curiosité : il y arriva un jour après le départ du roi, qui en étoit parti pour retourner en sa ville capitale : il le suivit, se laissant toujours entraîner à son chagrin ; il passa par Hambourg, et ne le joignit qu'à Copenhague, où il eut l'honneur de le saluer et de lui baiser la main. Zelmis ne fut qu'un mois à la cour de Danemarck. Son inquiétude ne lui permettoit pas de demeurer plus long-temps en un même lieu, et semblable à ces gens qui sont travaillés d'une longue insomnie, il cherchoit son repos dans son agitation. Il passa le Sund et se rendit à Stockholm, dans le temps que toute la cour étoit en joie des premières couches de la reine. Zelmis reçut du roi de Suède le même honneur que lui avoit fait le roi de Danemarck : il baisa la main de ce prince qu'il eut l'honneur d'entretenir plus d'une heure sur ses voyages, et particulièrement sur son esclavage, ce que le roi écoutoit avec beaucoup de plaisir, et que Zelmis ne pouvoit réciter sans renouveler des maux qui s'aigrissent encore par le souvenir. Le roi ayant ensuite proposé à Zelmis de faire un voyage de Laponie, qu'il disoit avoir voulu faire autrefois, et qu'il trouvoit fort digne de la curiosité d'un homme qui vouloit voir quelque chose d'extraordinaire, et voyant qu'il ne s'en éloignoit pas beaucoup, ordonna à M. Stein-Bielke, grand trésorier, seigneur d'un grand mérite, et qui lui servoit de truchement auprès du roi, de lui donner des lettres nécessaires pour faciliter son voyage. Zelmis ne fut pas long-temps à se déterminer. Il lui importoit peu où il allât, pourvu qu'il s'éloignât. Il se flattoit même avec plaisir que les froids du nord pourroient un peu ralentir ses ardeurs, et dans cette espérance il partit pour cette grande entreprise. Ce voyage, mesdames, est si curieux et si plein de nouveautés, que si je n'appréhendois de vous ennuyer, je vous en ferois au moins une légère description; mais il vaut mieux réserver cela pour une autre fois, et vous dire seulement ce qui suffit pour savoir la suite de toute l'aventure. Zelmis s'embarqua à Stockholm avec deux gentilshommes françois, poussés du même désir que lui. Il passa jusqu'à Torno, qui est la dernière ville du monde du côté du nord, située à l'extrémité du golfe de Bothnie. Il remonta le fleuve qui porte le même nom que cette ville, et dont la source n'est pas éloignée du cap Nord; il pénétra enfin jusqu'à la mer Glaciale, et l'on peut dire qu'il ne s'arrêta qu'où l'univers lui manqua. Il revint à Stockholm, et rendit au roi un compte exact de ce pays et des manières de vivre extraordinaires de ses habitants. Il ne demeura que fort peu de temps à Stockholm à son retour de la Laponie; et cherchant ensuite une nouvelle matière à ses travaux, il passa toute la mer Baltique, et vint débarquer à Dantzick, d'où il passa en Pologne. Le roi, qui étoit un des princes les plus savants et les plus curieux du monde, et qui sait si bien joindre à ces qualités une vertu héroïque, prit un plaisir extrême à faire réciter à Zelmis la manière dont les Lapons vivoient, et ce qu'il y avoit de rare dans le pays. Il ne se passa pas un jour pendant tout le temps qu'il demeura à Javarow, où étoit alors la cour de Pologne, que le roi ne l'envoyât chercher pour apprendre de lui ce qu'il souhaitoit. Il lui fit même l'honneur de le faire manger avec lui à sa table, à côté de M. le marquis de Vitry, qui étoit alors ambassadeur de France en cette cour. Tous ces honneurs ne consoloient point Zelmis; et étant toujours entraîné par son inquiétude, il passa en Turquie, en Hongrie, en Allemagne. Mais que lui servoit de fuir loin, s'il ne pouvoit se fuir lui-même, et s'il étoit inséparable de son chagrin? Il trouvoit bien d'autres lieux, mais il ne rencontroit point l'indifférence, et il n'auroit pas même voulu la trouver. Il revint enfin en France, après deux ans d'absence, pour chercher du soulagement au lieu même où il avoit pris le mal. Vous l'avez vu, mesdames, depuis peu à Paris, et il n'y a pas été long-temps que la fortune a commencé à se déclarer pour lui. Il a appris la nouvelle de la mort de de Prade. Il est parti à l'instant; il s'est rendu auprès d'Elvire, qui pleuroit encore la perte de son mari. Elle n'a pas été fâchée de le voir; et il me mande dans une lettre que j'ai reçue de lui depuis peu de temps, que, quoique cette belle veuve dise partout qu'elle veut passer le reste de sa vie dans un cloître, pour ne plus être exposée à tant de revers, il espère néanmoins être un jour heureux, pourvu que de Prade ne ressuscite pas une seconde fois.

VOYAGE DE NORMANDIE.

LETTRE A ARTÉMISE.

Vous m'aviez ordonné, mademoiselle, en vous quittant, de vous faire un récit exact du voyage de Normandie, duquel vous ne pouviez être. Je satisfais à vos ordres si fidèlement, que je suis sûr qu'en le lisant vous croirez l'avoir fait, sans être sortie de Paris.

Les desseins médités long-temps avant l'exécution sont d'ordinaire sans effet; c'est ce qui a fait que proposer et assurer ce voyage a presque été pour nous la même chose. Nous partîmes un lundi 26 septembre 1689. Admirez notre bonheur. Il y avoit trois mois qu'il n'étoit tombé une goutte d'eau, le ciel en versa ce jour-là suffisamment pour toute une année; mais pour nous consoler, nous séchâmes ces humides influences par un fonds de bonne humeur qui ne nous a jamais abandonnés. Vous le verrez par le couplet suivant et par les autres, sur l'air du *branle de Metz.*

>Pour quinze jours de campagne,
>Enfin nous voilà partis
>De la ville de Paris.
>Le bon Dieu nous accompagne;
>Surtout bon gîte, bon lit,
>Avec du vin de Champagne;
>Surtout bon gîte, bon lit,
>Belle hôtesse, bon appétit.

Pour l'appétit, il faut dire la vérité, il nous manquoit pendant cinq ou six heures de la nuit; mais il faut bien prendre son mal en patience, on ne peut pas manger et dormir tout à la fois : tant que nos yeux étoient ouverts, nos dents faisoient également leur fonction, et c'étoit un charme d'entendre crier miséricorde à toutes les basses-cours où nous arrivions.

>A Triel, si j'ai mémoire,
>Autour d'un gigot assis,
>Comme moines bien appris,
>Las de manger, non de boire,
>Nous ne fîmes rien tous dix,
>En sortant du réfectoire,
>Nous ne fîmes rien tous dix,
>Qu'un saut de la table au lit.

Les dames furent presque aussitôt levées que couchées. Vous vous imaginez peut-être que cette diligence à quitter le chevet fut une ardeur de novice, qui ne dura que peu de temps : vous vous trompez, et elles ont toujours été les premières en carrosse et à la table. Vous jugez bien que, comme on se levoit matin, l'appétit se levoit de même, et saluoit toujours l'aurore par deux ou trois petits repas anticipés ; car il est à remarquer que nous faisions autant de provisions dans notre carrosse pour faire quatre lieues, que d'autres auroient fait en s'embarquant pour les Indes. Aussi auroit-il été difficile de ne nous pas trouver consommant nos provisions. Nous fîmes tant ce jour-là par nos déjeûnés, qu'enfin

> A Mantes fut la dînée,
> Où croît cet excellent vin.
> Que sur le clos Célestin
> Tombe à jamais la rosée !
> Puissions-nous dans cinquante ans
> Boire pareille vinée !
> Puissions-nous dans cinquante ans
> Tous ensemble en faire autant !

Avant que de quitter ce pays, vous voulez bien que je vous fasse part du déplorable état où sont ces pauvres Célestins : ils font vœu présentement de boire le vin qui croît dans leur clos ; je n'en sais pas la raison : mais enfin, par obéissance et par mortification, ils avalent ce calice du mieux qu'ils peuvent; Dieu leur donne la patience nécessaire pour supporter de pareilles adversités.

Si j'étois bien sûr de votre discrétion, mademoiselle, je vous dirois des choses que vous n'avez pas encore entendues; mais les filles sont comme les femmes, elles ne vont jamais sans leurs langues; et je me suis étonné cent fois comment de si grandes langues pouvoient tenir dans de si petites bouches : c'est pourquoi,

> De Vernon je me veux taire
> Pour le mauvais vin qu'on but;
> Chacun s'y coucha; mais chut,
> Car j'aime en tout le mystère.
> Je sais trop comme tout va;
> Le monde est fait de manière;
> Je sais trop comme tout va;
> L'envie jamais ne mourra.

Vous qui vous escrimez de la rime, vous allez dire qu'il y a un *e* de trop à ce dernier vers : je le sais aussi-bien que vous; mais si l'on ne me donne cette licence et de pareilles, je quitte dès à présent le métier de poète de la troupe, que je fais à mon grand regret, et aux dépens de mes ongles, qui sont déjà assez courts. Je ne suis que trop rebuté de la profession, et, sans les petits profits que nous autres rimailleurs attrapons auprès des filles, qui aiment ce genre d'écrire, il y auroit long-temps que j'aurois vendu ma charge à bon marché. Mais, puisque nous voilà sur le chapitre des filles, vous saurez que nous en trouvâmes une charmante proche la Chartreuse de Gaillon. Vous me direz que ce n'est pas là un meuble de chartreuse ; mais ces jolis animaux-là se trouvent partout.

> Au Pont-de-l'Arche et au Roule
> Le ciel exauça nos vœux,
> Et fit paroître à nos yeux
> Jeune hôtesse faite au moule :
> Elle portoit devant soi
> Deux petits monts faits en boule ;
> Elle portoit devant soi
> Un morceau digne d'un roi.

La Normandie, comme vous savez, est une terre fertile en pommes. Le voisinage de la mer leur donne un orgueil et une dureté qu'elles n'ont point ailleurs. Nos dames de Paris voudroient bien que leur terrain fût aussi bon; mais on ne peut pas tout avoir : à cela près, les femmes de Rouen sont, à ce que je crois, faites comme à Paris, ce qui nous fit dire :

> A Rouen, laides et belles
> Comme partout, l'on trouva.
> Les filles de l'Opéra
> Sont, comme à Paris, cruelles.
> Enfin, rien n'est différent,
> Dans les jeux, dans les ruelles;

> Enfin, rien n'est différent,
> Hors qu'on parle mieux normand.

Il faut dire la vérité, cette langue-là est en grande vénération dans ce pays-ci ; les habitants reçoivent tous en naissant des talents merveilleux pour l'apprendre : à quatre ans les enfants parlent déjà normand comme de petits anges ; on diroit qu'ils n'auroient fait autre chose toute leur vie. Les merles même et les perroquets n'y parlent point autrement. On m'a dit que cette langue-là étoit merveilleuse pour plaider ; c'est ce qui fait qu'il n'y a guère de Normand qui n'ait vaillant sur pied plus de vingt procès, sans les espérances de ceux qu'il a déjà perdus.

Nous trouvâmes ici notre bon ami Fatouville. Vous ne sauriez croire les instances qu'il nous fit pour nous mener à sa terre de la Bataille, et le plaisir que sa conversation donna aux dames : elles voulurent à toute force qu'il en fût fait mention par les vers suivants :

> Le seigneur de la Bataille,
> Qui charme dès qu'on l'entend,
> Malgré nous, malgré nos dents,
> Voulut nous faire ripaille;
> Mais le diable s'en mêla,
> On fit grâce à sa volaille;
> Mais le diable s'en mêla,
> A Caudebec on s'en alla.

Vous croyez qu'en ce lieu-là on se couche pour dormir comme à Paris : vous vous trompez; toute la nuit l'hôtellerie fut en rumeur pour fournir aux dames des rôties au vin. On en fait prendre aux perroquets qui ont perdu la parole, mais d'en donner à des dames usantes et jouissantes de leurs langues, c'est avoir envie de se lever comme on se couche : aussi cela ne manqua pas d'arriver.

> A cette maigre couchée
> On oublia de dormir :
> Que sert de s'en souvenir,
> Quand une femme éveillée,
> Pour aiguiser son caquet,
> Tout le long de la nuitée,
> Pour aiguiser son caquet,
> Mange soupe à perroquet?

Il ne falloit pas se lever si bon matin pour aller dans la plus maudite hôtellerie qui soit, je crois, de Paris au Japon, et pour avaler un brouillard épais, que le soleil ne put percer que sur les deux heures. Un autre plus galant vous diroit que les yeux des dames, plus puissants que cet astre, dissipèrent d'abord cette noire vapeur; mais pour moi, qui suis plus sincère, je vous dirai franchement que les brouillards d'octobre sont fort difficiles à gouverner proche la mer, et de plus, que nos dames dormirent dans le carrosse *cahin, caha*, toute la matinée, et n'ouvrirent les yeux qu'à la Botte. A propos de botte, vous voulez bien que je vous donne un petit avis :

> Passant, fuyez de la Botte
> Le séjour trop ennuyeux ;
> Il est vrai que dans ces lieux
> La maîtresse n'est pas sotte ;
> Mais sans pain, sans vin, sans feu,
> Dans un pays plein de crotte ;
> Mais sans pain, sans vin, sans feu,
> L'amour n'a pas trop beau jeu.

Nous trouvions assez plaisant d'aller, comme bonnes personnes, toujours devant nous ; et je crois que nous aurions été dix lieues par delà le bout du monde, sans le malheur que vous allez apprendre.

> Après six jours de voyage
> Où tout alloit à gogo,
> Nous allions jusqu'à Congo,
> Valets, chevaux et bagage ;
> Mais au Havre on s'arrêta,
> Malgré ce vaste courage ;
> Mais au Havre on s'arrêta,
> Car la terre nous manqua.

Voilà une plaisante excuse, m'allez-vous dire. Quand on a bien envie d'aller, au défaut de la terre, on prend la mer. Nous n'y manquâmes pas aussi, et les dames, dès le lendemain,

> D'une valeur plus qu'humaine
> Affrontèrent l'Océan.

Mon Dieu! que le monde est grand
Sur cette liquide plaine,
Où l'on touche en un moment,
Sur une vague incertaine,
Où l'on touche en un moment
L'enfer et le firmament!

N'auroit-ce pas été un coup de bonne fortune pour les maris, si quelque honnête homme de corsaire eût mis la main sur la chaloupe? J'en connois quelques-uns qui n'auroient point regretté d'avoir donné de l'argent à leurs femmes pour aller voir la mer, si pareil cas leur arrivoit. Pour moi, qui ai déjà tâté de ces messieurs les Turcs, gens fort incivils, j'en voulus courir le risque sur le rivage; et considérant ces gros vaisseaux, et faisant réflexion qu'il n'y avoit qu'une planche épaisse de deux doigts qui séparoit de la mort ceux qui étoient dedans, je me mis à chanter :

Qu'un autre avec des boussoles,
Sur ces grands palais flottants,
Bravant Neptune et les vents,
Cherche l'or sous les deux pôles;
Mais pour moi je ne veux pas
Servir de pâture aux soles;
Mais pour moi je ne veux pas
Leur faire un si bon repas.

Je vous avoue que je ne me consolerois jamais, si je me voyois ainsi pour mon plaisir; et j'aurois encore été plus fâché ce jour-là, car M. de Louvigni, intendant de la marine, nous envoya le soir six bouteilles d'un vin de Canarie si exquis, que, quand il l'auroit fait lui-même, je doute qu'il l'eût fait meilleur.

>Sus, ma Muse, je te prie,
>Brûlons quatre grains d'encens
>A cet illustre intendant,
>Pour son vin de Canarie.
>Avec ce nectar, je croi,
>La province bien munie;
>Avec ce nectar, je croi
>Qu'on sert dignement son roi.

Vous voyez qu'il fait bon nous faire du bien : pour cinq ou six bouteilles de vin, voilà un homme immortalisé. Après tout, je ne sais si les meilleurs vers du monde valent seulement une pinte d'une pareille liqueur. Quoi qu'il en soit, il s'en contenta, et nous eussions bien souhaité que tous les hôtes de la route eussent été aussi raisonnables.

Le lendemain le gouverneur, pour nous recevoir, fit mettre la citadelle en armes. Nous visitâmes l'arsenal, ce terrible palais de Mars. Mon Dieu! que d'instruments pour abréger nos pauvres jours! Ce qui nous fit dire à tous :

>Il faudroit être bien ivre
>D'aimer ces lieux de fracas,

Où, pour cent mille trépas,
On fond le fer et le cuivre ;
Que de moyens pour mourir,
Lorsqu'il n'en est qu'un pour vivre!
Que de moyens pour mourir!
Je ne le saurois souffrir.

Voilà des sentiments bien héroïques! me direz-vous. D'accord; mais si vous saviez comme moi, mademoiselle, ce qu'il en coûte pour mettre un enfant au monde, vous auriez, plus que personne, horreur de ces lieux de destruction; et, en vérité, si vous étiez une personne bien raisonnable, vous vous marieriez au plus vite, afin de travailler comme il faut à la réparation du genre humain, lequel, pendant que toute l'Europe est en guerre, court le grand chemin de sa ruine totale. C'est à vous d'y penser, et de faire réflexion que vous passeriez mal votre temps, s'il n'y avoit plus d'homme au monde.

Vous croyez peut-être, mademoiselle, que parce que l'on vous a mené en vers au Havre, on vous ramènera par la même voiture; c'est ce qui vous trompe : Pégase n'est pas accoutumé de faire avec moi de longues traites. Je vous dirai donc en prose que nous revînmes à Rouen en très-peu de temps, ayant toujours vent derrière : cela n'est pas trop nécessaire en carrosse; mais c'est pour vous dire que tout conspiroit à seconder l'envie que j'ai d'être auprès de la plus aimable personne du monde.

VOYAGE DE CHAUMONT.

Sur l'air : *Vive le roi et Béchamel.*

(Parti de Paris, le 3 mai.)

De Paris la grande ville,
Il est parti,
Avec toute sa famille,
Et ses amis,
Un lundi d'assez bon matin.
Vive du Vaulx et le bon vin,
Et le bon vin.

Comme le but du voyage
Autre n'étoit,
Que mettre linotte en cage,
Ainsi fut fait.
Y manquer n'eût pas été fin. Vive, etc.

(A Brie, vin du pays.)

La première hôtellerie,
Quittant Paris,
Ce fut aux Trois-Rois, à Brie,
Où l'on y fit
Mauvais repas, s'il m'en souvient. Vive, etc.

(Guigne; on sait son nom.)

En quittant cette demeure,
Chemin faisant,
Nous vînmes de fort bonne heure,
Toujours chantant,
A Guigne, dite la Catin. Vive, etc.

(La Bretoche.)

En passant à la Bretoche
D'un mûr esprit,
D'un bon déjeûner de poche
L'on se munit,
Pour mieux de là gagner Provins. Vive, etc.

(A Provins, on ne savoit que faire.)

D'un vin meilleur que rhubarbe,
L'on s'y remplit :
Notre comte y fit sa barbe;
Il s'embellit :
Il sembloit un vrai chérubin. Vive, etc.

(A Nogent, logé à Jérusalem.)

Entrant dans la bonne ville,
Dite Nogent,
Jérusalem fut l'asile,
Soleil couchant :
Bon séjour pour un pèlerin. Vive, etc.

(M. Perrin nous envoya de bon vin.)

Plein d'esprit de pénitence,
Dans ces saints lieux,

On mit sur sa conscience
Du bon vin vieux,
Grâce au ciel et monsieur Perrin. Vive, etc.

(Aux Pavillons, bon cuisinier.)

Sus, ma Muse, je t'appelle;
Debout, allons,
Chantons la gloire immortelle
Des Pavillons,
Où repose ce jus si fin. Vive, etc.

Le salé, de bonne mine,
Tout aussitôt
Fut mangé de la cuisine;
Et le grand broc
Ne duroit ni vide, ni plein. Vive, etc.

(Troyes.)

Chez les Troyens, nuit venue,
On s'arrêta:
J'eus grand'peur que dans la rue
On ne gîtât:
Car nous marchions à trop grand train. Vive, etc.

(Chanoine, au lieu de nous donner la collation, nous mena voir un moulin.)

Chanoine ici nous fit boire,
Comme canard:
Son vin, comme l'on peut croire,
N'étoit bon; car
Il nous mena boire au moulin. Vive, etc.

(On envoya chercher des matelas chez tous les tapissiers de la ville.)

  Dieu ! pour coucher femme ou fille,
   Que peine on a !
  Un tapissier de la ville
   Y renonça,
Avec vingt matelas de crin. Vive, etc.

(A Troyes, bal donné.)

  Maint rebec à l'ancienne,
   A peu de frais,
  Fit sauter la gent troyenne,
   Le jour d'après :
On dansa jusqu'au lendemain. Vive, etc.

(Les dames logèrent chez le curé.)

  Chez le curé de Vandœuvre
   On descendit ;
  Il fit une très-bonne œuvre,
   Nous donnant lit :
Dieu le guérisse du farcin. Vive, etc.

(Il avoit cent gros muids de vin, et n'avoit qu'un petit bréviaire.)

  Vingt rubis ont hypothèque
   Dessus son nez ;
  Il fait sa bibliothèque
   De ses celliers :
Cent tonneaux font tout son latin. Vive, etc.

(On logea à l'abbaye.)

  A Clervaux quatre grands drilles,
   Bien découplés,

Pour bien recevoir nos filles,
Furent lâchés :
L'abbé en personne y vint. Vive, etc.

Dès qu'on eut mangé la soupe,
De fort bon goût,
L'abbé prit sa large coupe,
Et dit à tous :
Ainsi doit boire un bernardin. Vive, etc.

(On ne pouvoit écarter la populace.)

Dedans Chaumont notre entrée
Fit du fracas :
Les enfants de la contrée
Suivoient nos pas :
On vouloit sonner le tocsin. Vive, etc.

(Petit-Jean, traiteur à Chaumont.)

Que l'on vante la Galère,
Rousseau, Lamy ;
Petit-Jean fait autre chère ;
Et près de lui,
Bergerac n'est qu'un assassin. Vive, etc.

(On traita un officier de la ville, qui devoit traiter.)

Lieutenant fort magnifique,
Et criminel,
Venu d'un cœur héroïque
A notre hôtel,
Reçut repas, et n'en fit brin. Vive, etc.

(Repas de religieuses, c'est tout dire.)

Pour nous régaler, les nones
 Levèrent plats :
Dieu garde honnêtes personnes
 D'un tel repas,
Plutôt mourir de male-faim. Vive, etc.

Quatre corbeaux diaboliques
 En tourte mis,
D'autant de poulets étiques,
 Furent suivis :
En deux mots voilà le festin. Vive, etc.

Mais, ma muse si gentille,
 Tu causes trop,
Sus, de Chaumont faisons gille,
 Et, au grand trot,
Passons vite notre chemin. Vive, etc.

(Il y a des forges en cet endroit.)

On vit, arrivant à Fronde,
 Forges de fer,
Lieu le plus propre du monde
 Pour Lucifer,
Et pour tout son peuple lutin. Vive, etc.

(L'hôtesse a six filles.)

A l'Étoile, dans Joinville,
 Près du château,
Six grands brins de belle fille,

Friand morceau,
Y tenteroient un capucin. Vive, etc.

(Hôtesse aigre et douce.)

De toi, Saint-Dizier-sur-Marne,
Parlons un peu;
Ton hôtesse charlatane
Me met en feu :
Pluton grate son parchemin. Vive, etc.

(A Vitry, mal logé à l'enseigne du Nouveau-Monde.)

Viens, Vitry, que je te fronde :
Quel maudit lieu!
De loger en l'autre monde,
Sans dire adieu,
Me donneroit moins de chagrin. Vive, etc.

(Il gela le matin, et fit chaud le soir.)

D'une inconstante maîtresse
Ne suis surpris,
Ayant eu, plein de détresse,
Près de Pongni,
Si chaud soir et si froid matin. Vive, etc.

(Châlons.)

Sus, ranimons notre zèle,
Chantons Châlons;
C'est ici que je t'appelle,
Grand Apollon,
Souffle-moi ton esprit divin. Vive, etc.

DE CHAUMONT.

(M. le grand Prevôt de Champagne, filleul du roi.)

Grand prévôt, nul ne t'égale :
Le grand Bourbon
Te donna l'âme royale,
Te donnant nom,
Digne filleul d'un tel parrain. Vive, etc.

(Repas magnifique chez lui.)

Fin rôt, ragoût, nappe blanche,
Bonne liqueur,
Tu donnas pour un dimanche :
Mais le grand cœur
Fut encore un mets bien plus fin. Vive, etc.

De la vineuse Champagne
Sois tout l'honneur,
Et qu'à jamais t'accompagne
Gloire et bonheur :
Le ciel te fasse un long destin ! Vive, etc.

(M. le grand Prevôt avoit eu soin de nous envoyer des relais.)

De Châlons, droit comme un cierge,
Un matin frais,
Nous allâmes vite à Bierge
Prendre relais.
Mon dieu ! que relais fait grand bien ! Vive, etc.

(Étauge.)

Passant, évitez Étauge
Et son château ;
Les chevaux y sont à bauge ;

Bon foin, bonne eau :
Mais quel séjour pour un humain ! Vive, etc.

(Verrerie à Montmirel, et vin excellent.)

A Montmirel il faut boire,
Car on y fait
Ce vase qui fait la gloire
De maint buffet,
Et qui rubis forme en son sein. Vive, etc.

(Dîner détestable.)

Hôtesse de la Bussière,
Au lieu d'argent,
Tu baiseras mon derrière
Assurément :
Tu n'as pas seulement de pain. Vive, etc.

(Meaux.)

Dans le courroux qui m'anime,
Étrillons Meaux ;
Mais tout beau, ce nom-là rime
A cher du Vaulx :
Sans cela je ferois beau train. Vive, etc.

(A l'Épée royale, le jardin est au second étage.)

A Claye, chasses surprenantes,
Tout fut bien fait :
Les dames furent contentes :
Mais en effet,
Au grenier étoit le jardin. Vive, etc.

Muse, finis ton ouvrage
Et ta chanson :

Voilà le charmant voyage
Fait à Chaumont :
Devoit-il jamais prendre fin ?
Vive du Vaulx, et le bon vin,
Et le bon vin.

FIN DU TOME PREMIER.

TABLE DES ARTICLES

CONTENUS DANS LE PREMIER VOLUME.

Notice sur la Vie de Regnard............ *Page* 1
Catalogue des Comédies de Regnard............ 15
Voyage de Flandre et de Hollande............ 29
Voyage de Laponie...................... 96
Voyage de Pologne...................... 251
Voyage d'Allemagne...................... 309
La Provençale........................ 319
Voyage de Normandie.................... 399
Voyage de Chaumont.................... 410

FIN DE LA TABLE DU PREMIER VOLUME.

www.ingramcontent.com/pod-product-compliance
Lightning Source LLC
Chambersburg PA
CBHW070930230426
43666CB00011B/2390